ASSIM FALOU
ZARATUSTRA

Friedrich Nietzsche

ASSIM FALOU ZARATUSTRA

UM LIVRO PARA TODOS E PARA NINGUÉM

Tradução
Carlos Duarte e
Anna Duarte

MARTIN CLARET

Título original em alemão: *Also sprach Zarathustra* — Ein Buch für Alle und Keinen
Traduzido da edição em inglês: *Thus Spake Zarathustra* — A Book for all and none
(Translated by Thomas Commom)
The Project Gutenberg EBook of Thus Spake Zarathustra

Direção	Martin Claret
Produção editorial	Carolina Marani Lima Flávia P. Silva
Projeto gráfico e diagramação	Giovana Gatti Leonardo
Direção de arte e capa	José Duarte T. de Castro
Ilustração de capa	Amadedeus / Shutterstock
Tradução	Carlos Duarte e Anna Duarte
Revisão	Marcelo Maia Torres
Impressão e acabamento	Lis Gráfica

Este livro segue o novo Acordo Ortográfico da Língua Portuguesa.

Dados Internacionais de Catalogação na Publicação (CIP)
(Câmara Brasileira do Livro, SP, Brasil)

Nietzsche, Friedrich Wilhelm, 1844-1900.
Assim falou Zaratustra: um livro para todos e para ninguém / Friedrich Nietzsche; tradução Carlos Duarte e Anna Duarte. — São Paulo: Martin Claret, 2014.

Título original: Also sprach Zarathustra.
"Edição especial"
ISBN 978-85-440-0002-1

1. Filosofia alemã I. Título.

13-13895 CDD-193

Índices para catálogo sistemático:

1. Alemanha: Filosofia 193
2. Filosofia alemã 193
3. Filósofos alemães 193

EDITORA MARTIN CLARET LTDA.
Rua Alegrete, 62 — Bairro Sumaré — CEP: 01254-010 — São Paulo — SP
Tel.: (11) 3672-8144
www.martinclaret.com.br
7ª reimpressão - 2024

SUMÁRIO

Segunda parte

Terceira parte

Quarta e última parte

Da tradução

Em nossa tradução do inglês para o português da conhecida obra *Assim falou Zaratustra*, de Friedrich Nietzsche, usamos o texto *Thus spake Zarathustra*, de Thomas Common, publicado em 1909, nove anos após a morte de Nietzsche — que se encontra disponível por intermédio do *Project Gutenberg EBook*, na *internet* —, ao mesmo tempo em que o cotejávamos com o texto original em alemão como guia para consultas sobre expressões e terminologia usadas pelo autor do original em sua própria língua.

Tivemos como propósito manter a maior proximidade possível do pensamento filosófico original de Nietzsche para que o leitor fosse instigado a desvendar a intenção da narrativa, das peculiaridades e artifícios encontrados na história de Zaratustra. Buscamos a interação com o seu estilo em ambas as versões consultadas para compor o nosso texto.

No cotejamento do texto original em alemão com sua tradução para o inglês, encontramos vários momentos curiosos em que a intrigante linguagem de Nietzsche deixa transparecer claramente o propósito de dar ao texto uma forma literária repleta de lirismo e poesia. Tal constatação se deve à observância de termos com a mesma terminação gramatical e com a mesma estrutura linguística que se juntam para reproduzir a sonoridade de "uma dança de fonemas" a qual se constitui num jogo poético de palavras que em outros idiomas se perde um pouco. Na verdade, a união dessas palavras não demonstra ter qualquer intenção semântica, tampouco compromisso com o significado contextual onde elas possam se inserir e se fazer entender, sobretudo quando traduzidas para qualquer outro idioma.

Entretanto, na tradução de Thomas Common para o inglês, encontramos interpretações brilhantes para tais expressões conservando o tom muitas vezes jocoso dado pelo autor. Outra característica bastante evidente nesta obra de Nietzsche é sua forma, que denota uma similaridade intencional com os textos bíblicos, através das rebuscadas construções das parábolas e alegorias com que Zaratustra se expressa em alemão arcaico.

Para manter-se fiel a Nietzsche, Thomas Common usou um inglês arcaico, no estilo shakespeariano, que acabou por dar à sua obra o mesmo tom solene encontrado no original. E é assim que o tradutor justifica o seu trabalho: "o texto original havia sido escrito num alemão bíblico pseudoluterano e, portanto, a melhor forma de apresentá-lo na minha tradução para o inglês seria a de conservar fidelidade ao estilo bíblico do rei James."

E ao transportar o seu precioso conteúdo do inglês para o português, tivemos igual cuidado em manter a maior fidelidade possível à sua interpretação e, subjacentemente, à criação de Nietzsche, para que houvesse coerência entre nosso texto, o do tradutor para o inglês e o do original do filósofo.

A narrativa é repleta de figuras literárias que parecem ter a finalidade de encobrir e descobrir o significado de seu pensamento de acordo com sua vontade. É fácil notar que nem sempre Nietzsche finaliza seu raciocínio. Isso pode ser observado na pontuação, em que, de forma consciente, encontramos frases inacabadas seguidas de um travessão, ou, ao início de um novo período com aspas, as quais, uma vez abertas, não necessariamente terão um fechamento adiante. Pela forma oscilante das palavras, ora agitadas como se fossem insuficientes para repassar o conceito desejado, ora contidas e misteriosas, parece haver a intenção proposital de visitar os extremos da construção de seu pensamento. Esta forma literária está presente em todo o texto, sobretudo em seus poemas que, certamente, foram interpretados das mais variadas formas pelas muitas traduções em diversos idiomas com que *Assim falou Zaratustra* se espalhou mundo afora.

A obra de Nietzsche tem um movimento intermitente de inquietação que se segue após a conclusão da leitura de seus livros e que incita os estudiosos de filosofia e os leitores em geral a buscar respostas às provocações do filósofo. Tal exercício muito enriquece a experiência de transitar entre seus conceitos, os quais, por vezes, se mostram claros ou de confuso entendimento, o que faz com que os filósofos e os apreciadores da Filosofia se confrontem com teorias tão polêmicas quanto encantadoras.

Esperamos que o leitor possa descobrir o que se esconde por detrás da linguagem simbólica de Zaratustra e que aprecie a riqueza filosófica do pensamento de seu autor.

Carlos Duarte e Anna Duarte

Assim falou Zaratustra

Prólogo de Zaratustra

1

Quando Zaratustra tinha trinta anos, deixou sua casa e o lago junto à casa e foi para as montanhas. Lá, ele desfrutou de seu espírito e da solidão por dez anos, sem deles se cansar. Mas finalmente houve uma mudança em seu coração — certa manhã ele se levantou com a aurora, colocou-se ante o sol e assim lhe falou:

"Ó Tu, grande estrela! Qual felicidade seria a tua se não tivesses para quem brilhar!

Por dez anos, tens subido até minha caverna e já terias te cansado da tua luz e desse caminho se não fosse por mim, minha águia e minha serpente.

Mas nós te aguardávamos a cada manhã, tirávamos de ti tua abundância e te consagrávamos por isso.

Vê! Estou cansado de minha sabedoria, como uma abelha que acumulou mel em demasia; preciso de mãos que para mim sejam estendidas.

Quisera poder dar e repartir de bom grado até que o mais sábio dentre os homens se tornasse jubiloso com sua loucura e até mesmo o mais pobre se tornasse feliz com suas riquezas.

Por isso, preciso descer às profundezas: como tu fazes ao anoitecer quando somes atrás do mar e ainda levas contigo a luz ao submundo, copiosa estrela! Como tu, também *eu devo ter a minha queda* — como costumam dizer os homens para junto dos quais devo descer.

Então, abençoa-me, olho sereno, que podes tu contemplar até mesmo a maior felicidade sem inveja!

Abençoa a taça que está prestes a transbordar, que de sua água possa escorrer e ouro que levará a toda parte o reflexo de tua bem-aventurança!

Vê! Esta taça deseja se esvaziar novamente e Zaratustra quer voltar a ser homem."

Assim começou a queda de Zaratustra.

2

Zaratustra desceu a montanha sozinho, sem encontrar ninguém. Quando foi para o bosque, entretanto, defrontou-se com um velho que saíra de sua cabana sagrada para procurar raízes. E assim o velho falou a Zaratustra:

"Não me é estranho este viandante; há muitos anos ele passou por aqui. Zaratustra era o seu nome; mas ele está mudado.

Naquele tempo carregavas tuas cinzas para as montanhas: será que hoje vais querer trazer teu fogo para os vales? Não temes a maldição contra os incendiários?

Sim, eu reconheço Zaratustra. Puro é seu olhar e nenhum vestígio de asco há em sua boca. Ele não se move como um dançarino?

Quão mudado está Zaratustra! Zaratustra tornou-se uma criança desperta: o que queres fazer agora entre os que dormem?

Como no mar, tens vivido na solidão e o mar te carrega nos braços. Ah, queres aportar em terra firme? Ah, queres voltar tu mesmo a arrastar teu corpo?"

Zaratustra respondeu: "Eu amo os homens".

"Por que foi então", disse o santo, "que fui para dentro da floresta e para o isolamento? Não foi porque eu amava demais aos homens?

Agora amo a Deus: não amo aos homens. Para mim o homem é algo bastante imperfeito. O amor ao homem seria fatal para mim".

Zaratustra respondeu: "Por que falei de amor? Trago um presente para os homens".

"Não lhe dês nada", disse o santo, "toma parte de sua carga e carrega alguma coisa deles para ajudar — será o que de melhor farás por eles; se também fizer bem para ti.

E se queres lhes dar algo mais do que uma esmola, deixa-os implorar por isso!"

"Não", respondeu Zaratustra, "não dou esmolas. Não sou pobre o suficiente para isso".

O santo riu de Zaratustra e falou assim: "Trata de ver se teus tesouros serão aceitos! Eles suspeitam dos eremitas e não acreditam que viemos para presentear.

Nossos passos soam por demais vazios através de suas ruas. E, à noite, quando estão em suas camas e ouvem que um homem caminha do lado de fora muito antes do nascer do sol, provavelmente se perguntam: Aonde vai esse ladrão?

Não vai ao encontro dos homens, fica na floresta! Vai sim aos animais! Por que não gostarias de ser como eu — um urso entre os ursos, um pássaro entre os pássaros?"

"E o que faz o santo na floresta?", perguntou Zaratustra.

O santo respondeu: "Faço músicas e as canto, e ao fazê-las rio, choro e murmuro: assim louvo a Deus.

Cantando, chorando, rindo e murmurando, louvo o Deus que é meu Deus. E tu, o que podes nos trazer como presente?"

Ao ouvir essas palavras Zaratustra curvou-se diante do santo e disse: "Que deveria eu ter para vos dar? Deixai-me ir logo antes que eu de vós tire alguma coisa!" E assim Zaratustra e o ancião se separaram, rindo como dois meninos.

Mas quando Zaratustra ficou sozinho, falou assim ao seu coração: "Será possível! Esse velho santo, em sua floresta, ainda não ouviu falar que *Deus está morto!*"

3

Quando Zaratustra chegou à cidade mais próxima da floresta encontrou um grande número de pessoas reunidas na praça do mercado: pois lhes havia sido anunciado que ali veriam um funâmbulo sobre a corda bamba. E Zaratustra assim falou ao povo:

"*Eu vos ensino o Super-homem*". O homem é algo que deveria ser superado. O que fizestes para superá-lo?

Até hoje todos os seres criaram algo além de si mesmos: e vós quereis ser o refluxo da maré alta, preferis regredir ao estado de animais a superar o homem?

O que é o macaco para o homem? Uma risada ou uma dolorosa vergonha? E o mesmo dever ser o homem para o Super-homem: uma risada ou uma dolorosa vergonha.

Fizestes o caminho do verme ao homem, e muito de verme ainda tendes em vós. Uma vez vós fostes macacos, e mesmo agora o homem é mais macaco do que qualquer macaco.

Mesmo o mais sábio dentre vós é apenas um desacordo, um gênero híbrido entre planta e fantasma. Mas fui eu quem mandou que vos transformásseis em fantasmas ou plantas?

Vede, eu vos ensino o Super-homem!

O Super-homem é o sentido da terra. Deixai a vossa vontade dizer: O Super-homem *deve ser* o sentido da terra!

Eu vos rogo meus irmãos, *permanecei fiéis à terra* e não acreditais naqueles que vos falam de esperanças sobrenaturais! Eles são envenenadores, quer saibam disso ou não.

São eles os desprezadores da vida, são os decaídos e envenenados de si próprios dos quais a terra está cansada: portanto, deixai que se vão de vez!

Houve um tempo em que a blasfêmia contra Deus era a maior blasfêmia, mas Deus morreu, e com ele morreram também os blasfemadores. O mais terrível dos pecados agora é blasfemar contra a terra e dar um valor maior às entranhas do incognoscível do que ao sentido da própria terra.

Antigamente a alma olhava desdenhosamente para o corpo: e depois esse desprezo se tornou supremo — a alma queria que o corpo fosse débil, medonho e faminto. Assim, pensava poder escapar dele e da terra.

Oh, essa alma era, ela mesma, débil, monstruosa e faminta: e a crueldade era o seu deleite!

Mas dizei-me, meus irmãos: o que vosso corpo pode falar de vossa alma? Vossa alma não é pobreza, poluição e uma miserável autocomplacência?

Em verdade o homem é um córrego poluído. Vós tendes que ser um mar para receber um córrego poluído sem vos tornardes impuros.

Vede, eu vos ensino o Super-homem: ele é o mar, nele pode vir abaixo o vosso grande desprezo.

Qual é a melhor coisa que podeis experimentar? Esta é a hora do grande desprezo. A hora em que vós e a vossa felicidade também se transformam em desgosto, assim como a vossa razão e a vossa virtude.

A hora em que dizeis: "Para que serve a minha felicidade? Há pobreza e poluição e uma miserável autocomplacência. Mas minha felicidade deve justificar a própria existência!"

A hora em que dizeis: "Para que serve a minha razão? Ela deseja o conhecimento assim como o leão deseja o seu alimento? Há pobreza e poluição e uma miserável autocomplacência!"

A hora em que dizeis: "Para que serve a minha virtude? Ela ainda não me fez apaixonado. Como estou cansado do meu bem e do meu mal! Tudo é pobreza e poluição e uma miserável autocomplacência!"

A hora em que dizeis: "Para que serve a minha justiça? Eu não me vejo como um carvão em brasa. Mas o justo torna-se carvão em brasa!"

A hora em que dizeis: "Para que serve a minha compaixão? Não é feita de compaixão a cruz na qual é pregado aquele que ama o homem? Mas minha compaixão não é uma crucificação!"

Vós já falastes assim? Vós nunca gritastes assim? Ah, se eu vos tivesse ouvido gritar assim!

Não é o vosso pecado, — mas sim a vossa modéstia que grita aos céus, vossa mesquinhez até mesmo em pecado clama aos céus!

Onde está o raio para vos lamber com a língua? Onde está a loucura com a qual teríeis de ser vacinado?

Eis que vos ensino o Super-homem: ele é esse raio, ele é essa loucura! — "

Quando Zaratustra tinha acabado de falar dessa maneira, alguém do povo gritou: "Já ouvimos o bastante sobre o funâmbulo agora vamos vê-lo". E todos os outros riram de Zaratustra. O funâmbulo na corda bamba, entretanto, que pensava que aquelas palavras lhe haviam sido dirigidas começou a fazer sua exibição.

4

Zaratustra, entretanto, olhava o povo e se assombrava. E, então, falou assim:

"O homem é como uma corda esticada entre o animal e o Super-homem — uma corda sobre um abismo.

Uma perigosa travessia do abismo, um perigoso estar a caminho, um perigoso voltar atrás, um perigoso tremer e parar.

O que engrandece o homem é ele ser uma ponte e não um fim; o que se pode amar no homem é ele ser uma *transposição* e não uma *queda*.

Amo aqueles que só sabem viver em extinção, porque esses são os que cruzam de um lado para o outro.

Amo os grandes desprezadores, pois eles são os grandes adoradores e as flechas do anseio pela outra margem.

Amo aqueles que não procuram primeiro por motivos atrás das estrelas para a sua queda e seu sacrifício: mas os que se sacrificam pela terra, para que, um dia, a terra venha a ser do Super-homem.

Amo aquele que vive para conhecer e que quer conhecer para que, um dia, o Super-homem possa viver. E que quer sua própria queda.

Amo aquele que trabalha e que inventa como pode construir a casa do Super-homem e preparar a terra, os animais e as plantas para recebê-lo: pois que assim quer sua própria queda.

Amo aquele que ama sua virtude: pois a virtude é queda e flecha do anseio.

Amo aquele que nem uma única gota de espírito retém para si, mas quer ser totalmente o espírito de sua virtude: porque assim ele anda como espírito sobre a ponte.

Amo aquele que da sua virtude faz sua inclinação e seu destino: pois assim, pela salvação da sua virtude vai querer viver ou não viver.

Amo aquele que não quer ter virtudes em demasia. Uma virtude é mais virtude do que duas, porque é mais um nó do qual o destino depende.

Amo aquele cuja alma é pródiga, aquele que não quer que lhe agradeçam e nada dá de volta: pois é ele que sempre dá e que nunca se preserva a si mesmo.

Amo aquele que sente vergonha quando o dado cai a seu favor e que pergunta: Sou, por ventura, um trapaceiro? — porque ele quer perecer.

Amo aquele que lança palavras de ouro à frente de suas obras e ainda faz mais do que promete: pois que busca a sua própria queda.

Amo aquele que justifica os homens vindouros e redime os do passado: pois que quer perecer entre os homens do presente.

Amo aquele que castiga seu Deus porque Ele é o Deus que ama: pois que deve perecer da ira do seu Deus.

Amo aquele cuja alma é profunda, mesmo ferida, e a quem uma pequena experiência pessoal pode destruir: pois que assim transpõe a ponte de bom grado.

Amo aquele cuja alma é transbordante, de tal forma que se esquece de si próprio e de todas as coisas que nele estão; assim todas as coisas se tornam a sua queda.

Amo aquele que tem o espírito e o coração livres: pois que nele a cabeça é somente uma das entranhas do coração, mas seu coração, entretanto, causa a sua queda.

Amo aquele que é o como as gotas pesadas que vão caindo, uma a uma, de uma nuvem negra que paira sobre os homens: eles prenunciam a vinda de um relâmpago e como prenunciadores perecem.

Eis que sou um arauto do relâmpago e uma pesada gota da nuvem, mas esse relâmpago, entretanto, se chama Super-homem." —

5

Quando Zaratustra pronunciou essas palavras, olhou novamente para o povo e ficou em silêncio. "Lá estão eles", disse ele ao seu coração, "eles estão rindo, pois não me entendem. Não sou a boca para esses ouvidos.

Devo primeiro golpear seus ouvidos para que aprendam a ouvir com os olhos? Será preciso que alguém faça o barulho retumbante do tambor como o que fazem os pregadores na Quaresma? Ou será que acreditam somente nos que gaguejam?

Eles têm algo de que estão orgulhosos. Como chamam a isso de que se orgulham? Chamam-lhe de cultura, o que os distingue dos pastores de cabras.

Portanto detestam ouvir a palavra "desprezo" quando esta lhes é dirigida. Por isso devo apelar para seu orgulho.

Devo lhes falar da coisa mais desprezível: o que significa falar do *último homem.*"

E assim falou Zaratustra ao povo:

"É tempo para que o homem determine o seu objetivo. É tempo para que o homem plante a semente da sua mais alta esperança.

Seu solo ainda é rico o bastante. Mas um dia esse solo estará pobre e esgotado; e nenhuma árvore alta nele jamais poderá crescer.

Ai de nós! Está chegando o tempo em que o homem deixará de lançar a flecha de seu anseio para além do homem, e a corda de seu arco terá desaprendido como vibrar!

Eu vos digo: é preciso ter o caos dentro de si para dar à luz uma estrela dançante. E vos digo: o caos ainda persiste dentro de vós.

Ai de nós! Está chegando o tempo em que o homem não dará mais à luz nenhuma estrela. Ai de nós! Está chegando o tempo em que o homem mais desprezível não poderá mais desprezar a si próprio.

Vede! Eu vos mostro o *último homem.*

"O que é o amor? A criação? O anseio? O que é uma estrela?"— assim pergunta o último homem piscando os olhos.

A terra tornou-se pequena, e nela saltita o último homem, que tudo apequena. Sua espécie é inextirpável como a pulga; o último homem vive mais tempo.

"Descobrimos a felicidade" dizem os últimos homens piscando os olhos.

Abandonaram as regiões onde era difícil viver: por necessidade de calor. Cada qual continua a amar o seu próximo e a se esfregar nele: porque precisa de calor.

A doença e a desconfiança são consideradas pecaminosas para eles: eles caminham com cautela. Tolo é aquele que ainda tropeça nas pedras ou nos homens!

Um veneno de vez em quando: torna agradáveis os sonhos. E muito veneno afinal, é intento para uma morte agradável.

Ainda trabalham, porque o trabalho é um passatempo. Mas cuidam para que o passatempo não seja cansativo demais.

Ninguém mais se torna rico ou pobre: ambas as coisas são muito onerosas. Quem ainda quer governar? Quem ainda quer obedecer? Ambos são muito onerosos.

Nenhum pastor e um só rebanho. Todo mundo quer a mesma coisa, todos são iguais: quem sente diferente vai voluntariamente para o hospício.

"Antigamente o mundo todo estava louco" — dizem os mais sutis, piscando os olhos.

Eles são inteligentes e sabem tudo que tem acontecido: então, não há fim para sua zombaria. Ainda brigam, mas logo se reconciliam — caso contrário, arruínam seus estômagos.

Têm seus pequenos prazeres para o dia, e seus pequenos prazeres para a noite: mas cuidam da saúde.

"Descobrimos a felicidade", — dizem os últimos homens, revirando os olhos. —

Aqui terminou o primeiro discurso de Zaratustra que também é chamado de "Prólogo": pois, nesse ponto, foi interrompido pelos gritos e pelo alvoroço da multidão. "Dá-nos este último homem, Zaratustra" — gritaram — "transforma-nos neste último homem! E nós te daremos o Super-homem". E o povo todo exultava aos gritos e risos. Mas Zaratustra se entristeceu e disse ao seu coração:

"Eles não me entendem: não sou a boca para esses ouvidos.

Provavelmente, por tempo demasiado vivi nas montanhas, ouvi muito as árvores e os córregos: agora lhes falo como aos pastores de cabras.

Minha alma está tranquila e brilhante como as montanhas de manhã. Mas eles me acham frio e me recebem como um zombador cujos gracejos são terríveis.

Agora olham para mim rindo: e enquanto riem também me odeiam. Há gelo nos seus risos."

6

Mas, entretanto, algo aconteceu que fez todas as bocas emudecerem e todos os olhos se arregalarem. Nesse meio tempo, naturalmente, o funâmbulo havia começado seu trabalho: tinha saído por uma pequena porta e andava por cima da corda esticada entre duas torres, de modo que pairava sobre as pessoas e a praça do mercado. Quando ele estava na metade do seu caminho, a pequena porta se abriu mais uma vez e dela saiu um segundo equilibrista, em roupas coloridas como as de um palhaço, e com passadas rápidas pôs-se a seguir o primeiro. "Adiante seu capenga!" gritou sua voz assustadora. — "adiante seu molenga, farsante, cara-pálida, para que eu não te faça cócegas com meus calcanhares! O que estás fazendo aí entre essas duas torres? Teu lugar é dentro delas onde deverias ter ficado trancado, em vez de bloquear a passagem de alguém melhor do que tu!" — E com cada palavra ia chegando mais perto e mais perto do outro e quando estava apenas um passo atrás dele aconteceu o horror que fez todas as bocas emudecerem e todos os olhos se arregalarem: ele soltou um grito diabólico e pulou por cima daquele que estava em seu caminho. O outro, entretanto, ao perceber o triunfo de seu rival perdeu ao mesmo tempo a cabeça e a corda, jogou fora a sua vara e mais depressa do que ela, como um turbilhão de braços e pernas, caiu nas profundezas. A praça do mercado e o povo eram como um mar revolto pela tempestade: todos fugiam em desordenada correria para longe de onde o corpo viria a se estatelar.

Zaratustra, porém, permaneceu ali de pé, e o corpo, machucado e desfigurado, mas ainda vivo, caiu bem ao lado dele. Após algum tempo, o acidentado recobrou a consciência e viu Zaratustra ajoelhado a seu lado. "O que fazes aqui?", disse ele, finalmente. "Faz tempo que eu sabia que o Diabo me passaria a perna. E, agora, ele me arrasta para o inferno: Queres impedi-lo?"

"Pela minha honra, amigo", respondeu Zaratustra, "tudo o que falaste não existe: não há Diabo e nem inferno. Tua alma estará morta mais cedo do que teu corpo: portanto não temas nada agora!"

O homem olhou-o desconfiado. "Se estiveres falando a verdade", falou ele então: "nada perco se perder a vida. Não sou muito mais do que um animal que foi ensinado a dançar por conta de pancadas e fome."

"Não é assim", falou Zaratustra. "fizeste do perigo a tua vocação, o que não é de se desprezar. Agora, vais de encontro ao teu chamado: irei sepultar-te com minhas próprias mãos".

Quando Zaratustra disse isso, o moribundo não lhe respondeu mais nada, porém moveu a mão como se buscasse a mão de Zaratustra para lhe agradecer. —

7

Nesse meio tempo, anoiteceu e a praça do mercado ficou escondida na escuridão: as próprias pessoas debandaram, pois até mesmo a curiosidade e o terror se tornaram fatigantes. Porém, Zaratustra continuou sentado no chão, ao lado do morto, e tão absorto ficou em seus pensamentos que se esqueceu do tempo. Mas, finalmente, era noite alta e um vento frio soprava sobre o solitário. Zaratustra levantou-se e disse ao seu coração:

"Em verdade, Zaratustra fez uma bela pesca hoje! Nenhum homem conseguiu pescar, mas um cadáver.

Sombria é a existência humana e ainda sem sentido: e num caso assim, um palhaço pode ser uma calamidade.

Quero ensinar aos homens o sentido de sua existência: que é o Super-homem, o relâmpago que sai da nuvem escura chamada homem.

Mas ainda estou distante deles e o meu sentido não fala ao sentido deles. Para os homens ainda sou algo entre um louco e um cadáver.

Escura é a noite; escuros são os caminhos de Zaratustra. Vem tu, companheiro, que estás frio e rígido!

Carrego-te para o lugar onde possa enterrar-te com minhas próprias mãos."

8

Após ter dito isto ao seu coração, colocou o cadáver em suas costas e seguiu seu caminho. E ainda não tinha dado cem passos quando um homem se esgueirou até ele e murmurou em seu ouvido — e eis que quem falava era o palhaço da torre — "Vai embora dessa cidade, Zaratustra", disse ele. "Muitos daqui te odeiam. Os bons e os justos te odeiam e te chamam de inimigo e de desprezível; os crentes da fé ortodoxa também te odeiam e costumam chamar-te de perigo para as massas. A tua sorte foi que eles riram de ti: e em verdade falaste como um palhaço. A tua sorte foi teres feito companhia a esse cão morto, e por te humilhar assim podes ter salvado tua vida, por hoje. Mas, vai embora daqui — ou amanhã posso pular por cima de ti, um homem vivo por cima de um morto." Tendo dito isto, o homem desapareceu; e, no entanto, Zaratustra continuou seu caminho pelos becos escuros.

No portão da cidade os coveiros se aproximaram dele, iluminaram seu rosto com suas tochas, reconheceram Zaratustra e o ridicularizaram. "Zaratustra está carregando embora o cão morto: que bom que Zaratustra se tornou coveiro! Pois nossas mãos são limpas demais para essa carne assada. Será que Zaratustra quer roubar a porção de comida do Diabo? Boa sorte então! Um bom repasto! Mas se o Diabo for melhor ladrão do que Zaratustra, ele rouba os dois, ele come os dois!" E juntaram as cabeças para rir e cochichar.

Zaratustra não lhes disse uma palavra e seguiu seu caminho. Depois de andar durante duas horas, quando já havia atravessado floresta e pântanos ao som dos uivos dos lobos famintos, percebeu que ele mesmo também estava com fome. Então, parou numa casa isolada onde avistou um lampião que queimava.

"A fome tomou-me de assalto", disse Zaratustra — "como a um ladrão. Minha fome me assaltou na floresta e nos pântanos, na calada da noite.

Minha fome tem estranhos caprichos. Quase sempre ela vem a mim após as refeições, e hoje não o fez como todo dia. Onde terá andado?

E assim foi que Zaratustra bateu à porta da casa. Um homem velho apareceu iluminado pelo lampião e perguntou: "Quem é que vem a mim e ao meu sono perturbado?"

"Um vivo e um morto", respondeu Zaratustra. "Dê-me de comer e de beber, pois me esqueci disso durante todo o dia. Aquele que apascenta os famintos estimula a própria alma: assim diz a sabedoria."

O ancião se retirou, mas voltou imediatamente e ofereceu a Zaratustra pão e vinho. "Este é um país ruim para os famintos, disse ele, por isso que eu moro aqui. Os animais e os homens vêm a mim, o eremita. Mas, oferece a comida e a bebida a teu companheiro que está pior do que tu". Zaratustra respondeu: "Meu companheiro está morto, será difícil persuadi-lo a comer". "Não tenho nada a ver com isto", disse o velho mal-humorado. "Aquele que bate à minha porta tem que levar o que eu lhe oferecer. Come e vai em paz."

Zaratustra se pôs a caminho por mais duas horas orientado pela luz das estrelas, o que já era costume para um caminhante noturno. Gostava de ver a cara de todos os que dormiam. Mas quando começou a amanhecer, Zaratustra viu que se encontrava numa floresta densa e que o caminho desaparecera. Então colocou o homem morto no oco de uma árvore acima de sua cabeça — pois queria protegê-lo dos lobos — e deitou-se na relva coberta de musgo. Adormeceu instantaneamente, com o corpo cansado, mas com a alma tranquila.

9

Zaratustra dormiu muito tempo e não apenas a aurora passou por seu rosto, mas também a manhã toda. Por fim, entretanto, abriu os olhos: Zaratustra olhou espantado para a floresta e espantado olhou para si mesmo. Levantou-se de um pulo como um marinheiro que repentinamente avista a terra, e gritou exultante, pois percebeu uma nova verdade. E assim ele falou ao seu coração:

"Uma luz raiou em mim: preciso de companheiros — os vivos; não de companheiros mortos ou cadáveres que carrego comigo para onde eu quiser.

Preciso de companheiros vivos que me sigam porque querem seguir a si próprios — onde quer que eu vá.

Uma luz raiou em mim: Zaratustra não deve falar para o povo, mas sim para os companheiros! Zaratustra não deve ser o pastor, nem o cão de um rebanho!

Atrair muitos para longe do rebanho — foi para isso que eu vim. O povo e o rebanho devem estar com raiva de mim: de ladrão, é como Zaratustra deve estar sendo chamado pelos pastores.

Pastores é como eu os chamo, mas eles se chamam de bons e justos. Pastores é como eu os chamo, mas eles se chamam de crentes da fé ortodoxa.

Eis os bons e os justos! Quem eles mais odeiam? Àquele que quebra as tábuas de valores deles, o infrator, o fora da lei — mas esse, entretanto, é o criador.

Eis os crentes de todas as crenças! Quem eles mais odeiam? Àquele que quebra as tábuas de valores deles, o infrator, o fora da lei — mas esse é o criador.

O criador busca companheiros, não cadáveres, rebanhos ou crentes. O criador busca colaboradores, aqueles que inscrevem novos valores em novas tábuas.

O criador busca companheiros e colaboradores na colheita — porque tudo está pronto para a colheita. Mas lhe faltam as cem foices e, assim, irritado, ele arranca as espigas de milho.

O criador busca companheiros e que tais, que saibam afiar suas foices. Eles serão chamados de destruidores e desprezadores do bem e do mal. Mas são ceifeiros e foliões.

Zaratustra busca colaboradores, ceifeiros e foliões: que tem ele a ver com rebanhos, pastores e cadáveres!

E tu, meu primeiro companheiro, descansa em paz! Sepultei-te no oco da tua árvore, escondi-te bem protegido dos lobos.

Mas parto de ti, o tempo acabou. Entre duas auroras veio a mim uma nova verdade.

Nada me fará ser pastor nem coveiro. Não voltarei a falar para o povo: falei para um morto pela última vez.

Irei me associar aos criadores, aos colhedores e aos celebrantes: irei lhes mostrar o arco-íris e todos os degraus para o Super-homem.

Cantarei minha canção para o eremita solitário e para os pares que vivem a solidão a dois e a quem quer que ainda tenha ouvidos para o inaudito, e farei com que cada coração sinta o peso de minha boa ventura.

Traço minha a meta, sigo o meu caminho; dos hesitantes e dos retrógados saltarei por cima. Assim, que minha continuidade seja a descontinuidade deles!"

10

Assim Zaratustra falou para o seu coração quando o sol fez uma parada ao meio-dia: então ele olhou interrogativamente para o céu — pois ouviu sobre ele o grito afiado de um pássaro. E eis que viu uma águia que voava em círculos largos através dos céus e da qual pendia uma serpente, não como uma presa, mas uma amiga, pois estava enrolada em volta de seu pescoço.

"Estes são meus animais!", falou Zaratustra com regozijo em seu coração.

"O animal mais altivo sob o sol e o animal mais prudente sob o sol — eles se apresentam para o reconhecimento."

Querem verificar se Zaratustra ainda vive. Em verdade, estarei realmente vivo?

"Achei mais perigo entre os homens do que entre os animais; Zaratustra está seguindo por caminhos perigosos. Que meus animais me guiem!"

Quando Zaratustra disse isso, lembrou-se das palavras do santo na floresta, suspirou e falou assim ao seu coração:

"Quem dera que eu fosse prudente! Quem dera que minha natureza fosse mais prudente, como minha serpente!

Mas estou pedindo o impossível: assim peço que meu orgulho possa seguir junto da minha prudência!

E se alguma vez minha prudência me abandonar — oh, ela adora voar para longe! — meu orgulho poderá voar com minha loucura!"

— Assim começou a queda de Zaratustra.

Discursos de Zaratustra

Das três transformações

Nomeio-vos as três transformações do espírito: como o espírito se torna um camelo, o camelo um leão e, por último, o leão uma criança.

Há muitas cargas pesadas para o espírito, o espírito forte, o que suporta cargas no qual habita o respeito; que anseia pelo pesado e pelo que é mais pesado ainda.

"O que é pesado?" — pergunta o forte espírito que suporta cargas; e então se ajoelha como um camelo que espera ser carregado.

"Qual a coisa mais pesada, ó heróis?" — pergunta o forte espírito que suporta cargas —, "para que eu possa colocá-la sobre mim e me alegrar por minha força?

Não será isso: humilhar a si mesmo a fim de ferir o orgulho de alguém? Deixar a loucura de alguém brilhar para zombar da própria sabedoria?

Ou será isso: desertar de nossa causa quando é celebrada sua vitória? Subir às montanhas mais altas para tentar o tentador?

Ou será isso: alimentar-nos de bolotas de carvalho e da erva do conhecimento e por causa da verdade padecer da fome da alma?

Ou será isso: adoecer e dispensar o consolador e ficar amigo dos surdos que nunca ouvem o que queremos?

Ou será isso entrar na água suja quando ela é a água da verdade, sem renegar as rãs frias e os sapos quentes?

Ou será isso: amar aqueles que nos desprezam e estender nossa mão ao fantasma que quer nos assustar?"

O forte espírito que suporta cargas avança apressado por seu deserto, tendo sobre si todos os pesos mais pesados: assim como o camelo que avança carregado pelo deserto.

Mas, no deserto mais remoto sucede a segunda transformação: ali o espírito se transforma em leão; quer capturar a liberdade e ser o senhor em seu próprio deserto.

Aqui ele busca seu último senhor: quer ser hostil para que esse seja seu último Deus, e para conseguir a vitória lutará contra o grande dragão.

O que é o grande dragão que o espírito já não está mais inclinado a chamar de senhor ou de Deus? "Tu deves" chama-se o grande dragão. Mas o espírito do leão diz "eu quero".

"Tu deves" está em teu caminho, cintilando como ouro — como um animal coberto de escamas e que em cada escama brilha o ouro, "Tu deves".

Valores milenares brilham nessas escamas e assim fala o mais poderoso dos dragões: "O valor de todas as coisas — reluz em mim.

Todo o valor já estava criado, e o valor de todas as coisas — sou eu. Em verdade, não haverá mais um 'eu quero!'" Assim fala o dragão.

Meus irmãos, por que o leão é necessário ao espírito? Não é suficiente a besta de carga que renuncia e é reverente?

Criar novos valores — mesmo o leão não é capaz disso; mas criar para si a liberdade de novas criações — isso a força do leão pode fazer.

Para criar para si mesmo a liberdade e dar um sagrado Não até mesmo ao dever, meus irmãos, precisa-se do leão.

Assumir o direito de novos valores — é o mais formidável dos pressupostos, para a suportação e a reverência de um espírito. Em verdade, isto é um ato de rapinagem próprio de um animal de rapina.

Outrora ele amou o "Tu deves" como sua coisa mais sagrada: agora deve encontrar ilusão e arbitrariedade até mesmo no mais sagrado, ainda que precise capturar a liberdade de seu amor: o leão é necessário para esta captura.

Mas, dizei, meus irmãos, o que a criança pode fazer que mesmo o leão não conseguiria fazer? Por que o leão predador tem ainda que se tornar criança?

A criança é inocência e esquecimento, um novo começo, um jogo, uma roda que gira por si mesma, um primeiro movimento, um sagrado Sim.

Sim, é preciso um sagrado Sim, meus irmãos, para o jogo da criação: o espírito quer agora a *sua* vontade, aquele que se apartou do mundo quer conquistar agora o *seu* mundo.

Nomeei-vos três transformações do espírito: como o espírito tornou-se um camelo, o camelo um leão, e o leão, por fim, uma criança. —

Assim falou Zaratustra. E, naquele momento, ele vivia numa cidade chamada "Vaca Malhada".

Das cátedras da virtude

Preconizou-se a Zaratustra que havia um homem sábio que discursava bem sobre o sono e a virtude: ele era digno de honra e altamente recompensado por isto, e todos os jovens vinham sentar-se diante de sua cátedra. Zaratustra foi até ele e sentou-se diante de sua cátedra, entre os jovens. E assim falou o sábio:

"Honra o sono e antes dele o pudor! Isto é primordial! E evite aqueles que têm sono ruim e ficam acordados durante a noite!

Cheio de pudor é até o ladrão se confrontado com o sono: ele sempre rouba silenciosamente durante a noite. Mas o vigia noturno não tem pudor e descaradamente carrega sua corneta.

Dormir não é uma arte menor: é preciso estar desperto o dia todo para realizá-la.

Dez vezes por dia deves te superar: isto causa um bom cansaço e é a papoula para a alma.

Dez vezes deves reconciliar-te contigo mesmo: para superar a amargura, o irreconciliado dorme mal.

Dez verdades deves encontrar durante o dia, caso contrário terás que buscá-las durante a noite com a alma ainda faminta.

Dez vezes deves rir e alegrar-te durante o dia, caso contrário o teu estômago, pai da aflição, irá perturbar-te durante a noite.

Poucos sabem, mas tens que ter todas as virtudes para dormir bem. Devo eu dar falso testemunho? Devo eu cometer adultério?

Devo eu cobiçar a serva de meu próximo? Todas essas são atitudes doentes que não combinam com um bom sono.

E mesmo quando alguém tem todas as virtudes, ainda há uma coisa que deve ser lembrada: colocar estas virtudes para dormir na hora certa.

É bom que estas lindas mulheres não discutam entre si! Sobre ti, infeliz!

Paz com Deus e com o próximo é o que quer o bom sono. E paz também com o diabo do teu próximo. Caso contrário, ele virá assombrar-te à noite.

Honra e obediência às autoridades, até mesmo à autoridade torta. Assim exige o bom sono. O que posso fazer se o poder gosta de andar com as pernas tortas?

Para mim, o melhor dos pastores é aquele que conduz sua ovelha para as verdes pastagens, pois assim é que se faz acordo com um bom sono.

Não desejo muitas honrarias, nem grandes tesouros: eles excitam a bílis. Mas é ruim dormir sem um nome honrado e um pequeno tesouro.

Prefiro a companhia de poucos a uma má companhia, mas eles devem ir e vir na hora certa. Assim é que se faz acordo com um bom sono.

Os pobres de espírito também me agradam bastante: eles promovem o sono. Bem-aventurados são eles, sobretudo quando se concorda com seus pontos de vista.

Então, corre o dia para o homem virtuoso. E quando a noite chega cuido bem para não chamar o sono! Ele, o senhor das virtudes, não gosta de ser chamado!

Mas lembro-me do que fiz e pensei durante o dia. Ruminando, pergunto a mim mesmo, paciente como uma vaca: quais foram as tuas dez superações?

E quais foram as dez reconciliações, as dez verdades e os dez risos com que meu coração ficou feliz?

Com esses tipos de ponderação e embalado por quarenta pensamentos, sem que fosse convocado, o sono, senhor da virtude, toma conta de mim de uma só vez.

O sono dá um tapinha nos meus olhos e sinto-os pesados. O sono toca minha boca e ela permanece aberta.

Em verdade, vem a mim em passos leves, o mais querido dos ladrões, e rouba meus pensamentos: e fico de pé em silêncio, estúpido como uma cátedra.

Mas, não fico assim por muito tempo e em seguida já estou deitado." —

Ao ouvir as palavras do sábio, Zaratustra riu em seu coração, pois para ele uma luz acabara de raiar. E, assim, ele falou ao seu coração:

"O sábio, com esses seus quarenta pensamentos, me parece um doido, mas acredito que ele sabe muito bem como dormir.

Feliz mesmo é quem vive próximo desse homem sábio. Tal sono é contagioso — mesmo através de uma parede de espessura grossa ele é contagioso.

A magia habita até mesmo sua cátedra. E não foi em vão que os jovens se sentaram diante do pregador da virtude.

Sua sabedoria diz que é para ficar desperto a fim de dormir bem. Na verdade, se a vida não tivesse sentido e eu tivesse que escolher um absurdo, este seria o absurdo escolhido.

Agora está claro para mim o que as pessoas procuravam acima de tudo, quando procuravam os mestres da virtude. Procuravam para si um bom sono e virtudes promovidas pela papoula.

Para todos esses sábios, catedráticos acadêmicos louvados, a sabedoria era dormir sem sonhos: não conheciam maior sentido para a vida.

Ainda hoje, há provavelmente alguns, como esse pregador da virtude, e nem sempre tão honrados. Mas seu tempo já passou. E eles não permanecerão de pé por muito mais tempo: pois estão deitados.

Bem-aventurados são aqueles sonolentos, porque com um breve aceno de cabeça adormecem." —

Assim falou Zaratustra.

Dos ultramundanos

Houve uma vez em que Zaratustra também projetou sua fantasia para além do homem, como todos os ultramundanos.

O mundo pareceu-me uma obra de Deus sofrida e torturada.

Então, o mundo pareceu-me um sonho e uma enunciação de Deus; fumaça colorida diante dos olhos de um divino descontente.

Bem e mal e alegria e tristeza e eu e tu — parecem-me a fumaça colorida diante dos olhos do criador.

O criador queria desviar o olhar de si mesmo — e, então, criou o mundo.

Para o sofredor o inebriante prazer é desviar o olhar para longe de seu sofrimento e esquecer-se de si mesmo. Prazer inebriante e esquecimento de si mesmo — assim como uma vez pareceu-me o mundo.

Este mundo, eternamente imperfeito, a imagem eterna e imperfeita de uma contradição — um prazer inebriante para o seu criador imperfeito — assim, uma vez, pareceu-me o mundo.

Assim, uma vez eu projetei minha fantasia para além do homem, como todos os ultramundanos. Na verdade, além do homem?

Ó meus irmãos, este Deus que eu criei era obra humana e loucura humana, como todos os deuses!

Ele era humano, um pobre fragmento de homem e de mim: esse fantasma veio a mim, de minhas próprias cinzas e abrasamento, essa é a verdade! Ele nunca veio a mim do "além".

O que aconteceu, meus irmãos? Eu superei em mim mesmo o sofrimento e levei para as montanhas minhas próprias cinzas e inventei para mim a mais brilhante chama. E eis que, então, o fantasma *se afastou* de mim.

Agora que estou em convalescença seria um sofrimento e um tormento crer em tais fantasmas: seria um sofrimento e uma humilhação. Assim falo aos ultramundanos.

O sofrimento e a impotência — foi isto que criou todos os ultramundos; a mais breve loucura da felicidade que só os maiores sofredores experimentam.

O cansaço que deseja atingir o extremo com um simples salto, com um salto fatal, um cansaço pobre e ignorante sem vontade até de querer, que criou todos os deuses e os ultramundanos.

Acreditem em mim, meus irmãos! Foi o corpo desesperado do corpo — que tateou com os dedos do espírito ensandecido, as últimas paredes.

Acreditem em mim, meus irmãos! Foi o corpo desesperado da terra — que ouviu as entranhas da existência falar com ele.

E então quis que sua cabeça atravessasse as últimas paredes — e não apenas a cabeça — mas quis passar inteiro para o "outro mundo".

Mas esse "outro mundo" está bem escondido do homem; aquele mundo desumano e desumanizado que é um celestial nada; e as entranhas da existência não falam aos homens, mas sim como um homem.

Certamente, é difícil demonstrar todos os seres; é difícil fazê-los falar. Mas, ainda assim, dizei-me, irmãos, não é a mais estranha de todas as coisas que demonstra o melhor?

Sim, este Eu, com sua contradição e perplexidade, é que fala com maior retidão do seu ser — este Eu que cria, que quer e que dá a medida e o valor das coisas.

E esta existência mais honesta, o Eu — fala do corpo e quer ainda o corpo, mesmo quando, rotulado e delirante, esvoaça com asas quebradas.

Sempre honesto, o Eu aprende a falar, e quanto mais aprende mais encontra as palavras e honrarias para o corpo e a terra.

O meu Eu ensinou-me um novo motivo de orgulho que ensino aos homens: não enterrem mais a cabeça na areia das coisas celestiais, mas, sim, mantenham-na erguida e livre, uma cabeça terrestre que dá sentido à terra!

Ensino aos homens uma nova vontade: escolher o caminho que o homem tem seguido cegamente e chamá-lo de bem — e não arrastar-se ao lado dele, como os doentes e moribundos!

Os doentes e os moribundos — eram os que desprezavam o corpo e a terra e inventaram o mundo celestial e as gotas do sangue redentor: mas até mesmo esses venenos doces e sombrios, eles tomaram emprestado do corpo e da terra!

Da própria miséria, eles queriam fugir, mas as estrelas estavam também demasiado longe. Então suspiraram: "Oh, como seria bom se houvessem caminhos celestiais para outra existência e para a felicidade!" — e então inventaram seus truques e suas poções sangrentas!

E, esses ingratos, imaginaram que tinham sido transportados para além da esfera de seus corpos e dessa terra. E a quem deviam a convulsão e o arrebatamento de tal transporte? Aos seus corpos e à terra.

Zaratustra é tolerante com os doentes. Em verdade, ele não fica zangado com os modos que têm de consolo e de ingratidão. Que possam vencer a doença, se tornar convalescentes e criar para si um corpo superior ao que possuem.

Zaratustra também não fica com raiva do convalescente quando ele olha com ternura para a sua ilusão desfeita e, à meia-noite, se esgueira ao redor da sepultura de seu Deus: mas, para mim, a doença e mesmo um quadro doentio permanecem em suas lágrimas.

Sempre houve um grande número de pessoas doentes que estão entre os que fazem poesias, e que suspiram por Deus: eles odeiam violentamente àqueles mais exigentes e a mais recente das virtudes que se chama: retidão.

Eles olham sempre para trás, para a idade das trevas: quando, de fato, a autoilusão e a fé eram outra coisa: o frenesi da razão tinha semelhança com Deus e a dúvida era um pecado.

Conheço bem essas pessoas semelhantes a Deus: insistem para que creiamos nelas e que a dúvida seja um pecado. Também sei muito bem em que a maioria delas mais acredita.

Em verdade, não é nem em ultramundos e nem em lágrimas de sangue redentoras: eles acreditam com mais fervor no corpo, e que seus próprios corpos são a coisa em si.

Mas para eles, seus corpos são uma coisa doentia e, assim, gostariam de livrar-se de suas peles. É por isso que ouvem os pregadores da morte e pregam, eles mesmos, os ultramundos.

Meus irmãos, eu ouvi sim a voz do corpo saudável: ela é a voz mais pura e a mais honesta.

O corpo sadio tem o discurso mais honesto e puro, perfeito e quadrado: e fala sobre o sentido da terra.

Assim falou Zaratustra.

Dos desprezadores do corpo

Aos desprezadores do corpo irei dirigir minha palavra. Que não devem eles mudar de ensinamento nem de aprendizado, mas apenas despedir-se de seus próprios corpos — e, assim, emudecer.

"Sou corpo e alma" — assim diz a criança. E por que não falar como as crianças?

Mas aquele que despertou e experimentou o conhecimento diz: sou inteiramente corpo e nada mais: a alma é apenas uma palavra para algo em meu corpo.

O corpo é uma grande razão, uma pluralidade com um sentido, uma guerra e uma paz, um rebanho e um pastor.

Um instrumento de teu corpo é também a tua pouca razão, meu irmão, a qual tu chamas de "espírito", — um pequeno instrumento e brinquedo da grande razão.

Tu dizes "Eu" e ficas orgulhoso dessa palavra. Mas maior do que isso — embora não queiras acreditar — é o teu corpo com a grande razão dele que não diz "Eu", mas faz o "Eu".

O que os sentidos percebem e o espírito não reconhece, nunca tem um fim em si mesmo. Mas os sentidos e o espírito gostariam de convencer-te de que eles são o fim de todas as coisas: quão vaidosos são.

Materiais e brinquedos pertencem aos sentidos e ao espírito: por detrás deles ainda se encontra o próprio Eu. O Eu enxerga com os olhos dos sentidos, mas também escuta com os ouvidos do espírito.

Sempre o Eu escuta e procura a si mesmo: compara, supera, conquista, destrói. Domina e é também o dominante do Eu.

Atrás de teus pensamentos e sentimentos, meu irmão, há um comandante poderoso, um sábio desconhecido — cujo nome é Ser. Ele vive em teu corpo, ele é o teu corpo.

Há mais razão no teu corpo do que na tua melhor sabedoria. E quem é que sabe por que o teu corpo necessita da tua melhor sabedoria?

O teu ser próprio ri de teu Eu e de seus saltos orgulhosos. "Para que servem a mim tais saltos e voos do pensamento?", diz ele de si para si — "São um desvio para o meu propósito. Sou o líder do seu encadeamento e sou eu o articulador de suas ideias."

Diz o ser próprio para o Eu: "Sinta a dor!" Em seguida sofre e pensa em como dará um fim a esse sofrimento — e justamente por isso *precisa* pensar.

Diz o ser próprio para o Eu: "Sinta prazer!" e então o Eu se regozija e pensa como regozijar-se com maior frequência — e justamente por isso *precisa* pensar.

Aos desprezadores do corpo quero dizer uma palavra. Eles desprezam aquilo a que devem a sua estima. Quem criou a estima, o desprezo, o valor e a vontade?

O ser próprio criativo criou para si a estima e o desprezo, criou para si a alegria e a tristeza. O corpo criativo criou para si o espírito como um punhado de sua vontade.

Vós, desprezadores do corpo, mesmo em vossa insanidade e desprezo, estais servindo ao vosso ser próprio. Eu vos digo: vosso ser próprio quer morrer e se afasta da vida.

Não consegue mais realizar a ação que mais deseja — criar além de si mesmo. Isso é o que ele quer acima de tudo, é o que deseja com todo seu fervor.

Porém agora é tarde demais para isso — e vosso ser próprio quer perecer, ó desprezadores do corpo.

Perecer — é assim que quer vosso ser próprio; e por isso vos tornastes desprezadores do corpo! Pois, vós não sois mais capaz de criar além de vós.

E, portanto, estais agora com raiva da vida e da terra. Há uma inveja inconsciente no olhar enviesado do vosso desprezo.

Eu não sigo o vosso caminho, desprezadores do corpo! Vós não sois, para mim, a ponte que leva ao Super-homem! —

Assim falou Zaratustra.

DAS ALEGRIAS E PAIXÕES

Meu irmão, se tu possuis uma virtude e ela é a tua virtude, então, não a tens em comum com mais ninguém.

Claro, tu queres chamá-la pelo nome e acariciá-la, tu queres puxar-lhe as orelhas e fazer dela um entretenimento.

E eis então! Agora tens o nome dela em comum com o povo e através de tua virtude te tornaste povo e rebanho.

Terias feito melhor em dizer: "Inefável e inominável é o que faz o tormento e a doçura da minha alma e é também a fome de minhas entranhas."

Que a tua virtude seja demasiado elevada para a familiaridade dos nomes: e se tens que falar sobre ela não te sintas envergonhado de gaguejar.

Portanto fala e gagueja: "Este é o *meu* bem, é o que amo, que por si só me agrada e é assim somente que eu desejo o bem.

Eu não desejo isso como uma lei de Deus, eu não desejo isso como uma norma ou necessidade humana: que não seja para mim nenhum sinal ultraterreno e de paraíso.

"O que eu amo é uma virtude terrestre: acrescida de um pouco de prudência e o mínimo de sabedoria cotidiana."

Mas esse pássaro construiu o seu ninho ao meu lado — portanto, eu o amo e o acarinho: agora ele está sentado junto a mim, sobre ovos de ouro."

Assim deves gaguejar e louvar a tua virtude.

Outrora tiveste paixões e as chamaste de mal. Mas agora só tens tuas virtudes e elas nasceram das tuas paixões.

No âmago dessas paixões colocaste teus maiores objetivos: e desde então elas se tornaram tuas virtudes e prazeres.

Foste tu da linhagem dos de temperamento colérico, voluptuoso, fanático ou vingativo, mas ao final todas as tuas paixões tornaram-se virtudes e teus demônios tornaram-se anjos.

Outrora tiveste cães ferozes no teu porão mas, ao final, transformaram-se em pássaros e cantores maviosos.

A partir do teu veneno criaste o teu bálsamo; ordenhaste tua vaca do pesar, e agora bebes o doce leite de seus úberes.

E daí em diante nada de mal crescerá em ti, a não ser o mal que cresce do conflito de tuas virtudes.

Meu irmão, se tu tiveres sorte terás uma virtude e nada mais: ficará mais fácil passar por sobre a ponte.

Ter muitas virtudes é uma distinção, mas é um fardo pesado; e muitos dos homens que foram para o deserto se mataram pelo cansaço de serem batalha e campos de batalha de virtudes.

Meu irmão, a guerra e a batalha são um mal? Mas isto é, entretanto, um mal necessário; a inveja, a desconfiança e a calúnia são necessárias entre as tuas virtudes.

Veja como cada uma de tuas virtudes almeja o lugar mais elevado: como cada uma delas quer que todo o teu espírito seja o *seu* arauto, como cada uma delas quer toda a tua força na raiva, no ódio e no amor.

Todas as virtudes são ciumentas uma das outras, e o ciúme é uma coisa terrível. Até mesmo as virtudes podem sucumbir ao ciúme.

Aquele que é envolvido pelas chamas do ciúme acaba como o escorpião sendo envenenado pelo próprio espinho de seu veneno.

Ah, meu irmão, nunca viste uma virtude caluniar a si própria e apunhalar-se?

O homem é algo que deve ser superado: por isso, tu precisas amar tuas virtudes — porque delas perecerás.

Assim falou Zaratustra.

Do pálido criminoso

Vós não quereis matar o animal, juízes e sacrificadores, até que ele tenha inclinado o pescoço? Vede! Eis que o pálido criminoso inclinou o pescoço e seu olhar demonstra grande desprezo.

"Meu Eu é algo que deve ser superado. O meu Eu é para mim o grande desprezo do homem": isto é o que demonstra seu olhar.

Que ele julgasse a si mesmo — esse foi o seu momento supremo: não deixai o homem elevado retornar à sua baixeza!

Não há salvação para aquele que tanto sofre de si mesmo, a não ser uma morte rápida.

O vosso homicídio, juízes, deve ser compaixão e não vingança. E ao matar, que vós mesmos justifiqueis a vida!

Não é suficiente reconciliar-vos com aquele que matais. Que a vossa tristeza seja amor pelo Super-homem: assim justificareis a vossa própria sobrevivência! Deveis dizer "inimigo", não "vilão"; deveis dizer "enfermo", não "patife"; deveis dizer "insensato", mas não "pecador".

E vós, juiz vermelho, se falardes em voz alta tudo o que todos já traziam no pensamento, eles irão gritar: "Fora com essa sujeira e com esse virulento réptil."

Uma coisa é o pensamento, outra coisa é a ação, e outra ainda é a ideia da ação. A roda da causalidade não gira entre elas.

Uma ideia fez empalidecer esse homem pálido. Ele era igual ao seu ato quando o cometeu, mas não conseguiu suportar a ideia depois de tê-lo feito.

Desde então, ele se viu como o executor de um ato. Chamo isso de loucura: nele, a exceção converteu-se em regra.

A raia de giz enfeitiçou a galinha; o golpe que ele deu enfeitiçou sua fraca razão — chamo isso de loucura *após* o fato.

Ouvi, juízes! Há ainda outra loucura, e ela ocorre antes do fato. Ah, vós não penetrastes em profundidade suficiente nessa alma!

Assim fala o juiz vermelho: "Que motivo afinal tinha esse criminoso para cometer assassinato? Ele queria roubar." Mas eu vos digo: a sua alma queria sangue, não o saque: ele tinha sede pelo prazer da faca!

Mas, sua fraca razão não compreendeu essa loucura e o convenceu do contrário. "E que importa o sangue?", disse. "Não queres pelo menos aproveitar a ocasião e roubar também? Não queres vingança?"

E ele deu ouvidos à sua pobre razão: essas palavras caíram como chumbo sobre ele — porque ele roubou ao assassinar. Não queria ter vergonha de sua loucura.

E agora, sente de novo a carga de sua culpa que pesa sobre ele, e novamente sua fraca razão torna-se entorpecida, paralisada, pesada.

Se ele pudesse ao menos sacudir a cabeça, talvez sua carga rolasse para o chão, mas quem irá sacudir essa cabeça?

Quem é este homem? Um amontoado de doenças que se estendem para o mundo através do espírito, porque é lá que querem conseguir a sua presa.

Quem é este homem? Uma bola feita de serpentes selvagens que raramente estão em paz entre si — e que cada uma por seu lado, seguem pelo mundo em busca de sua presa.

Olhai para esse pobre corpo! O que esse corpo sofreu e desejou, foi o que sua pobre alma quis interpretar para si mesma — e o interpretou como desejo do prazer assassino e cobiça pelo regozijo da faca.

O mal que agora o sobrepuja torna-o doente; ele quer causar dor com aquilo que causou a sua dor. Mas houve outras épocas e outro mal e outro bem.

Outrora o que era considerado mal, era a dúvida e a vontade do ser próprio. Naquela época, o enfermo se tornava herege e bruxo, e, como herege e bruxo, ele sofria e desejava causar sofrimento.

Mas vós não deixais que tal coisa prejudique vossos ouvidos: e dizeis que isto faz mal às pessoas boas. E o que são as pessoas boas para mim?

Muitas coisas sobre as vossas pessoas boas me causam nojo e, em verdade, não é pela maldade que possuem. Quem dera possuíssem uma loucura que os levasse à morte, tal qual o pálido criminoso.

Na realidade, eu gostaria de que a loucura delas fosse chamada de verdade ou lealdade ou justiça, mas elas têm a sua virtude a fim de viver bastante tempo em um estado deplorável, longo e infeliz.

Sou um anteparo na travessia de uma torrente: agarre-me, toque-me quem pode. Mas vossa muleta eu não sou. —

Assim falou Zaratustra.

Do ler e escrever

De todas as escritas, apenas amo o que uma pessoa escreve com seu próprio sangue. Escreve com sangue e descobrirás que o sangue é espírito.

Não é uma tarefa fácil compreender o sangue desconhecido: odeio os ociosos que leem.

Quem conhece o leitor não faz nada mais por ele. Um século de leitores — e o próprio espírito há de feder.

Se a todos for permitido aprender a ler, irão estragar, a longo prazo, não apenas a escrita, mas também o pensamento.

Outrora o espírito era Deus, e então se tornou homem e agora ele mesmo está se tornando a ralé.

Aquele que escreve com sangue e em aforismos não deseja ser lido, mas aprendido de cor.

Nas montanhas, o caminho mais curto é o de pico a pico, mas para isto é preciso ter pernas longas.

Os aforismos devem ser os picos, e aqueles para os quais são ditos devem ser altos e fortes.

A atmosfera rarefeita e pura, a proximidade do perigo e o espírito pleno de uma maldade alegre são coisas que combinam entre si.

Quero duendes à minha volta, porque sou corajoso. A coragem que afugenta os fantasmas cria duendes para si — a coragem tem vontade de rir.

Não me sinto mais como vós: essa nuvem que vejo abaixo de mim, a escuridão e a opressão que nela há, me fazem rir — é somente vossa nuvem tempestuosa.

Vós olhais para o alto quando desejais vos elevar. Eu olho para baixo, porque estou elevado.

Quem dentre vós pode, ao mesmo tempo, rir estando elevado?

Quem escala as mais altas montanhas, ri de todas as tragédias, encenadas ou reais.

Corajosos, despreocupados, sarcásticos, violentos — é como a sabedoria nos quer: ela é uma mulher e sempre ama somente aquele que é guerreiro.

Vós me dizeis: "a vida é difícil de suportar." Mas, por que tivestes orgulho no período da manhã e submissão à noite?

A vida é difícil de suportar: mas não vos façais de tão delicado! Todos somos animais de carga, jumentos e jumentas!

O que temos em comum com o botão de rosa que treme porque uma gota de orvalho se formou sobre ele?

É verdade que amamos a vida, não por estarmos habituados a viver, mas por estarmos habituados a amar.

Há sempre alguma loucura no amor. E também há sempre algum fundamento na loucura.

E mesmo para mim que estou bem com a vida, parece-me que as borboletas e as bolhas de sabão, e o que mais existir igual a elas entre nós, sabem melhor desfrutar a felicidade.

Ver essas almas aladas e tolas, encantadoras e delicadas, em movimento pelo espaço, leva Zaratustra às lágrimas e o faz cantar.

Eu só acreditaria num deus que soubesse dançar.

E quando vi meu diabo, achei-o sério, rigoroso, profundo e solene: ele era o espírito da gravidade — é por causa dele que todas as coisas caem.

Não é com a raiva, mas com riso que nós matamos. Vinde, vamos matar o espírito da gravidade!

Aprendi a andar: desde então tenho me deixado ir. Aprendi a voar: desde então não preciso ser empurrado para que eu saia do chão.

Agora sou ágil, agora voo, agora eu me vejo por baixo de mim mesmo, agora um deus dança em mim.

Assim falou Zaratustra.

Da árvore na montanha

Os olhos de Zaratustra perceberam que um determinado jovem o estava evitando. Uma tarde, quando ele andava sozinho através das montanhas em torno da cidade chamada Vaca Malhada, eis que encontrou o jovem sentado ao pé de uma árvore, contemplando o vale com um olhar fatigado. Zaratustra segurou o tronco da árvore no qual o jovem se encostava e falou assim:

"Se eu quisesse sacudir esta árvore com minhas mãos, não iria conseguir.

Mas o vento, que não conseguimos ver, perturba-a e dobra-a do jeito que quiser. Estamos sendo dobrados e perturbados por mãos invisíveis."

Ao ouvir isso, o jovem levantou-se desconcertado e disse: "Ouço Zaratustra, e justo nesse momento, estava com o pensamento nele."

Zaratustra respondeu: "E por causa disso tu estás assustado? — Mas o mesmo que se passa com o homem, se passa também com a árvore.

Quanto mais ela deseja crescer para o alto e para a luz, mais vigorosamente suas raízes mergulham no solo, na escuridão e nas profundezas — para o mal."

"Sim, para o mal! — gritou o jovem. — Como é possível que tivesses descoberto minha alma?"

Zaratustra sorriu e disse: "Há muitas almas que não serão descobertas, a menos que alguém primeiro as invente."

"Sim, para o mal!"— o jovem gritou outra vez.

"Falaste a verdade, Zaratustra. Eu já não confio em mim desde que quis subir às alturas, e ninguém mais confia em mim — como isso aconteceu?

Eu mudo depressa demais: meu hoje refuta o meu ontem. Costumo saltar degraus quando subo e, por fazer assim, nenhum degrau me perdoa.

Quando chego ao alto, encontro-me sempre sozinho. Ninguém fala comigo, o gelo da solidão me faz tremer. O que eu busco nas alturas?

Meu desprezo e meu desejo aumentam em conjunto: quanto mais eu subo, mais desprezo àquele que sobe. O que é que ele procura nas alturas?

Como estou envergonhado do meu subir e tropeçar! Como desdenho de meu ofegar violento! Como odeio quem pode voar! Como me sinto cansado nas alturas!"

Aqui o jovem ficou em silêncio. E Zaratustra contemplou a árvore ao lado de onde estavam, e assim falou:

"Esta árvore que se ergue solitária aqui nas montanhas cresceu acima do homem e do animal.

E se ela quisesse falar não encontraria quem pudesse entendê-la, de tão alto que cresceu.

Agora ela espera e espera — e o que está à espera? Ela mora tão perto das nuvens: estará esperando pelo primeiro raio?"

Quando Zaratustra disse isto, o jovem exclamou com gestos arrebatados: "Sim, Zaratustra, dizes a verdade. Eu desejava minha queda quando estava nas alturas e tu eras o raio pelo qual estive esperando! Vês, o que sou depois que apareceste. A *inveja* que sinto de ti me aniquilou!" Assim falou o jovem e chorou amargamente. Zaratustra, porém, colocou seu braço ao redor da cintura dele e o levou consigo.

Depois de terem andado juntos por certo tempo, assim Zaratustra começou a falar:

"Estou com o coração partido. Melhor do que as tuas palavras dizem, teus olhos me falam de todo o perigo que corres.

Tu ainda não és livre, ainda *procuras* a liberdade. Tuas buscas se turvaram de cansaço e sono.

Para as alturas livres queres ir, tua alma tem sede de estrelas. Mas teus maus instintos também têm sede de liberdade.

Teus cães selvagens querem liberdade; latem de alegria em teu porão, quando o teu espírito procura abrir todas as prisões.

Para mim tu és ainda um prisioneiro que inventa a liberdade: infelizmente, a alma de tais prisioneiros é inteligente, mas também ardilosa e egoísta.

O espírito livre ainda precisa purificar-se. Ainda resta nele grande parte do mofo da prisão: seu olhar ainda precisa ser purificado.

Sim, conheço o teu perigo. Mas, por meu amor e esperança, eu te rogo: não rejeites teu amor e tua esperança!

Tu ainda te sentes nobre, e os outros também sentem que tu és nobre, mas os que guardam rancor de ti te lançam olhares maus. Saibas que a posição de um homem nobre é um empecilho no caminho de todos.

Os bons também acham que os nobres são empecilhos: e mesmo quando o chamam de bons, querem colocá-los de lado.

O nobre quer criar a nova nobreza e uma nova virtude. O bom deseja coisas velhas e que o que é velho seja conservado.

Porém, não é este o perigo que um nobre corre — o de tornar-se um bom — mas, sim o de se tornar um atrevido, um zombeteiro e um aniquilador.

Ah, conheci nobres que perderam a sua maior esperança. E, então, passaram à caluniar todas as grandes esperanças.

Viveram o hoje descaradamente, gozando os prazeres efêmeros e aspirando a quase nada para o dia seguinte.

'O espírito também é voluptuosidade' — diziam. E foi quando se quebraram as asas de seu espírito, que agora rasteja por aí para macular-se daquilo que consome.

Outrora, pensavam em se tornar heróis: mas agora são libertinos. O herói é para eles um desgosto e um terror.

Mas, por meu amor e esperança, eu te rogo: não rejeites o herói que tens na alma! Conserva sagrada a tua maior esperança" —

Assim falou Zaratustra.

Dos pregadores da morte

Há pregadores da morte, e a terra está cheia daqueles para os quais é preciso pregar a desistência da vida.

Cheia está a terra de supérfluos, corrompida está a vida por muitos dentre os muitos. Que saiam dessa vida, atraídos pela "vida eterna!"

"Os amarelos", assim são chamados os pregadores da morte. Ou então "os negros". Mas eu quero mostrá-los sob outras cores.

Há os terríveis que carregam em si o animal de rapina, e não têm escolha exceto concupiscências e autolaceração. E até mesmo seus desejos são autolaceração.

Essas criaturas terríveis sequer se tornaram homens. Que preguem a desistência da vida e desapareçam!

Há os espiritualmente depauperados: logo que nascem começam a morrer e anseiam por doutrinas de lassidão e renúncia.

Desejariam eles estar mortos, e deveríamos aprovar o seu desejo! Vamos nos guardar de despertar esses mortos e de lhes violar os caixões da vida.

Quando se reúnem com um velho, um inválido ou um cadáver, — dizem logo: "A vida é refutada!"

Eles é que são refutados; e os olhos deles só veem um aspecto da existência.

Envoltos em densa melancolia e ansiosos que pequenas coincidências lhes tragam a morte: é assim que esperam com os dentes cerrados.

Ou então tentam agarrar doces e zombam da própria infantilidade: penduram-se à vida como palha e ainda fazem troça por estarem pendurados.

Sua sabedoria é a seguinte: "Tolo é aquele que permanece vivo, mas somos todos nós também tolos! E isto é a maior tolice da vida!"

"A vida é só sofrimento" — dizem outros, e não estão mentindo: portanto, tratai de fazer com que cessem *vocês*! Tratai de cessar essa vida que é só sofrimento!

E que seja esse o ensinamento da vossa virtude: "Deves matar-te a ti mesmo! Deves fazer desaparecer a vida diante de ti!" —

"A volúpia é pecado" — dizem alguns dos que pregam a morte — "deixe-nos de lado sem gerar filhos!"

"Dar à luz é penoso" — dizem outros — "por que então dar à luz? Só nascem mais infelizes!" E esses também são pregadores da morte.

"A compaixão é necessária" — afirmam terceiros. "Tomai o que tenho. Tomai o que sou. Assim eu me prendo menos à vida!"

Se fossem mais compassivos, tornariam desgostosa a vida do seu próximo. Serem maus poderia fazer deles a verdadeira bondade.

Mas, eles querem se livrar da vida. O que lhes importa, se outros acabam se prendendo mais firmemente a ela com correntes e dádivas?

E vós também, vós para quem a vida é trabalho árduo e inquietação, não estais por demais cansados da vida? Não estais por demais maduros para o sermão da morte?

Vós todos que amais o trabalho árduo que é rápido, novo, estranho — vós suportais-vos mal a vós mesmos e ao vosso trabalho, o que é fuga e desejo deves esquecerdes de vós mesmos.

Se acreditásseis mais na vida, não vos entregaríeis tanto ao momento corrente. Porém, não tendes em vós conteúdo suficiente para esperar — e menos ainda para a preguiça!

Por todos os lugares ressoam as vozes dos pregadores da morte: e a terra está cheia desses para quem a morte deve ser pregada.

Ou a "vida eterna" — que para mim é o mesmo — contanto que partam logo!

Assim falou Zaratustra.

Da guerra e dos guerreiros

Não queremos que nossos melhores inimigos nos tratem com benevolência e tampouco aqueles a quem amamos de coração. Assim, deixai-me dizer a verdade!

Meus irmãos na guerra! Amo-vos com todo o meu coração, sou e sempre fui semelhante a vós. E sou também vosso melhor inimigo. Portanto deixai-me dizer a verdade!

Conheço o ódio e a inveja de vossos corações. Vós não sois grandes o suficiente para desconhecer o ódio e a inveja. Sede grandes o suficiente para não vos envergonhardes deles!

E se não podeis ser os santos do conhecimento, então sede pelo menos seus guerreiros. Eles são os companheiros e os precursores de tal santidade.

Vejo muitos soldados: gostaria de ver muitos guerreiros! Uniforme chama-se o que vestem: pode não ser uniforme o que escondem sob ele!

Vós deveis ser daqueles cujos olhos estão sempre à procura de um inimigo — o *vosso* inimigo. E em alguns de vós o ódio é percebido à primeira vista.

Vós deveis procurar vosso inimigo e fazer a vossa guerra — uma guerra feita pelos vossos pensamentos. E se vossos pensamentos sucumbem, ainda assim vossa retidão irá triunfar!

Deveis amar a paz como um meio para novas guerras. E uma paz curta em vez de uma mais longa.

Não vos aconselho a trabalhar, mas sim a guerrear. Não vos aconselho a paz, mas a vitória. Que o vosso trabalho seja uma luta, e vossa paz uma vitória!

Pode-se ficar calado e permanecer tranquilamente sentado quando se tem flecha e arco: caso contrário, vive-se de tagarelices e desavenças. Deixai que vossa paz seja uma vitória!

Dizeis que uma boa causa santifica até mesmo a guerra? Eu vos digo: é uma boa guerra que santifica toda causa.

A guerra e a coragem têm feito coisas maiores do que a caridade. Não foi vossa compaixão, mas sim sua bravura que, até agora, salvou as vítimas.

"O que é bom?" indagais. Ser corajoso é bom. Deixai as menininhas falarem: "bom é o que é bonito e ao mesmo tempo comovente."

Irão chamar-vos de sem coração: mas vosso coração é verdadeiro e eu amo a vergonha de sua boa vontade. Envergonhai-vos do vosso fluxo, enquanto outros se sentem envergonhados do seu refluxo.

Sois feio? Muito bem, meus irmãos! Tomai aquilo que é sublime em vós, o manto da fealdade!

E quando vossa alma cresce torna-se arrogante e há malícia em vossa sublimidade. Eu vos conheço.

É na malícia que o homem arrogante se encontra com o fraco. Mas eles não entendem uns aos outros. Eu vos conheço.

Vós deveis ter inimigos que detestais, mas não inimigos que desprezais. Vós deveis sentir orgulho de vosso inimigo: então os sucessos do vosso inimigo serão também os vossos sucessos.

Resistência — eis a distinção do escravo. Deixai que vossa distinção seja obediência! Deixai que o vosso comando seja obediente. Para um bom guerreiro, "tu deves" soa mais agradável do que "eu quero". E deveis fazer com que tudo o que quiserdes venha até vós.

Vosso amor pela vida deve ser o amor pela vossa esperança mais elevada, e deixai que vossa esperança mais elevada seja o pensamento mais elevado da vida!

Mas deixai que o vosso pensamento mais elevado seja ordenado por mim: o homem é algo que deve ser superado.

Vivei, então, a vossa vida de obediência e de guerra! O que importa uma vida longa? Qual é o guerreiro que deseja ser poupado?

Não vos poupo, vos amo de todo o coração, meus irmãos na guerra! —

Assim falou Zaratustra.

Do novo ídolo

Ainda em alguns lugares há povos e rebanhos, mas não entre nós, meus irmãos: aqui há Estados.

Estado? O que é isto? Pois bem! Abri vossos ouvidos, pois agora vos direi a minha palavra sobre a morte dos povos.

Estado é como se chama o mais frio de todos os monstros frios. E também mente friamente, pois que a mentira rasteja de sua boca: "Eu, o Estado, sou o povo".

Isto é uma mentira! Criadores foram aqueles que criaram os povos e ergueram uma fé e um amor sobre eles: e assim serviam a vida.

Os que preparam armadilhas para muitos, e chamam a isso de Estado, são os destruidores: colocam uma espada e centenas de desejos em cima deles.

Onde ainda existe povo, por certo não entende o Estado e o odeia como um mau-olhado e uma ofensa aos costumes e às leis.

Este sinal eu vos dou: cada povo fala a sua língua do bem e do mal e não entende a dos vizinhos. Sua linguagem foi inventada para seus costumes e suas leis.

Porém, o Estado mente em todas as línguas do bem e do mal; e o que quer que fale é uma mentira — e o que quer que tenha, é roubado.

Tudo nele é falso; ele morde com dentes roubados, o mordaz. Até mesmo suas entranhas são falsas.

Confusão de línguas do bem e do mal: este sinal que vos dou é o sinal do Estado. Em verdade, este sinal indica a vontade de morte! Em verdade, ele acena para os pregadores da morte!

Nasce gente demais: para os supérfluos foi inventado o Estado.

Olhai para mim, vede como ele os atrai, aos muitos dentre os muitos. Como os mastiga, engole e regurgita!

"Na terra não existe nada maior que eu: Eu sou o dedo regulador de Deus"— assim grita o monstro. E não são somente aqueles de orelhas compridas e vista curta que se põem de joelhos!

Ah, ele também sussurra sobre vós, grandes almas, suas mentiras sombrias! Ah, ele encontra os corações ricos que de bom grado gostam de esbanjar!

Sim, ele encontra vós também, vencedores do antigo Deus! Tornastes cansados da luta e agora o vosso cansaço serve ao novo ídolo.

De heróis e homens honrados queria ver-se cercado, o novo ídolo. Gosta de aquecer-se sob o sol das boas consciências — este monstro frio!

A *vós* ele quer dar tudo se *vós* o adorais, o novo ídolo; desse modo ele compra para si o esplendor de vossas virtudes e do olhar de vossos olhos orgulhosos.

Ele quer usar-vos para atrair os muitos dentre os muitos. Sim, é um artifício infernal que aqui vem sendo inventado, um cavalo de morte retinindo com os adornos de honras divinas!

Sim, vem sendo inventada aqui a morte de muitos que se glorifica como vida: um serviço generoso a todos os pregadores da morte!

Estado, eu chamo o lugar onde todos, os bons e os maus, são bebedores de veneno; o Estado, onde todos, os bons e os maus, se perdem; o Estado, onde o suicídio lento de todos — chamam de "vida".

Vede estes supérfluos! Roubam para si as obras dos inventores e os tesouros dos sábios: e chamam de educação o seu roubo — e transformam tudo em doença e aflição.

Vede estes supérfluos! Eles estão sempre doentes e vomitam sua bílis e a chamam de jornais. Devoram-se uns aos outros e nem sequer podem digerir-se.

Vede estes supérfluos! Eles adquirem riquezas e tornam-se mais pobres por isso. Querem o poder e muito dinheiro, a alavanca do poder — esses impotentes!

Vede como escalam esses ágeis macacos! Eles escalam uns sobre os outros e assim brigam na lama e no abismo.

Rumo ao trono todos eles se esforçam: é a sua loucura — como se a felicidade estivesse sentada no trono! Muitas vezes, é a lama que está sentada no trono e muitas vezes o trono é que está na lama.

Para mim, todos eles parecem loucos e macacos ansiosos que escalam. Mau cheiro exala o ídolo deles, o monstro frio; mau cheiro exalado por todos eles, esses idólatras.

Meus irmãos, vós quereis sufocar-vos no hálito das bocas e nos apetites animais deles? É melhor quebrardes as janelas e saltar para o ar livre.

Colocai o mau cheiro fora do caminho! Afastai-vos da idolatria dos supérfluos!

Colocai o mau cheiro fora do caminho! Afastai-vos da fumaça desses sacrifícios humanos!

Mesmo agora a terra está livre para almas grandes. Ainda há muitos lugares vazios para os solitários e para os casais onde flutua o odor dos mares tranquilos.

Mesmo agora a terra está livre para as grandes almas. Em verdade, aquele que possui pouco é o menos possuído: bendita seja a pequena pobreza!

Lá, onde o Estado termina, é onde começa o homem que não é supérfluo: ali começa o canto do necessário, o caminho único e insubstituível.

Lá onde o Estado *termina* — olhai meus irmãos. Não vedes o arco-íris e as pontes que levam ao Super-homem? —

Assim falou Zaratustra.

Das moscas da feira

Foge, meu amigo, para a tua solidão! Vejo-te aturdido pelo barulho dos grandes homens e picado pelos ferrões dos pequenos.

De modo admirável, faze com que a floresta e as pedras saibam como ficar em silêncio contigo. Sê como a árvore, a árvore frondosa que amas — e que silenciosa e atenta se debruça sobre o mar.

Onde a solidão termina começa a feira e onde a feira começa, começa o barulho dos grandes atores e o zumbido das moscas venenosas.

No mundo, até mesmo a melhores coisas se tornam inúteis sem aqueles que as apresentem e representem primeiro. O povo chama esses apresentadores de grandes homens.

Pouco entende o povo do que seja a grandeza — o que significa a força criativa. Mas eles têm os sentidos despertos para os apresentadores e os atores das coisas grandes.

O mundo gira em torno do inventor de novos valores — e gira de maneira invisível. Mas o povo e a glória giram em torno dos atores: como é o curso do mundo.

O ator tem espírito, porém pouca consciência do espírito que possui. Sempre crê naquilo que mais firmemente faz parecer crível aos outros — *nele mesmo*!

Amanhã ele tem uma fé nova e depois de amanhã outra mais nova. Sinta que ele tem uma percepção rápida, como o povo, e humores mutáveis.

Derrubar — ele chama a isto provar. Enlouquecer — ele chama a isto convencer. E o sangue é considerado por ele como o melhor de todos os argumentos.

A verdade que penetra apenas em ouvidos sensíveis, ele chama de falsidade e nada. Em verdade, crê apenas nos deuses que fazem um grande barulho no mundo!

A feira é cheia de palhaços barulhentos — e o povo se gaba de seus grandes homens! Esses são para eles os senhores do momento.

Mas o momento os oprime e eles oprimem a ti. E de ti eles também exigem um Sim ou um Não. Ai de ti, que queres colocar tua cadeira entre o pró e o contra?

Tu, amante da verdade, não fiques enciumado dos que são absolutos e impacientes! Nunca a verdade andou de braço dado com um ser absoluto.

Afasta-te dessa gente tumultuosa, retorna à tua segurança: apenas na feira é que tu és atacado por um Sim? ou por um Não?

É lenta a experiência de todos os poços profundos. Eles têm que esperar muito para saber *o que* caiu em suas profundezas.

É longe da fama e da feira que todas as grandes coisas tomam lugar: longe da fama e da feira é que viveram os inventores dos novos valores.

Foge meu amigo, para a tua solidão: vejo-te intoxicado pela picada de moscas venenosas. Foge para lá onde sopra um vento rigoroso e forte!

Foge para a tua solidão! Tens vivido muito perto dos pequenos e dos miseráveis. Foge de sua vingança invisível. Contra ti, eles não têm outra coisa senão vingança.

Não levantes mais o teu braço contra eles! Eles são numerosos e teu destino não é ser um mata-moscas.

Inumeráveis são os pequenos e deploráveis: e as gotas de chuva e as ervas daninhas já levaram à destruição imponentes edifícios.

Tu não és pedra, mas muitas dessas gotas já te tornaram oco. Irão te quebrar e te fazer em pedaços se tu continuares a ser atingido por elas.

Vejo-te esgotado por causa dessas moscas venenosas, vejo-te arranhado e sangrando em centenas de lugares; e por orgulho te recusas a ficar zangado.

Sangue, suas almas exangues desejam de ti com toda a inocência, estão sedentas de sangue — e por isso com toda a inocência te picam.

Mas tu, homem profundo, sofres profundamente até mesmo por pequenas feridas; e, ainda que delas tenhas te curado, o mesmo verme venenoso está rastejando novamente sobre tua mão.

Tu és orgulhoso demais para matar esses pequenos gulosos. Mas tenhas cuidado para que teu destino não venha a suportar toda a injustiça venenosa que carregam.

Zumbem à tua volta com louvores. Mas esses louvores são impertinentes. Querem estar perto de tua pele e de teu sangue.

Bajulam-te como um deus ou diabo; choramingam diante de ti como diante de um deus ou diabo. E daí? Há aduladores e chorões, e, nada mais.

Além disso, se mostram a ti com amabilidade. Mas essa sempre foi a prudência dos covardes. Sim, os covardes são prudentes!

Pensam muito em ti com suas almas estreitas — és sempre preocupante para eles. Tudo que é muito pensado é questionável.

Castigam-te por todas as tuas virtudes. E te perdoam por uma única razão: teus erros.

Porque és gentil e tens bom caráter, dizes: "Não são culpados por sua existência pequena." Mas as almas estreitas pensam: "Toda existência grande tem culpa."

Mesmo quando és gentil ainda se sentem desprezados por ti e retribuem a tua bondade com uma maldade oculta.

Teu orgulho silencioso é sempre contra o gosto que têm e se regozijam uma vez que tu sejas modesto o suficiente para ser frívolo.

O que distinguimos num homem, é também o que nele fazemos que se inflame. Então, cuidado com os pequenos!

Defronte a ti, se sentem pequenos, e sua baixeza sobressai e brilha contra ti numa vingança oculta.

Será que ainda não percebeste quantas vezes se tornaram mudos quando deles te aproximaste e como a energia que tinham se evaporou como a fumaça de um fogo em extinção?

Sim, meu amigo, tu és a má consciência do teu próximo, porque ele é indigno de ti. Dessa forma é que ele te odeia e gostaria de sugar o teu sangue.

Aqueles que são próximos de ti serão sempre as moscas venenosas: aquilo que é grandioso em ti é o que os tornará ainda mais venenosos e ainda mais parecidos com moscas.

Foge, meu amigo, para a tua solidão e para onde o vento sopra rigoroso e forte! Teu destino não é ser um mata-moscas. —

Assim falou Zaratustra.

Da castidade

Amo a floresta. Viver em cidades é ruim: porque por lá há muita luxúria.

Não é melhor cair nas mãos de um assassino do que nos sonhos de uma mulher libidinosa?

E basta olhar para tais homens: seus olhos revelam — não conhecem nada melhor na terra do que se deitar com uma mulher.

Há lama no fundo de suas almas; e ai deles! se essa lama ainda tiver em si algo de espírito.

Se ao menos fôsseis perfeitos como animais! Mas para ser animal é preciso ter inocência.

Eu vos aconselho a matar vossos sentidos? Eu vos aconselho a inocência dos sentidos.

Eu vos aconselho a castidade? A castidade é uma virtude para alguns, mas para muitos é quase um vício.

Alguns são moderados, é verdade; mas a cadela da sensualidade olha com inveja para tudo o que eles fazem.

Mesmo nas alturas de sua virtude e até mesmo nas profundezas de seu espírito frio, esse animal incansável os segue.

E, como a cadela da sensualidade, sabe como implorar por um pedaço do espírito, quando um pedaço de carne lhe é negado.

Amais as tragédias e tudo o que despedaça o coração? Mas, estou desconfiado de vossa cadela.

Tendes olhos demasiadamente cruéis; são olhos que procuram ávidos por sofredores. Não apenas a vossa luxúria se disfarçou, como agora é chamada de compaixão?

E também vos dou esta parábola: não poucos que queriam expulsar os demônios acabaram por se lançar aos próprios porcos.

Aqueles para quem a castidade é difícil, devem ser dissuadidos a tomar o caminho para o inferno — que é o da lama e o da luxúria da alma.

Estarei falando eu sobre imundície? Isto não me parece o que há de pior.

Não, quando a verdade é imunda, mas é rasa, quem busca o conhecimento acaba por desaguar a contragosto em suas águas.

Em verdade, há os que são castos e suaves de coração: riem melhor e com mais frequência do que vós.

Riem também da castidade, e perguntam: "O que é a castidade?

A castidade não é uma loucura? Mas essa loucura veio a nós; não fomos nós que fomos até ela.

A ela, oferecemos nossa hospitalidade e coração; agora, ela mora conosco — deixe-a ficar pelo tempo que quiser!"

Assim falou Zaratustra.

Do amigo

"Um só já é demais para mim" — assim pensa o eremita. "Sempre uma vez um — o que, com o tempo, acaba a valer por dois!"

Eu e mim estamos sempre em conversa acalorada: como seria possível suportar isso sem um amigo?

Para o eremita, o amigo é sempre um terceiro: um terceiro é a rolha que impede a conversa dos dois outros de afundar nas profundezas.

Ah! existem muitas profundezas para todos os eremitas. É por isso que eles anseiam tanto por um amigo que esteja à sua altura.

Nossa fé nos outros revela onde gostaríamos de acreditar em nós mesmos. Nosso desejo de um amigo é o nosso traidor.

E, muitas vezes, com o nosso amor queremos apenas transpor a inveja. E quase sempre atacamos alguém e criamos inimigos para esconder o fato de que somos vulneráveis.

"Sê, pelo menos, meu inimigo" — assim fala a verdadeira reverência que não se atreve a perguntar pela amizade.

Será que tens um amigo? Se tiveres, estejas disposto também a guerrear por ele: e para guerrear é preciso ser capaz de se tornar inimigo.

E no amigo, deves honrar o inimigo. Podes aproximar-te de teu amigo sem passar para o lado dele?

Teu amigo deve ser o teu melhor inimigo. Teu coração estará mais próximo do dele quando te opuser a ele.

Não queres aparecer vestido na frente de teu amigo? O teu amigo se sentirá honrado se te apresentares diante dele tal qual tu és? Mas o desejo dele é mesmo que vás para o diabo.

Quem não faz segredo de si mesmo causa indignação: esta é a razão que tens para temer a nudez! Sim, se fôsseis deuses, poderíeis então envergonhar-vos das vossas roupas!

Nunca te adornarás o bastante para o teu amigo: pois deves ser para ele uma flecha e uma ânsia do Super-homem.

Já viste teu amigo adormecido — para que venhas a saber qual é o aspecto dele? Como é normalmente o rosto do teu amigo? É teu próprio rosto projetado em um espelho áspero e imperfeito?

Já viste teu amigo adormecido? Não te assustaste com o aspecto dele? Ó meu amigo, o homem é algo que deve ser superado.

O amigo deve ser um mestre na adivinhação e no silêncio: tu não deves querer ver tudo. Teu sono deve te revelar o que o teu amigo faz quando acordado.

Que a tua compaixão possa ser uma adivinhação: que possas primeiro saber se teu amigo deseja compaixão. Talvez ele ame em ti o olhar impassível e o olhar da eternidade

Que a tua compaixão por teu amigo se esconda sob uma casca dura e que ao tentar mordê-la quebres um dente. Assim, ela terá delicadeza e doçura.

És tu ar puro e solidão, pão e remédio para o teu amigo? Alguns não conseguem desatar suas próprias cadeias e, no entanto, para um amigo, conseguem ser o redentor.

És um escravo? Então não podes ser amigo. És um tirano? Então, não podes ter amigos.

Por tempo demais ficaram ocultas na mulher, a escravidão e a tirania. Por esse motivo, a mulher ainda não é capaz de amizade: ela somente conhece o amor.

Na mulher, o amor é uma injustiça cega contra tudo àquilo que ela não ama. E no amor iluminado de uma mulher ainda há a surpresa, o relâmpago e a noite, além da luz.

A mulher ainda não é capaz de amizade: as mulheres são ainda gatos e pássaros. Ou na melhor das hipóteses, vacas.

A mulher não é capaz de amizade. Mas, dizei-me, vós homens, quem dentre vós é ainda capaz de amizade?

Ó homens, quão pobres e avarentas são as vossas almas! O quanto dais vós ao amigo, eu ainda darei ao meu inimigo, e não ficarei mais pobre por isso.

Se há companheirismo: pode haver amizade!

Assim falou Zaratustra.

Das mil metas e da única meta

Muitas terras e muitos povos viu Zaratustra: foi assim que descobriu muitos povos bons e muitos maus. Zaratustra não encontrou na terra nenhum poder superior ao bem e ao mal.

Nenhum povo poderia viver se antes não fizesse suas valorações; mas se deseja erguer-se, entretanto, não deve se valorar como seu vizinho valora.

Muitas coisas que eram boas para um povo eram chamadas de escárnio e desonra por outro, foi o que vi. Por aqui encontrei muitas coisas que eram chamadas de mal num lugar, e que em outro eram enfeitadas de púrpura e honrarias.

Um vizinho nunca entendeu o outro: a alma de um vizinho sempre se admirou da autoilusão e da malícia do outro.

Uma tábua de valores paira sobre todos os povos. Vede, é a tábua de superação de cada um deles, é a voz de sua vontade de potência.

Louvável para ele é aquilo que considera difícil; o que é indispensável e difícil chama-se bem, e aquilo que o isenta da mais terrível angústia, o mais raro e difícil de tudo, — ele o glorifica como santificado.

O que o faz dominar, vencer e brilhar, com pavor e inveja de seu vizinho, é para ele o mais elevado, o principal, a medida e o sentido de todas as coisas.

Em verdade, meu irmão, se tu conheceste a necessidade de um povo, da terra, do céu e do seu vizinho, não terás dificuldade em adivinhar a lei de suas superações, e por que ele sobe por esta escada em direção às suas esperanças.

"Deverás ser sempre o primeiro a obter projeção sobre os outros: tua alma ciumenta não deve amar ninguém exceto teu amigo" — este preceito fazia tremer a alma de um grego, enquanto ele seguia seu caminho em direção à grandeza.

"Falar a verdade e saber manejar bem o arco e a flecha"— o que pareceu querido e pesado para o povo de onde o meu nome teve origem — um nome que ao mesmo tempo quero e ao mesmo tempo me é pesado.

"Honrar pai e mãe e fazer-lhes a vontade até na raiz da alma": outro povo esteve com esta tábua de superação pairando sobre si e, por causa dela, tornou-se poderoso e eterno.

"Lealdade para praticar e implementar a vontade de fidelidade e por ela arriscar a honra e o sangue mesmo em causas más e perigosas": com este ensinamento outro povo dominado venceu a si próprio e tornou-se pleno, com grandes esperanças.

Em verdade, os homens deram a si próprio, todo o seu bem e mal. Em verdade, não se tornaram, não os encontraram, bem e mal não caíram sobre eles como uma voz vinda dos céus.

Através da valoração o homem atribuiu valores às coisas, a fim de manter-se a si mesmo — criou somente o sentido das coisas, um sentido humano! É por isso que chama a si mesmo de "Homem", ou seja, aquele que valora.

Valoração é criação: ouvi, ó criadores! Valorar é em si mesmo o tesouro e a joia de todas as coisas valorosas.

O valor aparece apenas através da valoração: sem valoração a noz da existência seria oca. Ouvi, ó criadores!

Mudança de valoração — significa mudança naqueles que as criam. Aquele que destrói é sempre um criador.

Os primeiros criadores foram os povos; só mais tarde os indivíduos tornaram-se criadores. Em verdade, o próprio indivíduo ainda é a mais recente criação.

Outrora pairava sobre os povos uma tábua do bem. O amor que quer dominar e o amor que quer obedecer criaram juntos para si tais tábuas.

O prazer no rebanho é mais velho do que o prazer do Eu: e enquanto a boa consciência é chamada de rebanho, a má consciência diz apenas: Eu.

Na verdade, o Eu astuto e insensível que quer para si a vantagem da vantagem do outro — não é a origem do rebanho, mas sim a sua ruína.

Sempre existiram homens criadores e amorosos que criaram o bem e o mal. O fogo do amor e o fogo da raiva ardente brilham em nome de todas as virtudes.

Zaratustra viu muitas terras e muitos povos: Zaratustra nunca encontrou um poder maior na terra do que as criações desses amantes: cujo nome é "bem" e "mal".

Em verdade, arrebatado é o poder desse louvor e a censura semelhante à de um monstro. Dizei-me, irmãos, quem o subjugará? Dizei-me quem colocará o grilhão nos mil pescoços desta besta?

Até hoje houve mil metas, pois houve mil povos. Somente o grilhão para os mil pescoços é o que ainda falta; há falta de uma meta. Como falta ainda à humanidade alguma meta.

Mas por favor, dizei-me, irmãos: se a meta para a humanidade continua em falta — não é por que continua ainda a faltar também a própria humanidade? —

Assim falou Zaratustra.

Do amor ao próximo

Vós sois impulsionados na direção do seu vizinho e tendes sempre palavras bonitas para lhes dizer. Mas eu vos digo: Vosso amor ao próximo é o vosso mau amor por vós mesmos.

Vós fugis para o vosso próximo porque fugis de vós mesmos e quereis transformar isso numa virtude: mas, eu entendo bem o vosso "desprendimento".

O "tu" é mais velho do que o "eu"; o "tu" foi santificado, mas o "eu" ainda não; por isso é que o homem abre caminho para o seu próximo.

Eu vos aconselho a amar o próximo? Em vez disso, posso aconselhar-vos a fugir do próximo e a amar o mais distante.

Mais elevado do que o amor ao próximo é o amor aos mais distantes e aos que estão por vir; ainda mais elevado do que o amor aos homens é o amor às coisas e aos fantasmas.

O fantasma que corre à frente de ti, meu irmão, é mais bonito do que tu és; por que não dás a ele tua carne e teus ossos? Entretanto, tens medo e corres para o teu próximo.

Não vos suportais a vós mesmos e não vos amais o suficiente: quereis agora enganar o próximo com o vosso amor e vos dourar com o seu engano?

Eu desejaria que não pudésseis suportar todo o tipo de próximo ou de vizinho do vosso próximo, pois dessa forma teríeis que criar, de vós próprios, o vosso amigo e seu coração transbordante.

Convidais uma testemunha quando quereis falar bem de vós, e depois de a terdes enganado e feito com que ela pense bem de vós, acabais, vós mesmos, por pensar bem de vós.

Não só está mentindo como diz o contrário do julgamento que faz de vós e mais ainda, fala o contrário do que não sabe. Assim, quando falais de vós ao se relacionar com o vizinho, enganais a vós mesmos da mesma forma do que a ele.

Assim diz o tolo: "Relacionar-se com o povo corrompe o caráter, especialmente se alguém já não tem nenhum."

Um vai até o próximo porque procura por si próprio, outro porque gostaria de perder-se. Vosso mau amor por vós mesmos faz da vossa solidão uma prisão.

Aquele que está distante é quem paga vosso amor pelo próximo; mas, quando há cinco de vós, juntos, um sexto deve morrer.

Também não gosto de vossas festas: encontrei muitos atores por lá, e até mesmo os espectadores, muitas vezes, se comportavam como atores.

Não vos posso ensinar sobre o próximo, mas sobre o amigo. Que o amigo possa ser a vossa festa na terra e a antecipação do Super-homem.

Eu vos ensino sobre o amigo e seu coração transbordante. Mas deveis entender que para ser amado pelos corações transbordantes é preciso que vos transformeis em esponjas.

Eu vos ensino sobre o amigo que tem dentro de si o mundo pronto, envolto pelo bem — o amigo criador, que tem sempre um mundo pronto para dar de presente.

E assim como o mundo se desenvolveu para ele uma vez, assim o mundo lhe retorna novamente, como o crescimento do bem através do mal, como o crescimento do propósito do acaso.

Que o futuro e o mais distante sejam a razão do vosso hoje: em vosso amigo deveis amar o Super--homem, como razão de ser.

Meus irmãos, não vos aconselho o amor ao próximo: aconselho-vos o amor aos mais distantes.

Assim falou Zaratustra.

Do caminho do criador

Será, meu irmão, que queres ficar isolado? És tu mesmo que vais procurar o teu caminho? Espera ainda mais um pouco e ouve o que tenho a dizer.

"Quem está à procura pode perder-se facilmente de si mesmo. Todo o isolamento é culposo" — assim fala o rebanho. E por um longo tempo pertenceste ao rebanho.

A voz do rebanho ainda ecoa em ti. E quando dizes: "Não tenho mais a mesma consciência que vós", então isto será um lamento e uma mágoa.

Mas vê, a mágoa se fez à luz da mesma consciência: e é dessa consciência o último lampejo da tua aflição.

Mas queres seguir o caminho de tua aflição que é o caminho para ti mesmo? Então, mostra-me tua autoridade e tua força!

És uma nova força e um direito novo? Um movimento inicial? Uma roda que gira por conta própria? Podes também obrigar estrelas a girar em torno de ti?

Ah! Há tanta cobiça por altivez! Há tantas convulsões por ambição! Mostra-me que tu não és cobiçoso e nem ambicioso!

Ah! Há tantos pensamentos grandiosos que não fazem nada mais do que um fole, inflam e se esvaziam sem parar.

Achas que és livre? Quero saber quais os teus pensamentos dominantes, e não dos que ficaste livre do jugo.

És daquele tipo que *tinha* que se livrar de um jugo? Existem alguns que perdem seus valores quando desistem de serem escravos.

Livre de quê? Isso não importa a Zaratustra! Mas, é evidente que teu olhar deve me dizer claramente: livre *para* quê?

Consegues pensar no teu bem e no teu mal e colocar tua vontade acima de ti como uma lei? Podes imaginar-te como o juiz de ti mesmo e o vingador de tua lei?

É terrível estar a sós com o juiz e o vingador de tua própria lei. É como ser uma estrela jogada para fora do espaço, no vazio e no sopro gelado da solidão.

Hoje estás sofrendo por causa de muitos, tu és único: mas tens ainda toda a tua coragem e tuas esperanças.

Mas, um dia, a solidão ainda te deixará cansado; um dia, teu orgulho e tua coragem rangerão e se contorcerão. Um dia, irás chorar: "Estou sozinho!"

Um dia não irás mais ver o que é elevado em ti; aquilo que em ti é sublime irá te amedrontar como um fantasma. Um dia irás chorar: "Tudo é falso!"

Há sentimentos que matarão o solitário; agora, se não conseguirem, então, eles próprios devem morrer! Mas és capaz de te tornar assassino?

Sabes tu, meu irmão, o que é mesmo a palavra "desprezo"? E a angústia da tua justiça por ser justa com aqueles que te desprezam?

Obrigas a muitos que mudem de opinião a teu respeito; eles te acusam disto. Tu chegaste perto deles e ainda foste adiante: eles nunca te perdoarão por isso.

Fostes além deles, mas quanto mais alto sobes, menor te pareces aos olhos da inveja. Mas aquele que voa é o mais odiado.

"Como poderíeis ser justo para comigo?" — é assim que deves falar — "Escolho a vossa injustiça como a porção que me cabe."

Eles jogam a injustiça e a sujeira no solitário: mas, meu irmão, se tu queres ser uma estrela nem por isso deves brilhar menos para eles!

E cuidado com o bom e o justo! Eles gostariam de crucificar os que inventam sua própria virtude — odeiam o solitário.

Cuidado também com a santa simplicidade! Tudo o que não é simples, para ela é profano: e ela também gosta de brincar com fogo — nesse caso, o fogo da fogueira.

E cuidado, antes de tudo, com os assaltos que o teu amor faz a ti! O solitário estende a mão depressa demais a quem encontra.

Para muitos homens não deves dar a tua mão, mas sim a tua pata: e eu queria também que tua pata tivesse garras.

Mas o pior inimigo que podes conhecer será sempre tu mesmo; tu mesmo estarás à tua espreita em cavernas e florestas.

Solitário, estás indo na direção do caminho que leva a ti! E teu caminho passa diante de ti mesmo e de teus sete demônios!

Serás bruxo e adivinho, louco e incrédulo, ímpio e perverso contigo mesmo.

Deves desejar queimar-te em tuas próprias chamas: como poderias querer a renovação sem primeiro ter te transformado em cinzas?

Solitário, estás indo no caminho que te leva ao criador: queres criar para ti um Deus a partir de sete demônios!

Solitário, estás indo no caminho do amante: tu amas a ti mesmo e por esta razão tu desprezas a ti mesmo como só os amantes são capazes de desprezar.

Aquele que ama deseja criar porque despreza! O que ele saberia sobre o amor se não tivesse desprezado precisamente aquilo que amava?

Vai para tua solidão, meu irmão, com o teu amor e teu trabalho, e a justiça ficará para trás.

Com minhas lágrimas, vai para tua solidão, meu irmão. Eu amo aquele que deseja criar além de si e que assim perece. —

Assim falou Zaratustra.

Das mulheres velhas e jovens

"Por que deslizas tão furtivamente durante o crepúsculo, Zaratustra? E o que estás escondendo com tanto cuidado sob a capa?

É um tesouro que foi dado a ti? Ou uma criança que nasceu para ti? Ou estás tu mesmo a serviço dos ladrões, tu, amigo dos maus?"

"Na verdade, meu irmão" — disse Zaratustra — "é um tesouro que me foi dado: um pouco de verdade que carrego comigo.

Mas é indisciplinada como uma criança pequena e se eu não mantenho sua boca calada ela grita muito alto.

Hoje, quando seguia sozinho o meu caminho na hora em que o sol se pôs, encontrei uma mulher velha que falou assim à minha alma":

"Muito tem falado Zaratustra para nós mulheres também, mas nunca falou conosco a respeito da mulher."

E eu lhe respondi: "A respeito da mulher só se deve falar aos homens."

"Fala sobre a mulher para mim também", disse ela; "Sou velha o suficiente para esquecer na mesma hora o que me disseres."

"E senti-me obrigada a lhe falar o seguinte:

Tudo na mulher é um enigma, e tudo na mulher só tem uma solução, chama-se gravidez.

Para a mulher, o homem é um meio: o seu propósito é sempre o filho. Mas o que é a mulher para o homem?

De duas maneiras diferentes o homem verdadeiro a

deseja: risco e diversão. Portanto, ele deseja a mulher como a diversão mais perigosa.

O homem deve ser treinado para a guerra e a mulher para a recreação do guerreiro: tudo o mais é loucura.

Frutos muito doces — não são do gosto do guerreiro. Portanto, gosta da mulher, pois que amarga é a mais doce mulher.

A mulher compreende melhor as crianças do que o homem, mas o homem é mais infantil que a mulher.

No homem verdadeiro há uma criança escondida, e ela quer brincar. Venham, mulheres, venham descobrir a criança no homem!

Deixe que a mulher seja um divertimento, puro e delicado como uma pedra preciosa, iluminada com as virtudes de um mundo que ainda não existe.

Que o brilho de uma estrela fulgure em vosso amor! Que a vossa esperança diga: "Posso dar à luz o Super-homem!"

Que em vosso amor haja coragem! Com o vosso amor podeis atacar aqueles que vos inspiram medo.

Que vossa honra seja o vosso amor! Pouco entende a mulher sobre honra. Seja essa a vossa maior honra: amar mais e mais do que ser amada e nunca ficar em segundo lugar.

Que o homem tema a mulher que ama. Quando a mulher ama, faz todos os sacrifícios e tudo o mais que para ela não tem nenhum valor.

Que o homem tema a mulher que odeia, pois o homem em sua alma mais profunda é apenas maldoso, no entanto, a mulher é perversa.

O que a mulher mais odeia? — assim falou o ferro para o ímã: "O que mais odeio és tu, porque me atrais, mas não és forte o bastante para me puxar até a ti."

A felicidade do homem é: eu quero. A felicidade da mulher é: ele quer.

"Veja, agora temos o mundo perfeito!" — assim pensa toda mulher quando obedece com todo o seu amor.

E a mulher tem que obedecer e encontrar a profundidade em sua superfície. A alma da mulher é a superfície, uma película móvel e tempestuosa em águas rasas.

Mas a alma do homem é profunda, sua correnteza ressoa em cavernas subterrâneas: a mulher sente o seu poder, mas não o compreende. —

Então a velha me respondeu: "Muitas coisas bonitas disse Zaratustra, especialmente, para as que são bastante jovens para isso.

É estranho, Zaratustra conhece pouco sobre as mulheres e, no entanto, está certo sobre elas! Porventura, isto acontece porque com as mulheres nada é impossível?

E agora, aceite um pouco de verdade! Sou velha o suficiente para dá-la."

E assim falou a velha:

"Sufoca-a e tapa-lhe a boca, caso contrário, esta pouca verdade irá gritar bem alto!"

"Dá-me a tua pouca verdade, mulher!" falei eu. E assim falou a velha:

"Vais te encontrar com mulheres? Não esqueças o chicote!" —

Assim falou Zaratustra.

Da picada da víbora

Um dia, Zaratustra adormeceu debaixo de uma figueira por causa do calor com os braços em repouso sobre a face. Então, veio uma víbora e picou seu pescoço de tal forma que Zaratustra gritou de dor. Quando tirou os braços do rosto e olhou para a serpente, ela reconheceu os olhos de Zaratustra e contorceu-se desajeitada prestes a fugir. "Não vá", falou Zaratustra, "ainda não recebeste meu agradecimento. Tu me despertaste na hora certa, tenho um longo caminho a percorrer." "Infelizmente o teu caminho é curto" — disse a víbora —, "meu veneno é mortal." Zaratustra sorriu. "Quando foi que algum dragão morreu devido à picada de uma cobra?" — disse ele. "Tome teu veneno de volta! Tu não és rica o bastante para dá-lo a mim!" Então, a cobra enroscou-se em volta do seu pescoço e lambeu o ferimento.

Certa vez, quando Zaratustra contou isso aos seus discípulos, eles perguntaram: "E qual é, ó Zaratustra, a moral da tua história?". Zaratustra respondeu-lhes assim:

"Destruidor da moral é como sou chamado pelo bom e o justo: minha história é imoral.

Quando, entretanto, tendes um inimigo, não deveis lhe pagar o mal com o bem, pois isto o iria envergonhar Mas, provai que ele fez algo bom para ti.

É melhor ficar zangado do que envergonhado! Se fordes amaldiçoado, não me agrada nada ver que, mesmo assim, tendes o desejo de abençoar. Amaldiçoai-os um pouco em represália.

Se uma grande injustiça foi feita contra vós, fazei rapidamente cinco pequenas injustiças para adiante. É terrível olhar quem suporta uma injustiça, sozinho.

Já sabíeis disto? A injustiça repartida é meia-justiça. Aquele que pode suportar a injustiça em si mesmo, deve carregá-la consigo?

Uma pequena vingança é mais humana do que nenhuma vingança. E se o castigo não é um direito e uma honra para o transgressor, então não gosto de vossa punição.

É mais nobre admitir-se errado, do que reafirmar-se certo, especialmente quando *se está* certo. É preciso ser bastante rico para tanto.

Não gosto de vossa justiça fria; o olhar de vossos juízes mostra sempre o carrasco e sua lâmina fria.

Dizei-me, onde encontraremos a justiça que é o amor com olhos que enxergam?

Concebei-me então o amor que não carrega apenas toda a punição, mas também carrega toda a culpa!

Concebei-me então a justiça que isenta de culpa a todos, exceto aos juízes!

Será que ireis ouvir isto também? Para aquele que deseja ser o que seu coração diz, a mentira se torna filantropia.

Mas como poderia ser apenas o que meu coração diz? Como posso dar a cada qual o que lhe pertence? Que isto baste pra mim: dou a cada qual o que é meu.

Finalmente, meus irmãos, guardai-vos de fazer o mal a qualquer eremita! Como poderia um eremita esquecer? Como poderia ele retribuir?

Um eremita é como um poço profundo. É fácil jogar uma pedra nele, mas quando ela chegar ao fundo, dizei-me, quem irá trazê-la de volta à tona?

Tende cuidado para não insultar o eremita! Mas se já o fizeste, então, é melhor matá-lo também!"

Assim falou Zaratustra.

Dos filhos e do casamento

Tenho uma pergunta somente para ti, meu irmão. Lanço esta pergunta em sua alma tal qual uma sonda para saber quão profunda ela é.

És jovem e desejas filhos e casamento. Mas te pergunto: és um homem com *direito* de desejar ter um filho?

És o vitorioso, o vencedor de ti mesmo, o governante de teus sentidos, o senhor de tuas virtudes? Então, eu te pergunto.

Ou é através do teu desejo que falam o animal e a necessidade? Ou a solidão? Ou a discórdia contigo mesmo?

Quero a tua vitória e liberdade desejosas de um filho saudável. Edificarás monumentos vivos com a tua vitória e emancipação.

Deves construir algo além de ti. Mas primeiro deves construir-te a ti mesmo, diretamente no corpo e na alma.

Não só para adiante deves propagar a ti mesmo, mas para o alto! Que o jardim do casamento te ajude a fazer isso.

Deves criar um corpo em uma instância superior, um primeiro movimento, uma roda que gire espontaneamente — deves criar um criador.

Casamento: assim eu chamo a vontade de dois para criar um que mais do que aqueles que o criaram. É respeito de um pelo outro, respeito dos que têm essa mesma vontade — é a isso que chamo de casamento.

Que esse seja o significado e a verdade de teu casamento. Mas que apelo tem os que muitos dentre os muitos chamam de casamento, — esses homens supérfluos — ah, como chamo a isso?

Ah, que pobreza de alma a dois! Infelizmente essa imundície de alma a dois! Ah, que complacência lamentável entre dois!

A tudo isso chamam de casamento; e dizem que seus casamentos são feitos nos céus.

Bem, eu não gosto dele, desse céu dos supérfluos! Não, não gosto deles, desses animais, nessa intrincada rede celestial!

E que fique bem longe de mim esse Deus manco que se aproxima para abençoar aquilo que não uniu!

Não ríeis de tais casamentos! Qual é o filho que não teria razão para chorar por seus pais?

Esse homem pareceu-me digno e maduro para o sentido da terra, mas quando vi sua mulher, o que a terra me pareceu foi o lar dos insensatos.

Sim, gostaria que a terra entrasse em convulsões se um santo e um ganso formassem um par.

Esse homem partiu como herói em busca das suas verdades e acabou caindo numa mentira enfeitada. Ele a chamou de casamento.

Aquele homem foi reservado em suas relações e seletivo em sua escolha. Mas de uma só vez estragou para sempre a sua companhia e chamou a isso de casamento.

Outro homem ainda procurou uma serva com as virtudes de um anjo. Mas de uma só vez foi ele quem se tornou servo de uma mulher, e agora precisava também tornar-se um anjo.

Sempre achei os compradores cautelosos e todos eles com olhos astutos. Mas mesmo o mais astucioso compra sua esposa ainda embrulhada num saco.

Muitas loucuras breves — é o que chamais de amor. E vosso casamento põe fim a muitas loucuras breves ao transformá-las numa longa estupidez.

Vosso amor por uma mulher e o amor da mulher por um homem: ah, se ao menos fosse compaixão pelos deuses sofredores e encobertos por véus! Mas, em geral, são dois animais que se farejam mutuamente.

Mesmo o vosso melhor amor não passa de uma metáfora arrebatada e um ardor doloroso. É uma tocha para iluminar vossos caminhos mais elevados.

Um dia devereis amar para além de vós mesmos! Portanto primeiro *aprendei* a amar! Para tanto tivestes de beber do cálice amargo de vosso amor.

Há amargor até no cálice do melhor dos amores: assim produz anseio pelo Super-homem, assim produz sede em vós, criador!

Sede do criador, flecha e anseio pelo Super-homem: dizei meu irmão, é esta a vossa vontade de casamento?

Sagrada é para vós tal vontade e tal casamento.

Assim falou Zaratustra.

Da morte voluntária

Muitos morrem muito tarde e alguns morrem demasiado cedo. Ainda soa estranha a doutrina: "Morre no tempo certo."

Morra no tempo certo, ensina Zaratustra.

Claro que quem nunca viveu no tempo certo dificilmente deverá ter o direito a morrer no tempo certo! Melhor seria se nem tivesse nascido! — Assim é o que aconselho aos supérfluos.

Mas mesmo os supérfluos tornam sua morte um grande alarde; sim, até mesmo a noz mais oca quer ser quebrada.

Todos tomam a morte como importante, mas a morte não é difícil: tem gente que aprendeu a não consagrar as festas mais bonitas.

Eu vos mostro a consumação da morte, que para os vivos deve ser um aguilhoamento e uma promessa.

Da sua morte, pode o homem ter uma consumação triunfante, cercado de esperança e votos solenes.

Assim, deveis aprender a morrer; não deve haver festividades nas quais quem morre não vos consagre os juramentos dos vivos!

Morrer assim é a melhor das mortes, e a segunda melhor forma de morrer é na luta, expondo ao risco uma grande alma.

Mas tanto para o combatente quanto para o vitorioso vossa morte sorridente é igualmente odiosa porque se arrasta pela noite como um ladrão — e ainda chega como um mestre.

Eu confio a vós a minha morte, morte livre que vem a mim porque *eu* quero.

E para quando é que eu a quero? — Aquele que tem um fim e um herdeiro quer a morte no momento certo ao seu fim e ao seu herdeiro.

E fora a reverência ao seu fim e ao seu herdeiro, ele não irá pendurar coroas murchas no santuário de sua vida.

Em verdade, não desejo ser como os cordoeiros que, para puxar os fios da corda em seu comprimento, têm que andar sempre para trás.

Alguns ficam muito velhos até mesmo para suas verdades e vitórias; uma boca sem dentes não tem direito a qualquer verdade.

E quem quer ter fama deve despedir-se cedo das honras e praticar a difícil arte de ir embora, na hora certa.

Devemos parar de permitir que sejamos comidos quando ainda temos o melhor sabor: os que querem ser amados por mais tempo conhecem isto.

Sem dúvida, há maçãs ácidas cujo destino é esperar atingir o último dia do outono: quando se tornam maduras, amarelas e enrugadas.

Em alguns, é o coração que envelhece primeiro, e, em outros, é o espírito. Outros já são velhos na juventude: mas os que ficam jovens até mais tarde, permanecem assim por mais tempo.

Muitos se saem mal na vida: um verme venenoso come-lhes o coração. Assim, deixe que vejam que a sua morte, mais do que tudo, é um sucesso.

Alguns jamais se tornam doces e apodrecem no verão. É covardia aquilo que os mantém presos aos seus galhos.

Muitos podem viver longamente e permanecer presos aos seus galhos por muito tempo. Gostaria que uma tempestade de neve viesse para sacudir toda a podridão e os vermes devoradores da árvore!

Gostaria que os pregadores de morte *rápida* viessem! Para mim seriam como tempestades apropriados e incitados da árvore da vida! Mas, ouço apenas pregarem a morte lenta e a paciência com as "coisas terrenas".

Ah, pregais a paciência com as coisas terrenas? São as coisas terrenas que têm paciência convosco, ó blasfemos!

Em verdade, morreu cedo demais aquele hebreu que foi honrado pelos pregadores da morte lenta, e para muitos o fato de ter morrido tão cedo se revelou uma fatalidade.

Ainda assim, ele conhecia somente as lágrimas e a melancolia dos hebreus juntamente com o ódio dos bons e dos justos — o hebreu Jesus. Então foi assaltado pelo anseio da morte.

Devia ter ficado no deserto longe dos bons e dos justos! Teria aprendido, talvez, a viver e a amar a terra — e também o riso!

Acreditai em mim, meus irmãos! Ele morreu cedo demais; ele próprio teria revogado sua doutrina se tivesse vivido até a minha idade! Era nobre o bastante para fazer isso!

Mas era ainda imaturo. A juventude ama de maneira imatura e também de maneira imatura odeia o homem e a terra. Confinadas e desajeitadas continuam ainda a sua alma e as asas de seu espírito.

Contudo, no homem há mais da criança do que na juventude, e menos de melancolia: e um entendimento melhor sobre a morte e a vida.

Livre para a morte e livre na morte, divino negador é aquele que diz Não quando já não há mais tempo para Sim: portanto, entende ele sobre a vida e a morte.

Que vossas mortes, meus amigos, não sejam um opróbrio para o homem e para a terra: é o meu apelo a partir da doçura de vossas almas.

Em vossas mortes, ainda brilham vossos espíritos, e vossas virtudes devem ser como um brilho de noite ao redor da terra: do contrário, vossa morte não terá sido satisfatória.

Assim quero eu mesmo morrer, que vós, meus amigos, ameis mais a terra por minha causa; e quero novamente me tornar terra e ter o descanso naquela que me gerou.

Em verdade, Zaratustra tinha uma meta e lançou sua bola: agora, sois vós, amigos, herdeiros do meu objetivo e vos lanço minha bola dourada.

E o melhor de tudo: eu vos gosto de ver, meus amigos, atirando a bola dourada! Assim demorarei um pouco mais de tempo na terra, perdoai-me por isso!

Assim falou Zaratustra.

Da virtude dadivosa

1

Quando Zaratustra despediu-se da cidade a qual havia dedicado seu coração, cujo nome era "Vaca Malhada", muitos que chamavam a si próprios de seus discípulos o seguiram e escoltaram. Então, chegaram a uma encruzilhada. Lá Zaratustra lhes disse que dali em diante queria ir sozinho, pois era amigo da solidão. Porém seus discípulos, ao se despedirem dele, ofereceram-lhe um cajado em cujo cabo de ouro se via uma serpente enrolada em torno do sol. Zaratustra ficou encantado com o cajado, se apoiou nele e, então, falou assim para os seus discípulos:

Digam-me, como chegou o ouro a ter o valor mais alto? Porque ele é raro e inútil, luminoso e de suave brilho; e é sempre uma dádiva.

Apenas como imagem da mais alta virtude, o ouro veio a ter o mais alto valor. O ouro brilha no olhar direto do doador. O brilho do ouro sela a paz entre a lua e o sol.

A virtude mais elevada é rara e inútil e possui um brilho suave: uma virtude dadivosa é a mais elevada virtude.

Em verdade, eu vos adivinho meus discípulos, vos aspirais, assim como eu, a virtude dadivosa. O que é que poderíeis ter em comum com os gatos e os lobos?

Esta é a vossa sede de vos tornar sacrifícios e presentes; e é por isso que desejais acumular todas as riquezas em vossas almas.

Insaciáveis, vossas almas se esforçam por tesouros e joias porque vossas virtudes são insaciáveis em fazer ofertas.

Vós obrigais todas as coisas a virem a vós e a ficarem convosco, para que a partir de vossa fonte possam refluir como dons de vosso amor.

Em verdade, esse amor dadivoso deve ser aquele que se apropria de todos os valores; mas chamo isso de egoísmo sadio e santo.

Existe outro egoísmo, um egoísmo muito pobre e faminto que quer sempre se apropriar de mais coisas: o egoísmo dos doentes, a doença do egoísmo.

Com o olho do ladrão, ele contempla todas as coisas preciosas, com a ganância do esfomeado, ele mede aquele que tem em abundância; e sempre se esgueira em volta da mesa daqueles que dão.

A doença fala através de tais desejos e da degeneração invisível; de um corpo doente fala a ganância ladra desse egoísmo.

Dizei-me irmãos, o que achamos ruim e o pior de tudo? Não é a *degeneração*? — E sempre suspeitamos da degeneração onde a alma dadivosa está em falta.

Ascendente é o nosso caminho, de um tipo para um tipo superior. Mas para nós é um horror quando a mente degenerada diz "Tudo para mim".

Nossa mente voa para o alto: símile ao nosso corpo, símile à elevação. Similares às elevações são os nomes das virtudes.

Assim o corpo atravessa a história, desenvolvendo-se e lutando. E o espírito — o que é para o corpo? Ele é o arauto, o companheiro e eco de suas batalhas e vitórias.

Todos os nomes do bem e do mal são símiles: eles não conseguem falar nada, apenas sinalizam. Tolo é quem procura o conhecimento através deles.

Daí atenção, meus irmãos, para cada hora em que vosso espírito quiser falar através de formas símiles: pois ali é que tem origem a vossa virtude.

Em seguida, vosso corpo é elevado e se ergue; deleitai o espírito com vossa alegria para que ele se faça criador, apreciador, amante e benfeitor de todas as coisas.

Quando vosso coração aumenta o fluxo e se torna amplo e cheio como um rio, torna-se uma bênção e um perigo para os habitantes das planícies: ali é que tem origem vossa virtude.

Quando sois exaltados acima do louvor e da censura, vossa vontade passa a comandar todas as coisas como a vontade de um amante: ali é que tem origem vossa virtude.

Quando desprezais as coisas agradáveis e a cama mole e não podeis fazer sua cama muito longe dos que têm modos delicados: ali é que tem origem a vossa virtude.

Quando almejais uma só vontade e chamais essa dispersão de necessidade de vossa necessidade essencial: ali é que tem origem a vossa virtude.

Em verdade, é um novo bem e mal! Em verdade, é um novo murmúrio das profundezas de uma fonte nova!

Poder é essa nova virtude; é um pensamento dominante em volta do qual há uma alma sutil: um sol dourado e, em torno dele a serpente do conhecimento.

2

Aqui Zaratustra fez uma pequena pausa e olhou amorosamente para seus discípulos. Em seguida, assim continuou a falar — e sua voz havia se transformado:

Permanecei fiéis à terra, meus irmãos, com o poder da vossa virtude! Deixai que vosso amor dadivoso e o seu conhecimento sejam devotados ao sentido da terra! Assim vos peço e imploro.

Não os deixeis voar para longe das coisas terrenas e bater com as asas contra as muralhas eternas! Ah, sempre houve muita virtude desgarrada.

Conduzi, como faço eu, a virtude desgarrada de volta para a terra — sim, de volta ao corpo e à vida: para que ela dê para a terra o seu sentido, um sentido humano.

Até agora, centenas de vezes, tanto o espírito quanto a virtude voaram aos tropeções para longe. Ah, toda essa autoilusão e desorientação ainda habitam em nossos corpos e neles se incorporaram.

Até agora, centenas de vezes, tanto o espírito quanto a virtude tentaram e erraram. Sim, o homem foi um ensaio. Ah, muita ignorância e erro tornaram-se corpo, em nós!

Não só a razão dos milênios — também a loucura dos milênios amanhece em nós. É perigoso ser um herdeiro.

Ainda que estejamos lutando passo a passo com o gigante acaso, até então, o absurdo e a falta de sentido têm reinado sobre toda a humanidade.

Que vosso espírito e a vossa virtude sejam devotados ao sentido da terra, meus irmãos: deixai que o valor possa ser determinado novamente por vós. Vós deveis, portanto, ser lutadores! E assim sereis criadores!

Através do conhecimento o corpo se purifica; ao provar do saber ele exalta a si mesmo; para o que tem discernimento, todos os instintos são santificados: para o exaltado, a alma é sempre alegre.

Médico, cura-te a ti mesmo: então, também curarás teu paciente. O melhor remédio para ele é poder ver com seus olhos aquele que cura a si próprio.

Mil caminhos existem que nunca foram trilhados, mil saúdes e ilhas ocultas da vida. O mundo do homem e o homem ainda são inexauríveis e desconhecidos.

Despertai e ouvi, ó solitários! Os ventos futuros chegam com um farfalhar furtivo de asas; e boas-novas para os ouvidos delicados são anunciadas.

Solitários de hoje, vós marginalizados, haveis de um dia ser um povo: um povo dos que optaram por vós é um povo eleito que surge — que dele nasça o Super-homem.

Em verdade, a terra ainda se tornará um local de cura! E já há um novo odor difuso em torno dela, um odor curativo — e uma nova esperança.

3

Ao pronunciar estas palavras, Zaratustra fez uma pausa como alguém que ainda não disse a sua última palavra; hesitante, balançou a mão por longo tempo; finalmente, assim ele falou — e sua voz havia se transformado:

"Agora, meus discípulos, irei sozinho! Também, agora, vós deveis ir embora sozinhos! É assim que eu quero.

Em verdade, vos aconselho: afastai-vos de mim e protegei-vos contra Zaratustra! Melhor ainda: envergonhai-vos dele! Talvez ele vos tenha enganado.

O homem de conhecimento não deve apenas ser capaz de amar seus inimigos, deve também poder odiar seus amigos.

Recompensa-se mal um mestre quando se permanece apenas como seu discípulo. E por que então não quereis arrancar minha coroa de louros?

Vós me reverenciais! Mas, e se um dia vossa reverência entrasse em colapso? Acautelai-vos para que uma estátua que tomba não vos atinja e mate!

Dizeis que acreditais em Zaratustra? Mas o que importa Zaratustra? Vós sois os meus devotos: mas que importam todos os devotos?

Vós ainda não havíeis procurado a vós próprios; então me encontrastes. Assim fazem todos os devotos; por isso toda a devoção vale tão pouco.

Agora vos ordeno que me percais e vos encontreis a vós mesmos; e só quando todos vós me tiverdes negado é que voltarei a vós. Em verdade, meus irmãos, com outros olhos eu buscarei por aqueles que perdi e com outro amor então vos amarei."

E se uma vez mais, vós vos tornardes meus amigos e filhos de uma só esperança: então irei ter convosco pela terceira vez para que juntos celebremos o grande meio-dia.

E este é o grande meio-dia: quando o homem está no meio de seu curso entre o animal e o Super-homem e celebra seu caminho para a noite como sua mais elevada esperança: pois ela é o caminho para um novo amanhã.

Quando já está no ocaso o homem se abençoa a si mesmo, pois que está prestes a passar para outro lado, e o sol de seu conhecimento irá sustentá-lo no meio-dia.

"*Todos os Deuses estão mortos: agora queremos que viva o Super-homem*" — que um dia esta seja a nossa última vontade, nesse grande meio-dia! —

Assim falou Zaratustra.

Segunda parte

"... e só quando todos vós me tiverdes negado é que voltarei a vós. Em verdade, meus irmãos, com outros olhos eu buscarei por aqueles que perdi e com outro amor então vos amarei."

Assim falou Zaratustra, "Da virtude dadivosa" (primeira parte, p. 102).

A criança com o espelho

Então, Zaratustra voltou para as montanhas, para a solidão de sua caverna e retirou-se dos homens à espera, como um semeador que dissipou suas sementes. Sua alma, entretanto, estava cheia de impaciência e desejo daqueles a quem amava, pois ele ainda tinha muito a lhes dar. Na verdade, o mais difícil é fechar a mão aberta do amor e, como doador, preservar a modéstia.

Assim passaram-se as luas e os anos para o solitário, mas sua sabedoria cresceu causando-lhe dor por sua abundância.

Certa manhã, ele acordou antes do amanhecer e meditou por muito tempo em sua cama e conversou longamente com o seu coração:

O que me assustou no meu sonho que me fez acordar? Não veio a mim uma criança carregando um espelho?

"Ó Zaratustra", disse-me a criança, "olha-te no espelho!"

Quando me olhei no espelho, gritei e meu coração palpitou, pois não me vi, e o que vi foi o riso desdenhoso e o esgar do diabo.

De fato, entendo perfeitamente o presságio e a advertência do sonho: minha *doutrina* está em perigo e a erva daninha quer ser chamada de trigo!

Meus inimigos são poderosos e vêm distorcendo a minha imagem de tal modo que meus entes queridos estão envergonhados das dádivas que lhes dei.

Perdidos estão meus amigos; para mim chegou a hora de procurar por aqueles que eu perdi! —

Com essas palavras Zaratustra sobressaltou-se — não como uma pessoa que está em agonia em busca de alívio, mas sim como um vidente ou um cantor cujo espírito foi possuído. Com espanto sua águia e sua serpente olharam para ele, pois, tal qual a aurora, havia uma felicidade que vinha e se espalhava por seu rosto.

O que aconteceu comigo, meus animais? — falou Zaratustra. Eu não estou transformado? Terá a bem-aventurança se acercado de mim como um furacão?

Minha ventura é tola e vai dizer coisas tolas: ela é ainda muito nova — portanto, suportai-a com paciência!

Fui ferido por minha ventura: que sejam meus médicos todos os sofredores!

Com meus amigos eu posso voltar atrás e também com meus inimigos! Zaratustra pode voltar a falar e dar seu melhor amor aos entes queridos.

Meu amor impaciente transborda e desce em torrentes — do nascer ao pôr do sol. Fora das montanhas silenciosas e das tempestades de dor, minha alma corre dentro dos vales.

Por tempo demasiado, ansiei e olhei com distanciamento. Por tempo demasiado, fui eu a solidão: desaprendi o silêncio.

Transformei-me por completo numa boca e nos gritos de um riacho que cai de pedras altas: quero lançar minha palavra pelos vales abaixo.

E deixar que a correnteza do meu amor mergulhe em lugares de difícil acesso! E como sempre, a correnteza, por fim, encontrará seu caminho para o mar!

Não tenho dúvida que há um lago em mim, um lago isolado e autossuficiente, mas minha correnteza de amor arrasta-o junto com ela — para o mar!

Vou trilhar novos caminhos, com um novo discurso que agora me chega; cansei-me — como todos os demais criadores — das línguas antigas. Meu espírito já não vai mais andar com solas gastas.

Para mim todos os discursos são morosos. Vou saltar para o teu carro, tempestade! E ainda hei de te açoitar com minha malícia!

Quero atravessar amplos mares com um grito e uma exclamação de alegria, até que eu encontre as Ilhas bem-aventuradas onde temporariamente vivem meus amigos.

E os meus inimigos entre eles! Como agora amo todos aos quais se possa falar! Até meus inimigos são a minha bem-aventurança.

E se eu quero montar meu cavalo selvagem, então, a minha lança é sempre a melhor ajuda: a serva que a meu pé está sempre pronta.

A lança que atiro em meus inimigos! Como agradeço a meus inimigos que, por fim, eu possa atirá-la.

É muito grande a tensão da minha nuvem: por entre os risos dos relâmpagos quero lançar às profundezas uma chuva de granizo.

Meu peito se insuflará poderoso: violentamente sua tempestade explodirá por sobre as montanhas e assim virá o alívio.

Em verdade, minha felicidade e minha liberdade vêm como uma tempestade! Meus inimigos devem pensar que é *o mal* que passa como um raio sobre suas cabeças.

Sim, vós também, meus amigos, ficareis aterrorizados com minha sabedoria selvagem e talvez fujais disso, junto com meus inimigos.

Ah, se eu soubesse como vos atrair de volta com as flautas dos pastores! Ah, se minha sabedoria leoa aprendesse a rugir com suavidade! E já aprendemos muito, uns com os outros.

Minha Sabedoria selvagem emprenhou nas montanhas solitárias; sobre pedras ásperas deu à luz o seu filho mais recente.

Agora ela corre loucamente pelo deserto árido e busca pela relva macia — a minha Sabedoria, velha e selvagem!

No relvado macio de vossos corações, meus amigos! — no vosso amor, ela gostaria de deitar o que de mais caro possui!

Assim falou Zaratustra.

Nas Ilhas Bem-Aventuradas

Os figos caem das árvores, eles são bons e doces; e conforme caem se lhes rasga a pele vermelha. Um vento norte sou eu para os figos maduros.

Assim, como figos, estes ensinamentos caem sobre vós, meus amigos: agora bebei o seu suco e comei sua polpa doce! É quase outono, e à tarde o céu está limpo.

Vede a plenitude que está ao nosso redor! E a partir da superabundância é agradável olhar ao longe, para mares distantes.

Outrora se dizia "Deus", quando se olhava para mares distantes, mas agora vos ensinei a dizer "Super-homem".

Deus é uma conjectura, mas quero que vossa conjectura não se estenda além de vossa vontade criadora.

Poderíeis *criar* um Deus? — Então não vinde me falar de Deuses! Mas, no entanto, poderíeis criar o Super-homem.

Talvez não vós mesmos, meus irmãos! Mas poderíeis tornar-vos pais e ancestrais do Super-homem: e que essa seja a vossa melhor criação!

Deus é uma conjectura: mas quero que a vossa conjectura seja restrita ao concebível.

Poderíeis *considerar* um Deus? — Que isto signifique a vontade de verdade para vós outros e que tudo se transforme em humano — humanamente conceptível como humanamente visível e humanamente palpável! Devereis pensar vossos próprios sentidos até ao fim!

E aquilo a que chamastes mundo, deverá ser criado por vós: vossa razão, vossa imagem, vossa vontade e vosso amor! E, em verdade, o será para a vossa bem-aventurança, vós que buscais o conhecimento!

E como ireis suportar a vida sem essa esperança, vós que buscais o conhecimento? Não devereis perseverar no que é inerente e nem tampouco no que é irracional.

Mas irei vos revelar totalmente o meu coração, meus amigos: *se* houvesse deuses, como poderia eu suportar não ser um deus? *Por conseguinte*, não há deuses.

Sim, eu realmente tirei essa conclusão, mas agora é ela que me tira a mim mesmo.

Deus é uma conjectura: mas quem beberia toda a agonia dessa conjectura sem morrer? Teria sido tirada do criador toda a fé, e da águia o seu voar nas alturas?

Deus é um pensamento que faz com que tudo o que é reto fique torto e tudo o que está parado passe a rodar. Como? Teria o tempo ido embora e todo o transitório seria apenas uma mentira?

Pensar nisso é produzir tontura e vertigem nos ossos humanos e até mesmo provocar náuseas no estômago: em verdade, chamo a tal conjectura de doença da vertigem.

Posso chamar de mau e de misantropo todo esse ensinamento acerca do único e pleno, do imóvel e saciado, do imperecível.

Tudo é imperecível — isso não passa de uma parábola! E os poetas mentem demais. —

As melhores parábolas devem falar do tempo e do vir a ser: devem ser um elogio e uma justificação de toda a transitoriedade.

Criar — é a grande redenção do sofrimento e alívio da vida. Mas para que o criador surja é necessário o sofrimento em si próprio e muitas transformações.

Sim, deverá haver muitas mortes amargas em vossas vidas, ó criadores! Assim, sereis o defensor e apologista de toda a transitoriedade.

Para que o próprio criador seja a criança, o recém-nascido, ele deve também querer ser aquele que dá a luz e suporta as dores da maternidade.

Em verdade, meu caminho passou através de uma centena de almas e por centenas de berços e dores de partos. Muitas vezes, levei o meu adeus a muitos e bem sei que as últimas horas são de partir o coração.

Mas assim o quer minha vontade criadora, meu destino. Ou, para vos dizer honestamente: tal destino em verdade — é o que quer a minha vontade.

Todos os sentimentos em mim padecem, sofrem por estar na prisão: mas a minha vontade sempre vem a mim como emancipadora e confortadora.

O querer emancipa: esta é a verdadeira doutrina da vontade e da emancipação — é o que Zaratustra vos ensina.

Não quero mais, e não valoro mais e não crio mais! Ah, que fique sempre longe de mim, essa grande debilidade!

Também no conhecimento, sinto apenas o testemunho da minha vontade de obter prazer, e se há inocência em meu conhecimento é porque há nele a vontade da procriação.

Essa vontade atraiu-me para longe de Deus e dos deuses; o que haveria para ser criado se os deuses existissem?

Minha fervorosa vontade criadora cada vez mais me impulsiona em direção ao homem, como o martelo é impulsionado em direção à pedra.

Ah, vós, homens, para mim há uma imagem adormecida na pedra, a imagem de minhas visões! Ah, que ela possa dormir na pedra mais dura e feia!

Agora, meu martelo se enfurece cruelmente contra a sua prisão. Da pedra voa o pó dos estilhaços: o que isso me importa?

Irei completar esta imagem: porque uma sombra veio a mim — a mais silenciosa e leve de todas as coisas que em algum momento veio a mim!

A beleza do Super-homem veio a mim como uma sombra. Ah, meus irmãos! Que ainda me importam ainda — os deuses? —

Assim falou Zaratustra.

Dos compassivos

Meus amigos, palavras de zombaria sobre vosso amigo foram ouvidas: "Olhai para Zaratustra! Ele não anda entre nós como entre animais?"

Porém isso estaria melhor dito assim: "O homem de conhecimento anda entre os homens *como* anda entre os animais."

Contudo, para aquele que busca o conhecimento, o próprio homem chama-se: o animal que tem as faces vermelhas.

E como foi que aconteceu isto ao homem? Não é por que muitas vezes ele precisou se envergonhar?

Ó meus amigos! Assim fala o conhecimento: a vergonha, vergonha, vergonha — esta é a história do homem!

E assim o faz o nobre que impõe a si mesmo não envergonhar os outros; impõe a si mesmo não mostrar sua vergonha na presença de outros sofredores.

Em verdade, não gosto deles, dos misericordiosos que são bem-aventurados em sua compaixão: a eles lhes falta por demais a vergonha.

Se tiver que ser compassivo, não vou querer ser chamado assim; e se eu sou compassivo, então, melhor que o seja à distância.

De preferência vou cobrir a cabeça e fugir deles antes mesmo de ser reconhecido: e também exijo de vós, meus amigos, o mesmo!

Que meu destino me conduza pelo caminho inverso ao das aflições, como o vosso, e no qual eu *possa* repartir a esperança, a refeição e o mel!

Em verdade, tenho feito isto e aquilo pelos aflitos; mas sempre achei que fiz coisas melhores depois que aprendi a me divertir melhor.

Desde que os homens existem, sua diversão tem sido pouca: e esse, meus irmãos, é o nosso único pecado original!

E se aprendemos melhor a nos divertir, esquecemo-nos melhor de fazer os outros sofrerem e de inventar mais dores.

É por isso que lavo as minhas mãos ao ter ajudado um sofredor, e por isso limpo, eu também, a minha alma.

Porque vi o sofrimento do sofredor, e porque senti vergonha da sua vergonha; e quando o ajudei feri duramente o seu orgulho.

Grandes obrigações não trazem gratidão a ninguém e, sim, rancor; e quando o pequeno benefício não é esquecido, se torna um verme corrosivo.

"Sede comedidos no aceitar! Distingui-vos por aceitar!" — assim aconselho aqueles que não têm nada para dar.

Mas eu, entretanto, sou doador: dou de bom grado, como o amigo dá aos amigos. Mas os estranhos, entretanto, e os pobres, podem colher por si próprios os frutos de minha árvore: assim a vergonha será menor.

Os mendigos, porém, devem ser totalmente eliminados! Em verdade, é irritante alguém lhes dar alguma coisa e é irritante alguém não lhes dar nada.

Assim também os pecadores e os de mau-caráter! Acreditai em mim, meus amigos: os aguilhoamentos da consciência educam as aguilhoadas.

O pior de tudo são os pensamentos mesquinhos. Em verdade, ainda é melhor ter feito o mal do que pensar pequeno!

Para ter certeza, deveis dizer: "O prazer dos pequenos males nos salvará de atos de grande maldade." Mas aqui não se deve querer ser poupado.

A má ação é como um furúnculo: ela coça, intumesce e vem a furo — fala honrosamente.

"Vede, sou a doença" — diz a má ação; esta é a sua honestidade.

Mas o pensamento mesquinho é como uma infecção: ele rasteja e se esconde e não quer se mostrar em lugar algum — até que o corpo todo esteja deteriorado e ressequido pela infecção do pequeno.

Mas eu sussurro este conselho ao ouvido de quem esteja possuído pelo demônio: "é melhor que deixes crescer o teu demônio! Também para ti ainda há um caminho de grandeza!" —

Ah, meus irmãos! Sabemos um pouco demais uns sobre todos! E muitos se tornam transparentes para nós, mas ainda assim não podemos ver através deles.

É difícil viver entre os homens, porque manter-se em silêncio é muito difícil.

E não só com aquele que é ofensivo conosco que somos mais injustos, mas com aquele que absolutamente não nos fez nada.

Mas se tendes um amigo que sofre, sejais como um local de repouso para o seu sofrimento, como uma cama dura, um catre de campanha: assim o servirá melhor.

E se o vosso amigo vos fizer algum mal, dizei: "Eu te perdoo pelo que tu me fizeste, mas não o que fizeste *a ti* — como eu poderia perdoar isso?"

Assim fala todo o grande amor: ele supera até mesmo o perdão e a compaixão.

Devemos segurar o nosso coração, pois se dermos permissão para ele ir em breve lá se vai a nossa cabeça, também.

Ah, onde no mundo já houve loucuras maiores do que entre os compassivos? E o que no mundo causou maiores sofrimentos do que as loucuras dos compassivos?

Ai de todos os amantes que não atingiram uma altura acima da sua compaixão!

Assim falou o diabo para mim certa vez: "Até Deus tem o seu inferno: o seu amor pelo homem."

E, recentemente, ouvi-o dizer estas palavras: "Deus está morto; Deus morreu por sua compaixão pelo homem." —

Estou vos alertando, livrai-vos da compaixão, portanto: *dela* ainda virá para o homem uma pesada nuvem! Em verdade, entendo bem os sinais do tempo!

Mas atentais também a estas palavras: Todo grande amor está ainda acima de toda a sua compaixão: — pois ela quer aquilo que é amado!

"Eu próprio ofereço ao meu amor, *e ao meu próximo como a mim mesmo*" — tal é a linguagem de todos os criadores.

Todos os criadores, no entanto, são difíceis. —

Assim falou Zaratustra.

Dos sacerdotes

E, um dia, Zaratustra fez um sinal aos seus discípulos e lhes disse essas palavras:

"Aqui estão os sacerdotes, mas apesar de serem meus inimigos, passai por eles em silêncio e com as espadas dormindo em suas bainhas!

Também entre eles há heróis; muitos deles sofreram bastante: assim eles querem fazer os outros sofrerem.

Eles são maus inimigos: nada é mais vingativo que sua humildade. E aquele que os ataca facilmente se macula.

Mas meu sangue está relacionado ao deles; e quero ver meu sangue ainda ser honrado no deles." —

E como eles passaram e foram além, uma dor atacou Zaratustra; ele lutou contra ela por pouco tempo e então começou a falar:

Tenho pena desses sacerdotes. Eles também vão contra o meu gosto, mas para mim é o de menos desde que eu esteja entre homens.

Mas sofro e sofri com eles: para mim eles são prisioneiros e estigmatizados. Aquele a quem chamam salvador colocou-os em cadeias: —

Cadeias de falsos valores e palavras delirantes! Ah, que alguém os salve do seu salvador!

Uma vez, quando o mar os arremessou para fora, eles pensaram que haviam aportado numa ilha, mas eis que caíram sobre um monstro adormecido.

Falsos valores e palavras delirantes: são os piores monstros para os mortais — durante uma longa espera, neles dorme a fatalidade.

Mas por fim ele vem, acorda e devora todos aqueles que haviam construído cabanas sobre ele.

Oh, basta ver as cabanas que os sacerdotes construíram. Igrejas, é como chamam esses covis de cheiro adocicado!

Ó esta luz distorcida! Ó esse ar insalubre! Aqui onde a alma — não tem poder para voar até as alturas!

Pelo contrário, a sua crença lhes ordena: "Subi as escadas de joelhos, vós, pecadores!"

Em verdade, preferiria ver um despudorado a um com olhos retorcidos pela vergonha e devoção!

Quem criou para si tal covil e tais escadas de penitência? Não eram esses que queriam se esconder e ficavam envergonhados sob a luz do céu claro?

Só quando a luz do céu claro se estender novamente através dos telhados em ruínas e cair sobre a relva e as papoulas vermelhas nas paredes arruinadas — é que voltarei meu coração em direção aos lugares desse Deus.

Eles chamaram de Deus àquilo que os contrariava e os oprimia: e, em verdade, havia muito espírito de heroísmo em sua adoração!

Eles não sabiam outro modo de amar a seu Deus que não fosse o de pregar homens na cruz!

Pensaram em viver como cadáveres, amortalharam seus cadáveres de preto: até mesmo em seus discursos ainda sinto o mau cheiro de suas câmaras mortuárias.

E quem vive perto deles, vive perto de tanques negros onde o sapo canta a sua canção com doce melancolia.

Melhores canções teriam que cantar para me fazer acreditar em seu salvador: seria preciso que, para mim, seus discípulos parecessem mais redimidos!

Gostaria de vê-los nus: pois a beleza por si só pregaria a penitência. Mas a quem convenceria essa aflição velada?

Em verdade, seus próprios salvadores não vieram da liberdade e do sétimo céu da liberdade! Em verdade, eles nunca pisaram nos tapetes do conhecimento!

O espírito dos salvadores é constituído de lacunas, e em cada uma delas eles tinham colocado sua ilusão, seu tapa-buraco, a que chamaram de Deus.

Seus espíritos ficavam afogados em sua compaixão, e quando se enchiam e se inchavam de compaixão, vinha sempre à tona uma grande loucura.

Vigilantes e aos gritos, empurravam seu rebanho sobre sua ponte: como se o futuro fosse apenas uma ponte! Em verdade, esses pastores também faziam parte do rebanho!

Esses pastores tinham o espírito pequeno e almas espaçosas: mas, meus irmãos, o que os países pequenos têm, até agora, são almas mais grandiosas!

Os caminhos que trilharam foram escritos com letras de sangue, e sua loucura ensinou que a verdade é provada com sangue.

Mas o sangue é a pior testemunha da verdade; o sangue envenena até a mais pura das doutrinas e a transforma em loucura e ódio do coração.

E se alguém atravessa o fogo pela sua doutrina — o que isso prova? Em verdade o que mais vale é quando a nossa doutrina vem das nossas próprias chamas!

Coração abafado e cabeça fria: onde esses se encontram surge o fanfarrão chamado "salvador".

Houve, em verdade, outros de maior dimensão e mais bem nascidos do que esse fanfarrão arrebatador que o povo chama de salvador.

E vós, meus irmãos, tendes que ser resgatados por homens maiores do que todos os salvadores se vós quereis encontrar o caminho para a liberdade.

Nunca tinha havido, antes, um Super-homem. Já vi ambos nus, tanto o maior quanto o menor dos homens: —

Muito parecidos ainda são um com o outro. Em verdade, até o maior deles que foi encontrado por mim — demasiado humano!

Assim falou Zaratustra.

Dos virtuosos

Devemos falar com voz de fogos de artifício e trovão celestial àqueles que têm os sentidos apáticos e dormentes.

Porém a voz da beleza fala baixinho: e apenas chega de mansinho nas almas mais despertas.

Hoje, suavemente, meu escudo tremeu e sorriu para mim; esse é o tremor e a beleza do riso santo.

De vós, ó virtuosos, riu-se hoje a minha beleza. Então, sua voz veio a mim: "Eles ainda querem — ser pagos!"

Vós quereis continuar a serdes pagos, vós virtuosos! Vós quereis a recompensa pela virtude, do céu para a terra e da eternidade para o vosso hoje?

E agora estais zangados comigo porque eu ensino que não há nenhuma recompensa nem pagador? Em verdade nem sequer ensino que a virtude é sua própria recompensa.

Ah, este é o meu pesar: foi insinuado que recompensa e castigo estão no fundo de todas as coisas — e agora até mesmo na base de vossas almas, vós virtuosos!

Mas, como o focinho do javali, a minha palavra irá rasgar as bases de vossas almas: eu quero ser a relha do arado para vós.

Todos os segredos de vossos corações virão à luz; e quando os virdes ao sol, agitados e dilacerados, vossa mentira será excretada de vossa verdade.

Pois esta é a vossa verdade: vós sois demasiadamente *puros* para a sujeira de palavras como vingança, castigo, recompensa, retribuição.

Amais vossa virtude como uma mãe ama ao filho; mas quando é que ouvimos dizer que uma mãe quis ser paga pelo seu amor?

Vossa virtude é o que há de mais querido em vós mesmos. A sede do anel está em vós: para alcançar-vos novamente a vós mesmos — para isso luta e gira cada anel sobre si mesmo.

E tal qual a estrela que se extinguiu é toda obra de vossa virtude; mas mesmo que a luz ainda continue a caminhar — e quando é que deixará de seguir o seu caminho?

Assim, a luz de vossa virtude ainda caminha mesmo quando seu trabalho já tenha terminado. Mesmo que esteja agora esquecido e morto, seu feixe de luz ainda vive e se movimenta.

Que vossa virtude seja vós mesmos e não alguma coisa estranha, uma película, um envoltório que oculta algo: essa é a verdade que vem do fundo de vossa alma, vós virtuosos! —

Mas provavelmente há aqueles para quem a virtude é uma contorção sob o chicote: e já ouvistes por demais os seus gritos!

E há outros que chamam de virtude a sua preguiça e os seus vícios, e uma vez que seu ódio e ciúme se esticam em seus membros para descansar, sua "justiça" acorda e esfrega seus olhos sonolentos.

Há outros mais que são atraídos para baixo: seus demônios os puxam. E quanto mais se afundam, as luzes de seus olhos brilham com mais ardor e mais desejo pelo seu Deus.

Ah, os gritos deles também chegaram aos vossos ouvidos, ó virtuosos: "O que *não* sou é o que é para mim Deus e a virtude!"

E há outros que vêm pesados e rangendo como carroças que levam pedras ladeira abaixo: falam muito sobre dignidade e virtude — cujo freio eles chamam de virtude!

E há outros que são como relógios comuns aos quais se dá corda; eles fazem tique-taque, querem que chamem a esse tique-taque — de virtude.

Em verdade, com eles é que me divirto: onde quer que eu encontre tais relógios, irei lhes dar corda com a minha zombaria; e terão que começar a ronronar.

Outros são orgulhosos de seu punhado mínimo de justiça e, em nome disso, praticam a violência contra todas as coisas: de tal modo que o mundo é afogado em sua injustiça.

Ah, quão mal a palavra "virtude" soa em suas bocas! E quando dizem "eu sou justo", sempre soa como "fui vingado com justiça".

Querem arranhar os olhos de seus inimigos com sua virtude; e se elevam apenas para rebaixar os outros.

E, novamente, há aqueles que se sentam em seus pântanos e falam para fora dos juncos, assim: "A virtude — é estar sentado no pântano.

Não mordemos ninguém e tiramos do caminho os que querem morder: e para todos os assuntos ficamos com a opinião que nos foi dada."

E, novamente, há aqueles que amam as atitudes e pensam: A virtude é um tipo de atitude.

Estão sempre de joelhos em adoração, com suas mãos postas em louvor à virtude, mas seus corações não sabem nada disso.

E, por sua vez, há aqueles que consideram a virtude ao dizer: "A virtude é necessária"; mas no fundo acreditam que só a polícia é necessária.

E há muitos que não conseguem enxergar o que há de elevado no homem e chamam de virtude a baixeza que veem de perto: assim chamam de virtude o seu mau olhar.

Alguns querem ser edificados e elevados e chamam a isso de virtude; já outros querem ser derrubados — e também chamam a isso de virtude.

E assim é que quase todos pensam em participar da virtude, e em chegar a ser, pelo menos, especialistas do "bem" e do "mal".

Contudo Zaratustra não veio a dizer a todos esses mentirosos e tolos: "O que *vós* sabeis sobre virtude? O que *poderíeis* saber sobre a virtude? —

Mas isso, meus amigos, pode vos tornar cansados das velhas palavras que aprendestes dos tolos e mentirosos.

Cansados das palavras "recompensa", "retaliação", "punição", Vingança da justiça" —

Cansados de dizer: "essa ação é boa porque é altruísta."

Ah, meus amigos! Que, mesmo na ação, esteja o *vosso* ser como a mãe está no filho: deixai que esta seja a *vossa* palavra da virtude!

Em verdade, tomei de vós centenas de palavras e os brinquedos favoritos de vossa virtude; e agora vós me censurais como fazem as crianças irritadas.

Elas brincavam à beira-mar — em seguida, veio uma onda e varreu seus brinquedos para o fundo: agora elas estão chorando.

Mas a mesma onda deve trazer-lhes novos brinquedos e novas conchas coloridas e derramá-los aos seus pés!

Então elas serão consoladas: e como elas, vós também, meus amigos, ireis ter o vosso consolo — e novas conchas coloridas! —

Assim falou Zaratustra.

Da canalha

A vida é uma fonte de prazer; mas onde a canalha também bebe, todos os poços estão envenenados.

Acho agradável tudo o que é limpo: mas odeio ver bocas escancaradas e a sede dos impuros.

Lançaram seu olhar para baixo, para dentro dos poços: agora até o brilho de seu sorriso odioso sai para mim de dentro do poço.

A água benta tem sido envenenada pela sua concupiscência; e quando seus sonhos imundos foram chamados de prazer, envenenaram também as palavras.

Relutantemente, a chama recusa-se a arder se eles colocam seus corações molhados no fogo; seu espírito ferve e fumega quando a canalha se aproxima do fogo.

Doce e suave torna-se a fruta em suas mãos: o seu olhar torna a árvore frutífera ressequida e sem vida.

E mais de um dos que se afastaram da vida se afastaram da canalha; não quiseram partilhar com a canalha: o poço, a chama e o fruto.

E mais de um dos que foram para o deserto sofreram a sede entre os animas de rapina; só não queriam sentar-se na cisterna em companhia de cameleiros imundos.

E mais de um que dos que vieram como exterminadores e foram como uma chuva de granizo sobre todos os campos de milho; só queriam colocar os pés dentro das mandíbulas da canalha e assim tapar sua garganta.

Saber que a própria vida necessita de inimizade, de morte e das cruzes dos mártires, não foi o bocado que mais me engasgou.

Uma vez fiz uma pergunta e quase me sufoquei com minha pergunta: Como? A canalha é *necessária* também à vida?

Os poços envenenados são necessários, assim como as chamas fétidas, os sonhos maculados e as larvas do pão da vida?

Não foi o meu ódio, mas sim meu nojo que, faminto, roeu-me a vida! Ah, muitas vezes cansei-me do espírito quando o encontrei mesmo na canalha espiritual!

Virei de costas para os dominantes quando vi o que agora eles chamam de dominar: barganhar e pechinchar pelo poder — com a canalha!

Vivi com os ouvidos tapados entre povos de uma língua estranha: e que para mim sua língua de barganhar e pechinchar pelo poder continue estranha.

E segurando o meu nariz fui, com irritação, através de todos os ontens e hojes: em verdade todos os dias passados e os de hoje têm o mau cheiro dos rabiscos da canalha!

Como um aleijado que se torna cego, surdo e mudo: assim vivi durante muito tempo para não ter que viver com a canalha do poder, da escrita e do prazer.

Com dificuldade e cautela meu espírito subiu escadas: esmolas de prazer foram o seu consolo; a vida do cego se arrastava apoiada num bastão.

O que aconteceu comigo? Como é que me libertei do nojo? O que foi que rejuvenesceu meus olhos? Como voei para as alturas onde a canalha não está mais sentada à beira do poço?

Será que foi meu nojo o bastante para criar asas e trazer para mim os poderes divinatórios das fontes? Em verdade, eu tinha que voar até o mais elevado para encontrar mais uma vez a nascente do prazer!

Oh, eu a encontrei, meus irmãos! Aqui, na mais extrema das alturas brota, para mim, a nascente do prazer! E há uma vida cujas águas ninguém da canalha bebe comigo!

Quase que com demasiada violência brotas para mim, ó minha fonte de prazer! E, quase sempre, ao querer encher minha taça a esvazias!

Ainda tenho que aprender como aproximar-me de ti de forma mais modesta: meu coração ainda se derrama violentamente em tua direção.

Meu coração no qual arde o meu estio de verão, o estio curto, quente, melancólico e venturoso: como meu coração estival anseia por teu frescor.

Longe vai a hesitante angústia da minha primavera! Em junho, passou a maldade dos meus flocos de neve! Estou totalmente no estio de verão, o verão do meio-dia!

Um estio de verão na mais extrema das alturas, com fontes refrescantes e a quietude abençoada: vinde, meus amigos, e que o silêncio possa ser ainda mais abençoado!

Pois que esta é a *nossa* altura e a nossa pátria: vivemos aqui em uma morada elevada e íngreme demais para todos os impuros e para sede dos impuros.

Lançai os vossos olhares puros para a nascente do meu prazer, ó amigos! Como isso poderia deixá-la turva! Com *sua* pureza, ela deverá sorrir de volta para vós.

Construamos nossos ninhos na árvore do futuro; as águias trarão comida em seus bicos para alimentar a nós, os solitários.

Em verdade, nenhum alimento será repartido com os impuros! Pensariam estar comendo fogo e queimariam suas bocas!

Em verdade, não preparamos aqui moradas para manter os impuros! A nossa felicidade pareceria, para os seus corpos e espíritos, uma caverna de gelo!

E, como ventos, queremos viver acima deles, vizinhos das águias, vizinhos da neve, vizinhos do sol: assim é que vivem os ventos fortes.

E, como um vento forte, eu quero, um dia, soprar por entre eles e com meu espírito tirar o fôlego de seus espíritos: assim deseja o meu futuro.

Em verdade, Zaratustra é um vento forte que sopra para o nível mais baixo; e aconselha aos seus inimigos, a todos que cospem e vomitam: "Tomem cuidado para não cuspir *contra* o vento!"

Assim falou Zaratustra.

Das tarântulas

Vê, esta é a caverna das tarântulas! Queres ver ela própria? Aqui está, suspensa em sua teia: se tocá-la, ela treme.

Lá vem ela de boa vontade: Bem-vinda, tarântula! O triângulo negro é uma marca em tuas costas; e eu também sei o que há em tua alma.

Trazes na alma a vingança: uma escara negra cresce onde quer que mordas; e com a vingança, o teu veneno faz a alma rodopiar!

Eu vos falo através de parábolas, vós que fazeis a alma dar rodopios, vós pregadores da *igualdade*! Tarântulas sois vós para mim, que vingativas secretamente se escondem.

Mas, em breve, vou trazer à luz vosso esconderijo: por isso é que rio de vós, na vossa cara: meu riso das alturas!

Por isso, rasgo a vossa teia para que vossa raiva possa atrair-vos para fora de vosso covil de mentiras e que vossa vingança possa saltar para fora, por detrás da vossa palavra "justiça".

Porque, *para que o homem seja redimido da vingança* — essa é a minha ponte para a minha esperança mais elevada e o arco-íris depois de longas tempestades.

Mas, todavia, as tarântulas compreendem isso de outra maneira. "Para nós o que chamamos de justiça é justamente quando as tempestades de nossa vingança enchem o mundo" — assim comentam entre si.

"A vingança que vamos usar é a do insulto contra todos os que não são como nós" — assim prometem os corações das tarântulas.

"E 'vontade de igualdade' — que passa a vigorar, daqui em diante, com o nome de virtude; e contra tudo o que é poderoso nós elevaremos um clamor!"

Vós, sacerdotes da igualdade, a loucura tirânica de vossa impotência grita por "igualdade": assim, a mais secreta ânsia de tirano disfarça-se em palavras de virtude.

Presunção atormentada, inveja reprimida, talvez presunção e inveja de vossos pais: saem para fora de vós como chama e delírio de vingança.

O que o pai silenciou, o filho veio e falou; e eu, com frequência, vi revelado no filho o segredo do pai.

Os mais inspirados se assemelham: mas não é o coração que os inspira — é a vingança. E quando se tornam requintados e frios, não é seu espírito, mas a sua inveja que os torna requintados e frios.

Seu ciúme os conduz também para o caminho dos pensadores; e esta é a marca de seu ciúme — eles sempre vão longe demais: e seu cansaço acaba por levá-los a dormir sobre a neve.

Em todas as suas reclamações, a vingança soa; em todos os seus elogios há maledicência; e ser juiz parece uma benção para eles.

Assim, entretanto, aconselho-vos, meus amigos: desconfiai de todo aquele no qual o impulso de castigar é poderoso!

São pessoas de má raça e de má linhagem; de seus semblantes espreitam o carrasco e o perseguidor.

Desconfiai de todos aqueles que falam muito de sua justiça! Em verdade, em suas almas não é só o mel que lhes falta.

E quando se intitulam "bons e justos", não vos esqueceis de que não falta nada para torná-los fariseus, exceto — poder!

Meus amigos, eu não quero ser misturado nem confundido com ninguém.

Há aqueles que pregam a minha doutrina de vida: e ao mesmo tempo são sacerdotes da igualdade e tarântulas.

Falam em favor da vida, essas aranhas venenosas que ficam sentadas em suas cavernas isoladas da vida, porque seu intuito é fazer o mal.

Querem fazer mal àqueles que agora têm poder: pois para esses, a pregação da morte ainda é a coisa mais familiar.

Se assim não fosse, as tarântulas iriam ensinar outra coisa: e foram elas, antigamente, as que mais caluniaram e queimaram hereges no mundo.

Não quero ser misturado a esses sacerdotes da igualdade, nem ser confundido por um deles. Pois que assim a justiça *me* fala: "Os homens não são iguais."

E não devem ser iguais! O que seria do meu amor pelo Super-homem se eu falasse de outra forma?

Por mil pontes e mil caminhos eles terão que irromper para o futuro, e sempre haverá mais guerras e desigualdade entre eles: assim me faz falar o meu grande amor!

Inventores de imagens e fantasmas, isto é o que eles devem ser em suas inimizades e com essas imagens e fantasmas é que ainda devem lutar entre si a suprema batalha!

O bem ou o mal, os ricos e pobres e altos e baixos e todos os nomes dos valores; as armas devem ser o sinal retumbante de que a vida há de superar a si mesma outra vez!

A vida em si mesma quer construir-se para o alto sobre pilares e degraus; quer olhar para distâncias remotas e em direção ao esplendor jubiloso — é *para isso* que necessita das alturas!

E a necessidade de ascensão exige degraus e conflitos entre os degraus e os que os sobem! A vida deseja elevar-se e, ao subir, deseja superar-se.

E vêde, meus amigos! Aqui, onde está a toca da tarântula estão de pé as ruínas de um velho templo — apenas olhai para elas com olhos esclarecidos!

Em verdade, quem outrora aqui elevou e empilhou as pedras de seus pensamentos deve ter conhecido o segredo da vida toda tão bem quanto o mais sábio!

Essa luta e desigualdade e guerra pelo poder e pela supremacia até mesmo na beleza: ele nos ensina aqui através da mais clara das parábolas.

Assim como fazem, divinamente, as abóbadas e arcadas que se contrastam em sua luta: assim como acontece com a luz e a sombra que se contradizem uma a outra, divinos são os que se esforçam —

Assim desse modo certo e belo, como elas, sejamos também inimigos, meus amigos! Que lutemos divinamente uns *contra* os outros! —

Ai! Como a tarântula, minha velha inimiga, picou-me! Divinamente firme e bela, picou-me o dedo!

"A punição, deve haver, e justiça" — assim pensa ela: "não é em vão que ele há de cantar canções aqui em honra da inimizade!"

Sim, vingou-se! E ai de mim, com a vingança ainda irá também fazer minha alma tontear em rodopios!

E para que eu *não* comece a girar, meus amigos, amarrai-me firme a esta coluna. Pelo contrário, prefiro ser um pilar santo a ser apanhado por um turbilhão de vingança!

Em verdade, não é Zaratustra nem um ciclone ou furacão, e embora ele seja um dançarino, não é de forma alguma um dançarino de tarantela! —

Assim falou Zaratustra.

Dos sábios famosos

Vós todos, sábios famosos, tendes servido ao povo e às superstições do povo — mas *não* à verdade! E é precisamente por esta razão que vos reverenciam.

E, assim também toleraram a vossa descrença, porque ela era uma farsa e um desvio para chegar ao povo. É assim que o senhor faz concessões aos seus escravos e ainda se delicia com a sua presunção.

Mas quem é odiado pelo povo como um lobo pelos cães, esse é o que tem o espírito livre, o que é inimigo dos grilhões, o que não é um adorador, o que mora nas florestas.

Expulsá-lo de seu covil foi o que o povo sempre chamou de "senso de direito"; e contra ele continuam incitando seus cães de dentes afiados.

"Porque a verdade está lá onde o povo está! Pobre daquele que a busca!" Assim tem sido através dos tempos.

Vós quereis justificar o povo em sua reverência: a isto, sábios famosos, vós chamastes "vontade de verdade"!

E vosso coração sempre disse a si próprio: "Vim do povo: dali também veio a mim a voz de Deus".

Vós fostes sempre cabeça-dura e astuto como um asno, agindo sempre em defesa do povo.

E muitos poderosos que queriam estar bem com o povo, atrelaram, na frente de seus cavalos, um burrico e um sábio famoso.

E agora eu queria que vós, sábios famosos, retirásseis inteiramente a pele do leão de cima de todos vós!

A pele do animal de rapina, a pele manchada e a vilosidade descabelada do explorador, do pesquisador, do conquistador!

Ah, para que eu aprenda a acreditar na vossa "veracidade" deveríeis primeiro romper a vossa vontade de veneração.

Veraz — é como eu chamo quem vai para os desertos sem Deus e tem seu coração reverente partido.

Nas areias amarelas e queimadas pelo sol, ele aperta os olhos, provavelmente sedentos das ilhas ricas em mananciais onde a vida descansa sob as árvores escuras.

Mas sua sede não o persuade a ser igual a esses ociosos: porque onde há oásis há também ídolos.

Morta de fome, violenta, sozinha e sem Deus: é como deseja ser a vontade leonina.

Livre da felicidade dos servos, redimida dos Deuses e das adorações, destemida e temida, grande e solitária: assim é a vontade dos que são verazes.

O deserto sempre foi habitado pelos verazes, os espíritos livres, como senhores do deserto; mas nas cidades moram os sábios famosos e bem nutridos — os animais de tração.

Pois que, como asnos, sempre puxam — a carroça do *povo*!

Não que eu vá criticá-los por causa disso: entretanto, eles não passam de servidores submissos e subjugados, mesmo quando seus arreios dourados brilham.

E, por vezes, têm sido servos bons e dignos. Porque assim diz a virtude: "Se deves ser um servo, procura então aquele a quem lhe possa dar melhores benefícios pelo teu serviço!"

"O espírito e a virtude do teu senhor devem progredir por seres seu servo: assim tu mesmo irás progredir com o espírito e a virtude de teu senhor!"

Em verdade, ó sábios famosos, servos do povo! Vós mesmos prosperastes com o espírito e a virtude do povo — e o povo prosperou através de vós! Em vossa honra digo isso!

Entretanto, como povo é que permaneceis para mim, mesmo com vossa virtude, povo com os olhos baços — povo que não sabe o que é o *espírito*!

O espírito é a própria vida que encurta a vida: agonia que aumenta seu próprio saber — já sabíeis disso?

A felicidade do espírito é esta: é ser ungido e consagrado por lágrimas, como uma vítima sacrificial — já sabíeis disso?

E a cegueira do cego, toda a sua busca e o seu tatear ainda terão que testemunhar o poder do sol em que ele olhou — já sabíeis disso?

Aquele que tem discernimento deve aprender a *construir* com as montanhas! É pouco para o espírito, mover montanhas — já sabíeis disso?

Vós conheceis apenas as centelhas do espírito: mas não vedes a bigorna que ele é, nem a crueldade de seu martelo!

Em verdade, vós não conheceis o orgulho do espírito! E suportaríeis menos ainda a humildade do espírito, se ela pudesse falar!

E vós nunca tivestes o direito de atirar vosso espírito numa vala de neve: ainda não sois quente o suficiente para isso! Assim, não conheceis também o deleite de sua frieza.

Em tudo, porém, comportai-vos com familiaridade com o espírito; e a partir da sabedoria fazeis um albergue e um hospital para maus poetas.

Vós não sois águias: portanto, vós não experimentastes também a felicidade no terror do espírito. E quem não é pássaro, não deve se alojar sobre abismos.

Para mim, sois tépidos: mas todo o conhecimento profundo escorre friamente. Gelados são os poços mais profundos do espírito: um refrigério para mãos quentes e ágeis.

Vós sábios famosos, permaneceis aí, respeitáveis e retos com vossas costas retas! — nenhum vento forte irá vos demover.

Jamais vistes uma vela tremular cruzando o mar, enfunada e tremendo pela impetuosidade do vento?

Como uma vela, tremulando pela impetuosidade do espírito, minha sabedoria cruza o mar — minha sabedoria selvagem!

Mas vós, servos do povo, ó sábios famosos — como *poderíeis* acompanhar-me? —

Assim falou Zaratustra.

O canto noturno

É noite: falam mais alto, agora, todas as fontes borbulhantes. E também minha alma é uma fonte borbulhante.

É noite: só agora todas as canções dos amantes são feitas. E minha alma também é como o canto de um amante.

Há algo dentro de mim não apaziguado e implacável que deseja elevar-se. Há dentro de mim um desejo que fala a linguagem do próprio amor.

Sou a luz: ah, se eu fosse a noite! Mas é a minha solidão que me faz cingido pela luz.

Ah, se eu fosse obscuro e noturno! Como eu iria sugar os seios da luz!

E até a vós eu iria querer abençoar, estrelas cintilantes e vagalumes que brilham lá em cima! — e ser feliz com seus presentes de luz.

Mas vivo em minha própria luz. E bebo de volta as chamas que irrompem de mim.

Não conheço como é a felicidade do receptor; e muitas vezes sonhei que roubar deve ser mais abençoado do que receber.

É por minha pobreza que minha mão nunca se cansa de dar; tenho inveja quando vejo os olhos que esperam e noites iluminadas pelo anseio.

Ó a miséria de todos os dadivosos! Ó obscurecimento do meu sol! Ó o desejo que deseja! Ó a fome violenta na saciedade!

Eles recebem de mim: mas será que ainda lhes tocarei a alma? Há um abismo entre dar e receber; e mesmo o menor dos abismos deve, finalmente, ser transposto.

A fome cresce da minha beleza; eu gostaria de fazer o mal àqueles a quem ilumino, gostaria de roubar àqueles a quem dou presentes — assim eu tenho fome de maldade.

Retirar a mão quando outra já se lhe estende; hesitar como a cachoeira que ainda está hesitante em sua queda — assim eu tenho fome de maldade.

Tais vinganças meditam em minha fartura: tais malícias brotam de minha solidão.

Minha felicidade em doar morreu de tanto doar, minha virtude ficou cansada de si mesma por sua abundância.

Quem dá sempre está em perigo de perder sua vergonha; quem distribui, tem calos na mão e no coração de tanto repartir.

Meus olhos já não derramam mais lágrimas com a vergonha dos suplicantes; minhas mãos ficaram demasiado duras para o tremor das mãos que se locupletam.

Onde foram parar as lágrimas que vieram dos meus olhos e do meu coração? Ó solidão de todos os dadivosos! Ah, silêncio dos que distribuem luz!

Muitos sóis gravitam em áreas desérticas: eles falam com sua luz a tudo o que é escuro — comigo eles ficam silenciosos.

Oh, esta é a hostilidade da luz para com os que distribuem luz: ela segue seu caminho impiedosamente.

Profundamente injusto para com os que distribuem luz; frio para com os outros sóis — assim é que segue cada sol.

Como uma tempestade os sóis voam em suas órbitas; esta é a sua viagem. A sua vontade inexorável é a que seguem: essa é a sua frieza.

Oh, apenas vós, ó escuros e obscuros é que extraem calor dos que distribuem luz! Oh, apenas vós é que bebeis o leite e o refrigério dos úberes de luz!

Ah, há gelo em volta de mim, minha mão arde com a frieza! Oh, há sede em mim que anseia e definha após sua sede!

É noite: e eis que devo ser luz! E sede para o que é noturno! E solidão!

É noite: como uma fonte, meu desejo irrompe em mim, agora — para que eu fale.

É noite: agora todas as fontes que jorram falam mais alto. E minha alma também é uma fonte jorrando.

É noite: só agora despertam os cantos dos que amam. E minha alma também é o canto de quem ama. —

Assim cantou Zaratustra.

O canto da dança

Uma noite, caminhava Zaratustra com seus discípulos através da floresta; e quando procurava por uma fonte, eis que chegou a um prado verde e tranquilo, cercado por árvores e arbustos, no qual jovens donzelas dançavam umas com as outras. Assim que as jovens reconheceram Zaratustra, cessaram a dança; porém Zaratustra fez um gesto amigável para elas e lhes disse estas palavras:

"Não abandonai a vossa dança, adoráveis donzelas! Não somos estraga-prazeres que viemos até vós com mau-olhado, não somos inimigos de jovens donzelas.

Sou o advogado de Deus perante o Diabo; entretanto, é ele o espírito da gravidade. Como posso eu, ó vós luminosas, ser inimigo de danças divinas? Ou de jovens donzelas com pés e tornozelos esbeltos?

Bem, eu sou uma floresta e uma noite de árvores escuras: mas quem não tem medo de minha escuridão encontrará rosas sob os meus ciprestes.

E mesmo o pequeno Deus irá encontrar as jovens donzelas a quem mais ama: ele está ao lado da fonte, com os olhos fechados.

Em verdade, em plena luz do dia, está adormecido, aquele preguiçoso! Terá ele também perseguido muitas borboletas?

Não ficai bravas comigo, formosas dançarinas, se eu castigar um pouco o pequeno Deus! Ele vai chorar bastante, mas ele é ridículo mesmo quando chora.

E com lágrimas nos olhos ele irá pedir que danceis; e eu mesmo vou cantar a canção para esta dança.

Uma dança e uma canção satírica para o espírito da gravidade, o meu supremo e mais poderoso diabo que eles dizem ser "o senhor do mundo". —

E esse foi o canto que Zaratustra cantou enquanto o Cupido e as jovens donzelas dançavam juntos.

Recentemente olhei em teus olhos, ó Vida! E pareceu-me que afundavas no insondável.

Mas tu me puxaste para fora com uma vara de pesca dourada; riste, zombando de mim, quando te chamei de insondável.

"Tal é a linguagem de todos os peixes", disseste; mas, *eles* não podem captar o que é insondável.

Mas eu sou apenas inconstante e selvagem, no fundo mulher, nada virtuosa.

Mas vós, homens, me chamais de "a profunda", "a leal", "a eterna", "a misteriosa".

Vós, homens, sempre me dotastes com vossas próprias virtudes — ai de mim, ó virtuosos!"

Então ela riu, a inacreditável; mas eu nunca acredito nela e em seu riso quando ela fala mal de si mesma.

E quando eu falava face a face com minha selvagem sabedoria, disse-me ela com raiva: "Tu queres, tu desejas, tu amas, somente por isso *louvas* a vida!"

Eu quase respondi indignado àquela raivosa e lhe disse a verdade; e não se pode responder pior quando alguém "fala a verdade" à sua sabedoria.

Assim estão as coisas entre nós três. Eu só amo à Vida a partir do coração — e ainda mais quando a odeio!

Mas eu que sou apreciador da sabedoria, e se gosto dela quase sempre em demasia, é porque ela lembra-me muito a vida!

Ela tem os seus olhos, o seu riso, até mesmo sua vara de pescar dourada: o que posso fazer se ambas são tão parecidas?

E quando uma vez a vida me perguntou: "Então, o que é essa tal de sabedoria?"— eu respondi ansioso: "Ah, sim! A sabedoria!

Uns têm sede dela e ela não os satisfaz, uns olham para ela através de véus, vislumbram-na através das malhas da rede.

Ela é bonita? O que eu sei! Mas as mais velhas carpas ainda são atraídas para ela.

Ela é inconstante e desafiadora; muitas vezes eu a vi morder o lábio e passar o pente ao contrário dos fios de cabelo.

Talvez ela seja malvada e falsa, e em tudo mulher; mas quando fala mal de si própria, é que mais seduz."

Quando disse isto à vida, ela riu com malícia e fechou os olhos. "De quem estás falando?" perguntou ela, "é mesmo de mim?"

"Se estás certo como dizem — isso é coisa que se diga na minha cara? Agora, vamos, fala também de tua Sabedoria!"

Oh, agora tiveste que abrir outra vez os olhos, ó vida amada! E novamente era para o insondável que eu parecia afundar.

Assim cantou Zaratustra. Mas no final da dança, quando as jovens donzelas foram embora, ele ficou triste.

"O sol já havia se posto há muito"— falou ele por fim; "o prado está úmido, o frescor está saindo da floresta. E algo desconhecido à minha volta me olha pensativo.

O quê? Ainda estás vivo, Zaratustra?"

Por quê? Para quê? Onde? Para onde? Como? Não é uma loucura viver ainda? —

Ah, meus amigos, é a noite que assim me interroga. Perdoai minha tristeza!

É noite alta: perdoai-me porque a noite se fez alta!"

Assim falou Zaratustra.

O canto do sepulcro

"Lá está a ilha das sepulturas, o silêncio; lá também estão os sepulcros de minha juventude. Para lá eu vou levar uma coroa verde da vida."

Tendo resolvido assim em meu coração, fui atravessar o mar.

Ó minhas visões e aparições da juventude! Ó olhares de amor, vossos momentos divinos. Como pudestes perecer tão depressa! Hoje, me recordo de vós, meus mortos.

Vem de vós, até mim, meus mortos favoritos, um doce cheiro que abre o coração e faz verter lágrimas. Em verdade, ele abala e afrouxa o coração de quem navega solitário.

Eu ainda sou o mais rico e o mais invejado — eu, o mais solitário! Porque eu vos *tinha* e vós ainda me tendes: dizei-me, para quem caíram do pé maçãs mais vermelhas do que para mim?

Ainda sou o vosso amor e o herdeiro da vossa terra na qual florescem virtudes multicoloridas e silvestres da vossa memória, ó meus bem-amados!

Ah, fomos feitos para ficar próximos, uns dos outros, vós, maravilhas gentilmente estranhas; e não como pássaros ariscos que venhais a mim e ao meu desejo — não viestes como quem confia a um confiado.

Sim, feitos para a fidelidade, como eu, e para eternidades afetuosas: devo agora vos chamar pela vossa infidelidade, ó olhares e momentos divinos: ainda não aprendi qualquer outro nome.

Em verdade, cedo demais morrestes para mim, ó fugitivos. Mas não me fugistes, nem eu de vós: inocentes somos, uns para os outros, de nossa infidelidade.

Para *me* matar, eles vos estrangularam, pássaros canoros das minhas esperanças. Sim, depois de vós, meus amados, as flechas da malícia foram sempre atiradas — para atingir o meu coração!

E o atingiram! Porque vós fostes sempre o que de mais caro há, a minha posse e o que me possuía: *por isso* tivestes que morrer jovens e cedo demais!

Eles atiraram a flecha no ponto mais vulnerável que eu possuía: para vós, cuja pele é como uma penugem, e ainda mais, um sorriso que morre num piscar de olhos!

Mas estas palavras, direi eu, aos meus inimigos: o que é o assassinato de pessoas comparado ao que me fizestes?

O mal que vós me fizestes é pior do que qualquer assassinato: vós tirastes de mim o irremediável — assim vos falo, meus inimigos!

Vós matastes as visões e as maravilhas favoritas de minha juventude! Vós levastes de mim meus companheiros, os espíritos abençoados! Em sua memória, eu deposito esta coroa e esta maldição.

Esta maldição é contra vós, meus inimigos! Vós tendes feito minha eternidade mais curta como um som que se interrompe em uma noite fria! Parecia apenas o brilho de olhos divinos — como um instante fugidio!

Minha pureza assim falou em boa hora: "Divinos deveriam ser, para mim, todos os seres".

Desde que me assombraste com fantasmas sujos, ah, para onde terá fugido minha boa hora, agora!

"Para mim todos os dias devem ser sagrados," assim me falou uma vez a sabedoria de minha juventude: em verdade o dito de uma sabedoria alegre.

Mas desde que vós, meus inimigos, roubastes as minhas noites e as vendestes à angústia insone: ah, para onde fugiu agora aquela sabedoria alegre?

Uma vez ansiei auspícios felizes: aí levastes uma coruja monstruosa para o meu caminho, um efeito adverso. Ah! Para onde fugiram meus ternos anseios?

Prometi renunciar de uma só vez a toda repugnância; depois reduzistes os mais próximos e chegados a mim a chagas. Ah! Para onde então fugiram meus nobres votos?

Certa vez, como um cego, percorri caminhos venturosos; então, lançastes sujeira no caminho dos cegos: agora a antiga vereda do cego me causa nojo.

E quando fiz minha tarefa mais difícil e celebrei o triunfo da minha vitória: então fizestes chorar os que me amavam porque eu os ferira muito.

Em verdade, sempre agistes assim: vós tornastes amargo o meu melhor mel e a diligência de minhas melhores abelhas.

Sempre enviastes os pedintes mais insolentes à minha caridade; em torno de minha compaixão sempre reunistes multidões de incuráveis desavergonhados. E a fé em minhas virtudes ficou ferida.

E quando eu ofereci para sacrifício o que de mais sagrado em mim havia, na mesma hora vossa "compaixão" colocou ao lado dele a vossa dádiva volumosa:

de modo que as emanações de vossa gordura sufocassem o meu bem mais sagrado.

E quando eu quis dançar como jamais dançara até então: além de todos os céus. Então seduzistes o meu menestrel predileto.

E então ele iniciou uma melancolia terrível e, infelizmente, ela ressoou como uma funesta trombeta em meus ouvidos.

"Menestrel assassino, instrumento do mal, logo tu que eras tão inocente!

Eu já estava preparado para a melhor dança: Ah! Então, fizeste matar meu êxtase com o tom de tuas notas!

Só na dança sei falar a parábola sobre as coisas mais sublimes — agora tive que tornar muda em meus membros a mais grandiosa parábola."

O não dito e o não cumprido deixaram muda a minha maior esperança! E morreram em mim todas as visões e consolos de minha juventude.

Como posso suportá-los? Como faço para sobreviver e superar essas feridas? Como minha alma ascenderá para fora dessas tumbas?

Sim, algo invulnerável que não pode ser sepultado é para mim uma pedra em pedaços: é chamada de *minha vontade*. Silenciosa, continua inalterada ao longo dos anos.

Em seu curso ela segue em cima de meus pés, antiga vontade minha; sua natureza é dura e invulnerável.

Apenas sou invulnerável em meus calcanhares. Ainda estás viva e és do tipo mais paciente. Continuas sempre abrindo o teu caminho entre todas as sepulturas!

Em ti ainda vive a minha juventude não redimida; e como a vida e a juventude cheia de esperança, assentaste-te aqui sobre as ruínas das tumbas amareladas.

Sim, tu és ainda minha destruidora de todos os sepulcros: Salve, minha Vontade! E apenas onde há sepulcros é que há ressurreições. —

Assim cantou Zaratustra. —

Da superação de si mesmo

Vós que sois os mais sábios, "vontade de conhecer a verdade" é o que chamais àquilo que vos impele e faz com que o vosso ardor cresça?

Vontade de conceptibilidade de que tudo possa ser existente: assim chamo *eu* o vosso desejo!

Todo ser se *tornaria* concebível; pois vós duvidais, com boa razão, se tudo o que existe é, de fato, concebível.

Mas o que é concebível deve se encaixar e se curvar a vós! Assim será a vossa vontade. Deve se tornar suave e submisso ao espírito, como seu espelho e reflexo.

Esta é toda a vossa vontade, homens sábios dentre os mais sábios; como uma vontade de potência; mesmo quando falais do bem e do mal e da estimativa dos valores.

Quereis ainda criar o mundo diante do qual possais ajoelhar-vos: esta é a vossa última esperança e embriaguez.

Os ignorantes, é claro, o povo — são como um rio no qual flutua um barco: e sentadas no barco, solenes e disfarçadas, vão as estimativas dos valores.

Tendes colocado vossa vontade e vossas avaliações no rio que está por vir; o que as pessoas creem ser o bem e o mal a mim se mostra como uma antiga vontade de potência.

Fostes vós, os sábios entre os mais sábios, quem colocou tais passageiros nesse barco e deu a eles nomes de pompa e orgulho — vós e a vossa vontade dominante!

O rio agora vai levando o vosso barco; ele *deve* carregá-lo. Pouco importa se as ondas espumantes e ásperas se opõem raivosas à sua quilha!

Não é o rio que é o vosso perigo e o fim de vosso bem e vosso mal, ó aqueles mais sábios dentre os sábios, mas sim a própria vontade, a vontade de potência, a inesgotável e procriadora vontade de viver.

Mas para que possais compreender o meu evangelho sobre o bem e o mal, eu quero dizer-vos minha palavra sobre a vida e a natureza de todos os seres viventes.

Acompanhei o ser vivente seguindo-o pelos caminhos mais largos e estreitos para aprender a sua natureza.

Num espelho multifacetado percebi seu olhar quando sua boca estava fechada de tal modo que seus olhos podiam me falar. E seus olhos me falaram.

Mas onde quer que eu pudesse encontrar seres viventes, também lá ouvia a linguagem da obediência. Todos os seres viventes são obedientes.

E, em segundo lugar, aquele que não pode obedecer a si próprio será mandado. Pois essa é a natureza dos seres viventes.

Mas eis que, entretanto, ouvi uma terceira coisa: comandar é mais difícil do que obedecer. Não só porque aquele que comanda tem o ônus de todos aqueles que obedecem, mas também porque este fardo pode facilmente esmagá-lo.

Parece que todos os comandos são ao mesmo tempo um esforço e um risco: e todo ser vivente quando ordena se atreve a transformar a si próprio.

Sim, até mesmo quando se comanda a si próprio deve-se ter que fazer ajustes aos comandos. Deve-se ter que tornar juiz, vingador e vítima de sua própria lei.

Como pode acontecer algo assim? Perguntei a mim mesmo. O que faz o ser vivente obedecer e comandar e até mesmo ser obediente enquanto comanda?

Agora, escutai minha palavra, vós que sois os mais sábios dentre os sábios! Testai com seriedade se não me arrastei no coração da própria vida e fui até mesmo às raízes de seu coração!

Onde encontrei um ser vivente, encontrei a vontade de potência; até mesmo na vontade de quem está servindo encontrei a vontade de ser senhor.

Quando o mais fraco serve o mais forte é de sua vontade tornar-se senhor dos que são ainda mais fracos do que ele: esse é um prazer que não se pode dispensar.

E como o menor se rende ao maior para ter prazer e poder sobre o menor de todos, também assim, o maior se rende o melhor que pode e por amor ao poder — arrisca a vida.

Eis a devoção do maior ao se defrontar com o risco e o perigo e jogar dados com a morte.

E onde há sacrifício, prestação de serviços e olhares amorosos, há também a vontade de ser senhor. Disfarçadamente o mais fraco se esgueira pelo castelo por caminhos secretos e vai até mesmo ao coração dos mais poderosos — e lhes rouba o poder.

E a própria vida me falou o seguinte segredo: "Veja" — disse — "eu sou *o que deve sempre ser superior a si mesmo*.

Com certeza, vós a chamais de vontade de procriação ou de impulso em direção a um fim, o mais elevado, o mais remoto e mais variado: mas isto é uma coisa só e o mesmo segredo.

Ainda resisto a renunciar a essa única coisa; em verdade onde há folhas caídas, é onde a vida se sacrifica a si mesma — pelo poder!

Eu tenho que ser luta tornando-me a vontade e o propósito da contradição: Oh! Aquele que adivinha a vontade das minhas suposições e palpites, certamente adivinha também por quais caminhos *tortuosos* terei que seguir!

O que quer que eu crie, eu adoro de qualquer maneira — logo terei que ser adverso ao que eu crio ou amo — assim o quer a minha vontade.

E tu também, que buscas o conhecimento, és o caminho e um passo de minha vontade: em verdade, minha vontade de potência caminha sobre os pés de tua vontade até a verdade!

Entretanto, quem lançou mão da "vontade da existência" para buscar a verdade, com certeza não encontrou a verdade: tal vontade — não existe!

Porque aquilo que não é, não pode ter vontade; mas aquilo que já existe como poderia ainda desejar a existência?

Apenas onde há vida, também há vontade: não vontade para a vida, mas — assim te ensino — a vontade de potência!" —

Grande parte dos seres viventes dá mais valor a outras coisas do que a própria vida; mas o que fala mais alto através da avaliação é a vontade de potência.

Assim, uma vez a vida me ensinou: posso resolver o enigma de vossos corações, vós sábios entre os mais sábios.

Em verdade, vos digo que, o bem e o mal, que deveriam ser eternos — nunca foram! A partir de si próprios devem ser superados novamente e novamente.

Exerceis a vossa autoridade com vossos valores e palavras sobre o bem e o mal: vós que estabeleceis os valores; e esse é o vosso amor secreto, o brilho, o transbordamento tremulante de vossas almas.

Mas um poder mais forte cresce a partir de vossos valores, e uma nova superação: e faz quebrar do ovo, a sua casca.

E o que é ser um criador do bem e do mal, de fato: ser primeiro um destruidor e quebrar os valores em pedaços.

Assim, o maior mal pertence ao bem maior: que é o bem criativo.

Vamos falar sobre isso, ó sábios entre os mais sábios, embora seja igualmente ruim. O silêncio é pior: todas as verdades reprimidas tornam-se venenosas.

E tudo o que se quebre, se quebre através de nossas verdades — isso é possível! Muitas casas estão ainda por ser construídas!

Assim falou Zaratustra.

Dos seres sublimes

O fundo de meu mar é tranquilo: quem poderia imaginar que ele possuía monstros engraçados!

Minha profundidade é inabalável: mas brilha com enigmas que nadam e dão risadas.

Hoje vi um ser sublime, um ser solene, um penitente do espírito: oh! como minha alma riu de sua feiura!

Com o peito erguido como se prendesse o fôlego: assim o ser sublime se levantou, em silêncio.

Enfeitado com as feias verdades de sua caça, rico em roupas rasgadas e também em muitos espinhos grudados nelas — não vi qualquer rosa.

Ainda não aprendeu sobre o riso e sobre a beleza. Esse caçador voltou melancólico da floresta do conhecimento.

Depois da luta com os animais selvagens, ele voltou para casa: mas com seu olhar sério ele parece um animal selvagem — um animal imbatível!

Como um tigre ele ainda está lá pronto para dar um pulo; mas eu não gosto dessas almas tensas, a mim são desagradáveis esses seres fechados em si mesmos.

E vós, meus amigos, me dizeis que não é para haver disputa entre gosto e sabor? Mas toda a vida é uma discussão sobre gostos e sabores!

O gosto: é ao mesmo tempo peso, balança e aquele que pesa; e ai de todos os que querem viver sem disputa sobre peso, balança e aquele que pesa!

Quando o ser sublime estiver cansado de sua sublimidade, só então é que sua beleza despontará — e só então irei provar do seu gosto e descobrir se é saboroso.

E só quando ele se afastar de si mesmo é que irá pular sobre sua própria sombra — de verdade! — para dentro do *seu* sol.

Por ter ficado tanto tempo na sombra; as bochechas do penitente do espírito tornaram-se pálidas; por causa de suas expectativas ele quase morreu de fome.

O desprezo ainda está em seus olhos e sua boca carrega repugnância. Ele está em repouso agora, mas sua tranquilidade ainda não descansa ao sol.

Deveria comportar-se como um touro; e sua felicidade deveria ter o cheiro da terra e não do desprezo pela terra.

Gostaria de vê-lo ir em frente como um touro branco, que na frente da relha do arado fica bufando e reclamando: e o seu mugido deveria, também, ser uma exaltação a todas as coisas terrenas!

Negro ainda está o seu semblante; suas mãos fazem sombra sobre seu rosto. Sua visão ainda está nublada.

Sua própria ação ainda é a sombra que o cobre: sua mão obscurece a atuação. Ele ainda não está superior ao seu ato.

É certo que nele amo a nuca de touro: mas agora quero ver também nele o olho do anjo.

É imperativo que deixe de lado sua vontade de herói: deve ser um ser elevado e não apenas sublime — o próprio éter deveria elevar esse ser sem vontade.

Ele derrotou monstros, resolveu enigmas: mas também deveria resgatar seus monstros e enigmas. Mas poderia também transformá-los em crianças celestes.

Não tem ainda esse conhecimento, não aprendeu a sorrir sem sentir ciúme; e nem a sua paixão tornou calma sua beleza.

Em verdade, não é na saciedade que sua ânsia cessará e desaparecerá, mas em sua beleza! A graça pertence à generosidade do magnânimo.

Com o braço passado sobre a cabeça: é como o herói deveria repousar, e também assim é que deveria superar seu repouso.

Mas para o herói a coisa mais difícil de todas é a *beleza*. A beleza é inatingível para toda vontade excessiva.

Um pouco mais, um pouco menos: precisamente isto é muito aqui, e é o que mais conta.

Permanecer com os músculos relaxados e as vontades desatreladas: isso é a coisa mais difícil para todos vós, seres sublimes!

Quando o poder é clemente e desce ao visível — chamo de beleza tal descida.

E apenas a beleza eu desejo de ti como não a desejo de qualquer outra pessoa, ó poderoso: que a tua bondade seja a derradeira conquista de ti mesmo.

De todo o mal acredito que sejas capaz: assim, desejo a ti todo o bem.

Em verdade, muitas vezes rio dos fracos que se acham bons por terem as patas aleijadas!

Deves aspirar ter a virtude de uma coluna: que mais bonita e delicada se torna quanto mais alta fica, cada vez mais forte por dentro e capaz de suportar mais peso.

Sim, ó ser sublime, um dia tu hás de ser bonito e de segurar o espelho diante de tua própria beleza.

Então, a emoção de tua alma estremecerá de desejos divinos; e mesmo em tua vaidade ainda haverá adoração.

Pois este é o segredo da alma: só quando o herói a abandona é que ela dele se aproxima em sonhos — o super-herói!

Assim falou Zaratustra.

Do país da cultura

Voei para muito longe no futuro: um arrepio de horror se apoderou de mim.

E quando olhei em torno de mim, eu vi! O tempo era o meu único contemporâneo.

Enquanto eu voltava para casa — voei cada vez mais apressado: cheguei até vós, homens do presente e ao país da cultura.

Pela primeira vez coloquei meus olhos em vós com bons desejos: em verdade, com o coração melancólico foi que cheguei até vós.

Mas o que me aconteceu? Embora estivesse tão assustado — tive que rir! Nunca meus olhos viram algo assim tão multicolorido!

Eu ri e ri enquanto meu pé e meu coração ainda tremiam: "Aqui, de fato, é a pátria de todos os potes de tinta" — disse a mim mesmo.

Com as faces e os membros cobertos por cinquenta borrões de tinta, assim que vós estáveis sentados lá para o meu espanto, homens do presente!

E com cinquenta espelhos à vossa volta que vos lisonjeavam e multiplicavam seu jogo de cores!

Em verdade não poderíeis usar melhores máscaras, homens do presente, do que os vossos próprios rostos! Quem iria — *reconhecer-vos*!

Todos cobertos com os sinais do passado e novos sinais pintados por cima dos antigos: assim estais vós bem escondidos de todos os decifradores de sinais.

E que se quisesse inspecionar vossas entranhas, quem iria acreditar na existência delas! Pareceis cobertos por uma casca cozida de cores e pedaços de papel colados.

Todas as eras e todos os povos vos olham com olhares matizados através de vossos véus; todos os costumes e todas as crenças falam dos matizes das cores de vossos gestos.

Aquele que puxasse vossos véus e mantos e cores e os gestos que vos cobrem, restaria em seu lugar apenas o suficiente para assustar os pássaros.

Em verdade, eu mesmo sou um pássaro assustado que uma vez viu vossa nudez, sem qualquer pintura; e saiu voando quando vossos esqueletos acenaram com afeto para mim.

Em vez disso, eu preferia ser um diarista no submundo entre as sombras de outrora! — As sombras do passado são mais gordas e consistentes do que vós que sois mundanos!

Isso, isso sim é a amargura das minhas entranhas, se não vos suporto nem nus nem vestidos, vós, homens do presente!

Todas as estranhezas do futuro e o que quer que tenha estremecido pássaros no passado é, verdadeiramente, mais acolhedor e familiar do que a vossa "realidade".

Porque dizeis: "Somos inteiramente realistas, sem fé ou superstições": e inflando o peito — ah, mesmo sem ter peitos!

Sim, como *podereis* ter uma fé, vós, seres salpicados de tintas! — vós que sois pinturas de tudo o que já foi fé um dia!

Vós sois refutações ambulantes da fé em si e responsáveis pela ruptura do próprio pensamento. Homens escusos *da fé*: é assim que *eu* vos chamo, vós, homens realistas!

Todos os tempos se intrigam uns dos outros em vossos espíritos: e os sonhos de todos os tempos e todas as intrigas ainda eram mais reais do que o vosso despertar!

Sois estéreis: *portanto* vos falta fé. Mas aquele que foi criativo teve sempre seus sonhos proféticos e sinais dos astros — e acreditava na fé! —

Portas entreabertas sois vós, junto das quais os coveiros aguardam. E esta é a *vossa* realidade: "Tudo merece perecer."

Oh, como vos apresentais diante de mim, vós homens estéreis, com vossas magras costelas! E, por certo, houve os que dentre vós disso se aperceberam.

E disseram: "Será que algum Deus tirou secretamente algo de mim enquanto eu dormia? Certamente, o suficiente para fazer dessa minha parte uma fêmea!"

"É surpreendente a pobreza de minhas costelas!" — é assim mesmo que têm falado alguns homens do presente.

Sim, homens do presente, vós fazeis-me rir! Especialmente quando vos admirais de vós mesmos!

E ai de mim se não pudesse rir de vossa admiração e tivesse que engolir tudo que há de repugnante em vossos pratos.

Entretanto, quero levar de vós o que há de mais leve agora, pois tenho já algo muito *pesado* para carregar; e o que me importa se besouros ou libélulas vierem pousar em meu fardo!

Em verdade, não devo nem me dar conta de que ficou mais pesado para mim! E não é de vós que virá o meu cansaço, homens do presente.

Oh, para onde deveria eu subir agora com o meu anseio? Olho para além de todas as montanhas em busca de pátrias.

Mas não encontrei um lar em parte alguma; fico inseguro em cada cidade e procuro a porta de saída de todas elas.

Homens do presente a quem dirigi recentemente, o meu coração, agora são estranhos para mim e me provocam escárnio; e sou mandado embora de todas as pátrias.

Assim, agora só amo *a terra de meus filhos*, a terra desconhecida nos confins dos mares: iço minhas velas e para lá rumo à sua procura.

Eu quero que meus filhos entendam bem que sou filho de meus pais: em todo o futuro — por *este* presente!

Assim falou Zaratustra.

Do imaculado conhecimento

Ontem, na hora em que a lua despontou tão cheia e tão grávida no horizonte pensei que ela fosse dar à luz um sol.

Mas ela havia mentido para mim sobre sua gravidez; e na mesma hora pude perceber que a lua é mais do homem do que da mulher.

Claro que é um pequeno astro não tão masculino assim, esse notívago tímido. Em verdade ele se move sobre os telhados com um peso na consciência.

Porque é cobiçoso e ciumento, o monge da lua cobiça a terra e os prazeres dos amantes.

Eu não gosto dele, esse gato dos telhados! Para mim todos os que rondam sorrateiros as janelas entreabertas são repugnantes!

Devoto e silencioso ele se move sobre os tapetes de estrelas: — mas eu não gosto de pés masculinos que pisam tão de leve que nem mesmo se ouve o retinir de uma espora.

Cada passo honesto se anuncia: mas o gato, entretanto, desliza sorrateiro sobre o chão. Olhai! a lua desponta desonesta como um gato.

Entrego a vós esta parábola, hipócritas sentimentais, vós adeptos do "conhecimento puro"! *Eu* os chamo — de cobiçosos!

Vós também amais a terra e o que é terreno: adivinhei-vos bem! — mas há vergonha e peso de consciência em vosso amor — vós sois como a lua!

Vosso espírito foi persuadido a desprezar o que é terreno, mas não vossas entranhas: *estas*, entretanto, são as mais fortes em vós!

Agora vosso espírito envergonhado de estar a serviço de vossas entranhas segue por caminhos escusos e mentirosos para escapar de vossa própria vergonha.

"Para mim a coisa mais elevada" — assim diz vosso espírito mentiroso para vós mesmos — "seria contemplar a vida sem desejo algum e não como faz o cão com a língua pendurada para o lado de fora.

"Ser feliz na contemplação, com a vontade sem vida, sem a opressão e a ganância do egoísmo — o corpo inteiro cinzento e frio, mas com olhos embriagados de luar."

Para mim, a coisa melhor seria — amar a terra como a lua a ama, e seduzir sua beleza apenas com os olhos — que é como o seduzido seduz-se a si próprio.

A isso devo dar o nome de *imaculado* conhecimento de todas as coisas: e por nada querer das coisas possa deitar-me diante delas como um espelho de cem olhos." —

Ó hipócritas sentimentais, ó cobiçosos! A vós falta a inocência do desejo: e agora vós difamais o desejo!

Em verdade não amais a terra como seres que geram e procriam e sentem júbilo por isso!

Onde está a inocência? Onde está a vontade de procriação? E, para mim, quem quer criar além de si mesmo tem a vontade mais pura.

Onde está a beleza? Onde eu *devo desejar* de forma imperativa; onde eu quero amar e morrer para que uma imagem não permaneça apenas uma imagem.

Amar e morrer: palavras sempre juntas nos versos, desde a eternidade. Vontade de amor que é também estar pronto para morrer. Assim vos falo, covardes!

Mas agora, seu olhar vesgo e efeminado quer ser chamado de "contemplativo"! E aquilo que se deixa tocar por olhos covardes deve ser batizado de "belo"! Oh, vós violadores de nomes nobres!

Mas esta é a vossa maldição, vós, os imaculados, vós, puros conhecedores, vós que nunca dareis à luz: mesmo quando vos encontreis cheios e grávidos no horizonte.

Em verdade vós encheis vossas bocas com nomes nobres: e nós somos levados a acreditar que vossos corações estão transbordando, vós que sois a cobiça em pessoa!

Mas *minhas* palavras são tortas, pobres e desprezíveis: gosto de pegar as migalhas que caem da mesa de vossos banquetes, a vossos pés.

Assim, com elas posso dizer a verdade — aos hipócritas! Sim, os meus espinhos pontudos e espinhosos devem fazer cócegas nos narizes dos hipócritas!

Há sempre um ar ruim sobre vós e em torno de vossos banquetes: pois vossos pensamentos lascivos, vossas mentiras e segredos estão no ar!

Arriscai-vos a acreditar em vós mesmos — em vós e em vossas entranhas! Aqueles que não acreditam em si mesmos sempre dizem mentiras.

Vós tendes uma máscara de Deus pendurada na vossa frente, vós "os puros": uma larva rasteira de Deus, um anelídeo hediondo entocado dentro da máscara.

Em verdade, sois enganadores, vós, os "contemplativos"! Até mesmo uma vez Zaratustra foi um joguete de vossa aparência divina; e sequer percebeu que vós estáveis recheados de serpentes.

Uma vez pensei ter visto a alma de um deus que se divertia em um de vossos jogos, vós que buscais o puro conhecimento! Uma vez pensei que não haveria arte melhor do que as vossas artes!

A distância havia escondido de mim a sujeira e o mau cheiro das cobras e não percebi que um lagarto ardiloso rondava por aí lascivamente.

Mas eu cheguei *próximo* a vós; aí veio o dia a mim — e agora ele vem até vós — chegou ao fim o caso de amor da lua!

Olhai, contudo! Lá está ela pálida, pega de surpresa pelo acaso — antes da aurora!

Porque a aurora já vem brilhante — vem chegando com *seu* amor à terra! Todo o amor solar é inocência e desejo criativo!

Olhai, contudo! Como ela vem impaciente sobre o mar! Vós sentis a sede e o hálito quente do seu amor, não é?

Ela quer sugar o mar e lá do alto beber das suas profundezas: e o desejo do mar se eleva com mil seios.

Beijado e sugado ele *quer* ser pela sede do sol; ele *quer* tornar-se ar e elevar-se pelo caminho da luz, pela luz em si mesma!

Em verdade, igual ao sol, eu amo a vida e todos os mares profundos.

E isto para mim é conhecimento: tudo o que é profundo deve elevar-se — à minha altura!

Assim falou Zaratustra.

Dos doutos

Enquanto eu dormia, uma ovelha comeu a coroa de hera sobre a minha cabeça — comeu e falou isso: "Zaratustra não é mais um douto."

Disse assim e foi embora altiva e orgulhosa. Foi uma criança que me contou.

Gosto de estar deitado aqui, onde as crianças brincam, ao lado do muro partido entre cardos e papoulas vermelhas.

Para as crianças eu ainda sou douto, e para os cardos e as papoulas vermelhas também. Elas são inocentes, mesmo em sua impiedade.

Mas para as ovelhas não sou mais: assim quer a minha sorte — bendita seja!

Porque é esta a verdade: fui embora da casa dos doutos e a porta bateu atrás de mim.

Durante muito tempo minha alma faminta sentou-se à sua mesa; mas não conquistei, assim como eles, o dom do conhecimento como conquistei a habilidade de quebrar nozes.

Amo a liberdade e o ar sobre o solo fresco; para mim é ainda melhor dormir sobre as peles dos bois do que sobre honrarias e distinções.

Estou muito ardente e sou queimado por meu próprio pensamento: muitas vezes ele fica a ponto de me tirar o fôlego. Então preciso sair para o ar livre, longe de todos os cômodos empoeirados.

Mas eles se sentam calmamente à sombra fresca: fazem tudo para serem apenas espectadores e tomam cuidado para não se sentarem nos degraus onde o sol queima.

Igual aos que ficam na rua olhando embasbacados para as pessoas que passam, e assim também esperam, olham e se embasbacam com o que os outros pensaram.

Tocados pelas mãos de outrem, eles espalham, sem querer, uma nuvem de pó como se fossem sacos de farinha; quem poderia pensar que o seu pó veio a partir do milho e do deleite amarelo dos campos de verão?

Quando se intitulam sábios, seus ditos curtos e verdades me fazem estremecer: muitas vezes há um odor em sua sabedoria como se ela viesse de um pântano: e, de fato, já ouvi até o coaxar de um sapo em seus discursos!

Eles são jeitosos, têm dedos hábeis; o que quer *minha* simplicidade com sua complexidade! Todas as tramas, pontos, e teceduras manuais seus dedos compreendem: tanto assim que tecem as meias do espírito!

São bons relógios: tem-se apenas cuidado de lhes dar corda corretamente! Mostram as horas sem erro com um ruído discreto.

Trabalham como se fossem moinhos e pilões: basta enchê-los com os grãos! — eles já sabem como moer os pequenos grãos e fazer com que se transformem em pó branco.

Vigiam-se uns aos outros e também não se atrevem a fazer melhor. Inventivos mas com pouca astúcia, assim aguardam aqueles cujo conhecimento se arrasta como se tivesse pés coxos — e como aranhas, aguardam.

Com frequência os vi no preparo cuidadoso de seu veneno; e sempre usam luvas de vidro em seus dedos para fazer isso.

Mesmo com dados viciados sabem como jogar, e já os vi tão ansiosos pelo jogo que ficaram todos suados.

Somos estranhos uns aos outros, e suas virtudes são mais repugnantes ao meu gosto, muito mais do que suas falsidades e seus dados viciados.

Quando vivia entre eles, vivia acima deles. E por causa disso ficaram com raiva de mim.

Não querem ouvir nada de quem caminha acima de suas cabeças; assim colocaram paus, terra e lixo entre mim e suas cabeças.

Com isso, amorteceram o som de meus passos: e ninguém até agora me ouviu pior do que os mais doutos.

Todas as falhas e fraquezas humanas foram postas entre eles e mim — e chamam a isso de "piso falso" em suas casas.

Mesmo assim eu ando com meus pensamentos *acima* de suas cabeças; e mesmo que tivesse que caminhar com minhas próprias falhas, ainda assim estaria acima de suas cabeças.

Porque os homens *não* são iguais: assim fala a justiça. E o que eu quero *eles* podem não querer!

Assim falou Zaratustra.

Dos poetas

"Desde que conheço melhor o corpo" — falou Zaratustra a um de seus discípulos — "o espírito é apenas um espírito em mim por assim dizer; e o todo 'eterno' — é apenas uma parábola."

"Isso eu já te ouvi dizer uma vez", respondeu o discípulo; e depois acrescentou: "'Mas os poetas mentem muito'. Por que foi que disseste que os poetas mentem muito?"

"Por quê?", falou Zaratustra. "Tu perguntas por quê? Não pertenço àqueles a quem deves perguntar as razões que têm.

É a minha experiência de ontem? É de um longo tempo atrás em que experimentei as razões das minhas opiniões.

E eu não seria um barril de memória, se também quisesse carregar as minhas razões comigo?

Custa-me até mesmo guardar as minhas opiniões; e muitos pássaros já voaram para longe.

E, às vezes, encontro no meu pombal um animal que me é estranho e que treme quando coloco minha mão sobre ele.

E o que foi que Zaratustra te disse uma vez? Que os poetas mentem? — demais? Zaratustra, porém também é um poeta.

Acreditas agora que ele falava a verdade? Por que achas isso?"

O discípulo respondeu: "Creio em Zaratustra." Mas Zaratustra sacudiu a cabeça e sorriu.

A fé não me beatifica, disse ele, muito menos a fé em mim mesmo.

Mas vamos supor que alguém tenha dito com toda a seriedade que os poetas mentem demais: ele está certo — *nós* mentimos demais.

Sabemos muito pouco e somos maus aprendizes: por isso temos que mentir.

E qual de nós, poetas, não adulterou o seu vinho? Muitas misturas venenosas aconteceram em nossas adegas, muitas coisas indescritíveis foram feitas por lá.

E por sabermos pouco é que os pobres de espírito agradam ao nosso coração, especialmente as mulheres jovens.

E até mesmo somos desejosos das coisas que as mulheres velhas contam umas as outras à noite. Isso em nós é o que chamamos de "eterno feminino".

E como se houvesse um acesso especial e secreto ao conhecimento, que está *bloqueado* àqueles que querem aprender alguma coisa: assim acreditamos no povo e na sua "sabedoria".

Mas todo poeta acredita que aquele que está deitado na relva ou em encostas solitárias com orelhas aguçadas sabe um pouco das coisas que estão entre o céu e a terra.

E, quando dominados por emoções ternas, isso faz com que os poetas acreditem que a própria natureza está apaixonada por eles:

E que ela se insinua em seus ouvidos para sussurrar segredos e lisonjas amorosas: e, assim, orgulhosos, eles se gabam ante todos os mortais!

Oh, há tantas coisas entre o céu e a terra com as quais os poetas sonharam!

Especialmente *acima* dos céus: pois todos os deuses são parábolas e sofisticações poéticas!

Em verdade, somos atraídos sempre para o alto — para o reino das nuvens: colocamos nossos fantoches de cores berrantes nas nuvens e os chamamos de deuses e depois de super-homens.

E não são bastante leves esses assentos tão frágeis? — esses deuses e super-homens?

Oh, como estou cansado de tudo que é inadequado e que pretende ser um acontecimento. Oh, como estou cansado dos poetas!

Quando assim falou Zaratustra, seu discípulo ressentiu-se, mas ficou calado. Zaratustra, também, ficou em silêncio; seu olhar voltou-se para o interior como se estivesse olhando para distâncias longínquas. Finalmente, ele suspirou e respirou fundo.

"Eu sou de agora e de antigamente", disse ele — "mas há algo em mim que é do amanhã, do depois de amanhã e do vir a ser.

Cansei-me dos poetas, dos antigos e dos novos: todos me parecem superficiais como mares rasos.

Eles não têm suficiente profundidade: portanto, seus pensamentos não chegaram ao fundo de todas as coisas.

Um tanto voluptuosas e um tanto tediosas foi a que ficaram reduzidas suas meditações.

Respiração de fantasmas; os arpejos de harpas mal tocadas não passam de tosse e bafo de fantasmas. O que sabem do ardor dos tons! —

Por mim, também, não são considerados puros o suficiente: todos eles turvam suas águas para que fiquem barrentas e pareçam profundas.

E eles gostam de se passar por conciliadores: mas para mim permanecem medíocres, indecisos, meio, a meio entre lá e cá e impuros! —

Oh, eu provavelmente joguei minha rede em seu mar com a intenção de pescar bons peixes, mas sempre acabava por fisgar a cabeça de um deus antigo.

Assim o mar deu uma pedra ao faminto. E os próprios poetas podem muito bem ter tido sua origem no mar.

Com certeza, podem-se encontrar pérolas entre eles: assim é que se assemelham a conchas duras. Ao invés de alma, muitas vezes, foi encontrado nas conchas um muco salgado.

Aprenderam com o mar, também, sua vaidade: não é o mar, o pavão dos pavões?

Mesmo diante do mais feio de todos os búfalos ele abre sua cauda, e não se cansa de exibir seu leque rendado de prata e cetim.

Com olhares desafiadores, o búfalo o olha da areia, perto de sua alma e mais perto ainda da mata fechada e, mais que tudo, perto do pântano.

O que é beleza, o mar e ornamento de pavão para ele? Esta é parábola que falo aos poetas.

Em verdade, o seu espírito em si é o pavão dos pavões e um mar de vaidade!

A plateia quer o espírito dos poetas, mesmo que ela seja composta apenas de búfalos!

Mas já me cansei desse espírito: e vejo chegar o tempo que logo estará cansado de si próprio.

Já vi os poetas transformados; com seus olhares voltados para si mesmos.

Vi quando chegaram os penitentes do espírito: nasceram dos poetas."

Assim falou Zaratustra.

Dos grandes acontecimentos

Há uma ilha no mar — não muito longe das Ilhas Bem-aventuradas de Zaratustra — na qual constantemente um vulcão entra em erupção. O povo e, principalmente, as mulheres velhas do povo dizem que a ilha está situada em um bloco de pedra que leva à porta do inferno, mas que o estreito caminho que desce até ela passa por dentro do próprio vulcão.

No tempo em que Zaratustra morava nas Ilhas Bem-aventuradas, aconteceu que um navio lançou âncora na ilha em que ficava a montanha do vulcão que expelia fumo; e a tripulação desembarcou para caçar coelhos. Próximo ao meio-dia, entretanto, quando o capitão e seus homens haviam se reunido novamente viram, de repente, um homem que surgiu através do ar para lhes dizer em voz clara: "Já é tempo! É mais do que tempo!" Mas quando a figura foi chegando mais e mais perto deles — como uma sombra que voava depressa na direção do vulcão —, com grande surpresa, reconheceram Zaratustra, pois todos já o tinham visto antes, exceto o próprio capitão, e já o amavam como o povo também o amava: em partes iguais de amor e medo.

"Olhai!" falou o velho timoneiro, "Lá vai Zaratustra para o inferno!" —

Quase ao mesmo tempo em que os marinheiros desembarcaram na ilha do vulcão, correu o boato de que Zaratustra desaparecera; e quando foi questionado isso aos seus amigos esses alegaram que Zaratustra estaria a bordo do navio durante a noite e que não mencionara para onde pretendia partir.

Isto gerou certa inquietação. Entretanto, três dias depois dessa agitação, somou-se a história dos marinheiros — e agora todo o povo dizia que o diabo levara Zaratustra. O mais novo de seus discípulos riu dessa conversa; e outro até chegou a dizer: "Eu ainda prefiro pensar que Zaratustra levou o diabo consigo." Mas no fundo de suas almas todos estavam apreensivos e saudosos: assim, sua alegria foi grande quando no quinto dia Zaratustra apareceu entre eles.

E este é o relato da conversa de Zaratustra com o cão de fogo:

"A Terra", disse ele, "tem uma pele; e esta pele tem doenças. Uma dessas doenças, por exemplo, chama-se 'homem'".

Outra dessas doenças é chamada de "o cão de fogo": sobre *ela* os homens mentiram e mentem muito.

Para desvendar esse segredo atravessei o mar: e a verdade foi que a vi nua, realmente! Descalça dos pés até o pescoço.

Sei de tudo o que está acontecendo com o cão de fogo; e da mesma forma, com a escória dos diabos subversivos os quais não são somente temidos pelas mulheres velhas.

"Fora, cão de fogo, fora de tuas profundezas!", gritei, e confesse quão profundas são as tuas profundezas! De onde vem aquela tua bufada para o alto?

Do mar, bebes demasiado: tua eloquência amarga te trai! Em verdade, para um cão das profundezas, tu te alimentas demais a partir da superfície!

Somente te vejo, quando muito, como o ventríloquo da Terra: e sempre que ouvi falar dos demônios da escória e dos subversivos sempre os achei semelhantes a ti: amargos, mentirosos e superficiais.

Tu entendes de urros e de como obscurecer o ar com cinzas! Tens a maior de todas as bocas e aprendeste da arte o suficiente para fazer a lama ferver.

Para que estejas onde estás tem que haver sempre lama à tua volta e muito do que é esponjoso, oco e comprimido: quer ser liberado.

"Liberdade" é o que todos vós desejais rugir ansiosamente: mas eu tenho desaprendido a crer em "grandes acontecimentos", sobretudo quando há muita gritaria e fumo em torno deles.

E acreditai-me, amigo pandemônio! Os maiores acontecimentos — não são os nossos mais ruidosos, mas sim os nossos mais silenciosos.

Não é em torno dos inventores de novas sonoridades, mas sim em torno de inventores de novos valores que o mundo se transforma: ele gira de forma *inaudível*.

E confessa! Pouco havia ocorrido quando o ruído e o fumo se dispersaram. E que importância tem se uma cidade se torne mumificada ou se uma estátua esteja caída na lama!

E digo isso aos destruidores de estátuas: Não há parvalhice maior do que jogar sal no mar e estátuas na lama.

A estátua estava deitada na lama de teu desprezo: mas esta é justamente a tua lei e deseja que do desprezo renasça a vida e cresça a beleza!

Agora ela se ergue outra vez, com traços mais divinos e mais sedutores pelo sofrimento que teve; e ainda lhes dará graças por tê-la destruído, ó subversivos!

Ofereço este conselho a reis e igrejas e a tudo o que fraqueja tanto pela idade como pela virtude — "deixai que derrubem apenas a vós! Para que vosso retorno à vida possa vir e que a virtude retorne a vós!" —

Assim falei diante do cão de fogo: ele então me interrompeu e de mau humor perguntou: "Igreja? O que vem a ser isso?"

"Igreja?" respondi. "A igreja é um tipo de Estado, isto é, o tipo mais mentiroso. Mas fica calado, tu, cão dissimulado! Sabes da tua raça, com certeza, melhor do que ninguém!

Como és tu, cão hipócrita, também o Estado é uma dissimulação; assim como tu, ele gosta de fumo e de rugido — assim como tu, faz crer que sua fala sai do ventre das coisas.

Porque ele quer ser o animal mais importante da Terra, o Estado; e como tu, também, consegue que acreditem!"—

Quando disse isto, o cão de fogo agiu como se estivesse louco de tanta inveja. "O quê?", gritou ele, "o animal mais importante da Terra? e também quer que acreditem que seja?" De sua garganta jorrou tanto vapor e gritos tão terríveis que achei que ficaria sufocado de tanta raiva e inveja.

Finalmente, ficou mais calmo e sua respiração ofegante se abrandou; mas logo que ficou em silêncio, eu disse rindo:

"Se tu estás irritado, cão de fogo: é porque eu tenho razão sobre ti!

E para que me mantenha no que é certo, ouve o que eu digo de outro cão de fogo, cuja fala realmente vem do coração da Terra.

Ouro é a emanação de seu hálito, e chuva de ouro: assim o quer seu coração. O que são para ele agora as cinzas, o fumo e a lama fervente?

O riso brota dele como de uma nuvem de muitas cores; ele é hostil ao teu gargarejo, ao que cospes e vomitas de tuas entranhas!

Mas o ouro e o riso — ele os tira do coração da Terra: e para que fiques sabendo — *o coração da Terra é de ouro*."

Quando o cão de fogo ouviu isso, ele não mais quis me escutar. Envergonhado, meteu o rabo entre as pernas e balbuciou de forma humilde "au-au" e se arrastou para dentro de seu inferno. —

Assim narrou Zaratustra. Mas seus discípulos mal escutaram suas palavras, pois grande era a vontade de contar-lhes sobre os marinheiros, os coelhos e o homem voador.

"O que é que devo pensar disso?", disse Zaratustra. "Serei eu, por ventura, um fantasma?

Mas deve ter sido minha sombra. Já ouviste falar de alguma coisa a respeito do viajante e da sua sombra, não?

O que é certo é isso: devo mantê-la bem presa — caso contrário pode vir a arruinar minha reputação."

E uma vez mais Zaratustra sacudiu a cabeça e admirado se perguntou: "O que devo eu pensar disso?", repetiu.

"Por que então o fantasma gritou: 'Já é tempo! Já é mais do que tempo!'

Tempo *para quê*?" —

Assim falou Zaratustra.

O adivinho

"— e eu vi uma grande tristeza descer sobre os homens. Os melhores entre eles se cansaram de seus trabalhos.

Uma doutrina foi proclamada e uma fé circulou a seu lado: Tudo está vazio, tudo é o mesmo, tudo já se foi!

Fizemos a colheita: mas por que todos os nossos frutos se mostraram podres e pardos? O que foi que caiu da lua perversa ontem à noite?

Todo nosso trabalho foi em vão, nosso vinho tem veneno e o mau olhado queimou e amarelou nossos campos e nossos corações.

Todos nós nos tornamos secos; e se o fogo caísse sobre nós viraríamos pó como as cinzas — sim, cansamos o próprio fogo.

Todas as fontes secaram, e o mar recuou. Todo o chão quer se rasgar, mas as profundezas não nos querem engolir!

Ah, onde há ainda um mar no qual possamos nos afogar? — assim soa o nosso lamento — através dos pântanos rasos.

De fato, até mesmo para morrer nos tornamos muito cansados; agora vamos nos manter acordados e viver daí em diante — em sepulcros!" —

Assim Zaratustra ouviu falar de um adivinho; e sua profecia bateu direto em seu coração e transformou-o. Tristemente, ele deu voltas e, cansado, tornou-se como aqueles dos quais havia falado o adivinho.

"Em verdade", disse ele a seus discípulos, "daqui a pouco, lá vem o longo crepúsculo sobre nós. Ah, o que farei para preservar minha luz para depois que ele transitar?

Para que ela não se sufoque nessa tristeza! Ela deve ser a luz de mundos distantes e de noites ainda mais distantes!"

Com essa tristeza em seu coração Zaratustra continuou por ali, sem comida nem bebida durante três dias, não teve descanso e perdeu a fala. Aconteceu que, por fim, ele caiu em um sono profundo. E seus discípulos, entretanto, se sentaram em torno dele em longa vigília durante a noite e esperaram ansiosamente para ver se ele acordaria e voltaria a falar, recuperado de sua aflição.

E foi isto o que Zaratustra lhes falou ao acordar; mas sua voz chegou até seus discípulos como que vinda de longe:

"Ouvi, meus amigos, o sonho que sonhei, e ajudai-me a entender o seu significado divino!

Este sonho é um enigma para mim; seu significado está escondido e aprisionado nele e ainda não alçou voo sobre ele com as asas livres.

Que a toda vida eu tinha renunciado, assim foi que sonhei. Como se fosse um vigia e guardião noturno de sepulcros, lá estava eu, no castelo da montanha solitária da morte.

Lá em cima eu guardava os caixões dos mortos: as abóbadas totalmente mofadas estavam cheias dos troféus da vitória da morte. Através dos vidros dos caixões, olhou-me vencida a vida.

Eu respirava o odor de eternidades empoeiradas: abafada e coberta de poeira jazia a minha alma. Quem ali poderia ter sua alma arejada?

O brilho da meia-noite estava à minha volta, a solidão estava agachada ao seu lado; e como a terceira entidade, a quietude do estertor da morte, a minha pior companhia.

As chaves que eu carregava eram as chaves mais enferrujadas de todas; e entendi que, assim, eu podia abrir o ranger de todos os portões.

Tal qual um coaxar amargamente zangado o som correu pelos longos corredores quando se abriram as duas folhas da porta: um pássaro agourento reclamou que fora despertado a contragosto.

Era mais apavorante e me comprimia ainda mais o coração, quando tudo em minha volta se fazia quieto novamente e eu me via sentado sozinho naquele silêncio traiçoeiro.

Assim passava o tempo arrastado, se é que ainda ele existia: o que é que eu sabia disso! Por fim aconteceu algo que me acordou.

Três golpes como estrondos de trovão atingiram o portão, a abóbada do teto ecoou e deu uivos por três vezes: então fui até o portão.

'Alpa!', gritei, 'quem é que está trazendo suas cinzas para a montanha? Alpa! Alpa! Quem é que está trazendo suas cinzas para a montanha?'

Apertava a chave e puxava o portão com toda a força que eu podia. Mas nem mesmo a largura de um dedo consegui que se abrisse.

Em seguida um vento que ruge o escancarou: penetrou assobiando e zunindo e, aos guinchos, jogou contra mim um caixão preto.

E, debaixo de assobios e gritos o caixão se abriu e vomitou mil gargalhadas.

E por detrás de mil caretas de crianças, anjos, corujas, bufões e borboletas do tamanho de crianças, riram, zombaram e rugiram contra mim.

Um medo aterrorizante me deixou apavorado e acabou por prostrar-me ao chão. E gritei de horror como jamais tinha gritado.

Mas meus próprios gritos me acordaram gritando — e voltei a ser eu mesmo. —"

Assim Zaratustra narrou seu sonho e depois ficou em silêncio, pois ainda não sabia o seu significado. Mas o discípulo que mais amava levantou-se depressa, pegou a mão de Zaratustra e assim falou:

"Tua própria vida nos sugere a interpretação desse sonho, Zaratustra!

Não és tu, tu mesmo, o vento que assobia estridente e escancara as portas dos castelos da morte?

Não és tu, tu mesmo, o caixão cheio de maldades multicoloridas e caretas angélicas da vida?

Em verdade, Zaratustra vem a todos os sepulcros como mil gargalhadas de crianças rindo dos vigias e guardiões noturnos com seus chocalhos que fazem retinir chaves sinistras.

Tu irás aterrorizá-los e derrubá-los no chão com teu riso; o seu desmaio e o seu despertar irão provar teu poder sobre eles.

E quando o longo crepúsculo e o cansaço mortal chegarem, não irás desaparecer em nosso céu, tu que defendes a vida!

Fizeste-nos ver novas estrelas e novas glórias noturnas; em verdade, o riso que estendeste sobre nós é como uma tenda colorida.

Agora o riso das crianças brotará sempre dos caixões; agora um vento forte vitorioso do cansaço da morte soprará sempre: destarte és nosso adivinho e nossa garantia!

Em verdade, com *teus próprios inimigos* foi que tu *sonhaste*: esse foi o teu sonho mais doloroso!

Mas quando despertaste deles, voltaste a ser tu mesmo, eles também deverão despertar de si próprios — e tornarão a ti!"

Assim falou o discípulo; e todos os outros se acercaram de Zaratustra e tomaram suas mãos com a intenção de convencê-lo a sair de sua cama e de sua tristeza e voltar a eles. Mas Zaratustra sentou-se na cama com um olhar estranho. Como alguém que retorna depois de longa permanência no estrangeiro, ele olhou para seus discípulos e examinou seus rostos; e ainda assim não os reconheceu. Mas na medida em que o ergueram de pé, seu olhar se transformou de repente; ele compreendeu tudo o que tinha acontecido, coçou a barba e disse em alta voz:

"Muito bem! Agora isto tem tempo, meus discípulos, mas providenciai para que tenhamos uma boa refeição, e depressa! Assim desejo me penitenciar dos meus sonhos maus!

Porém, o adivinho deve comer e beber ao meu lado: e, em verdade, ainda irei mostrar-lhe um mar em que possa se afogar!"

Assim falou Zaratustra. Logo, entretanto, olhou por longo tempo para o rosto do discípulo que interpretara o seu sonho e sacudiu sua cabeça. —

Da redenção

Um dia, quando Zaratustra atravessava a grande ponte foi cercado por aleijados e mendigos, e um corcunda falou-lhe assim:

"Vê, Zaratustra! Mesmo o povo que aprende de ti e adquire fé em teus ensinamentos: mesmo ele, para que acredite completamente em ti, ainda uma coisa se faz necessária — tu deves em primeiro lugar convencer a nós, aleijados! Agora aqui tens uma bela seleção deles e realmente uma oportunidade com mais de uma madeixa de cabelo! Podes curar o cego e fazer com que o coxo ande; e podes até remover um pouco daquele que tem muito em cima das costas — isto, penso eu, seria a maneira correta de fazer os aleijados acreditarem em Zaratustra!"

Mas Zaratustra respondeu assim àquele que falara:

Quando se tira a corcunda do corcunda, está se tirando dele o espírito — isto é o que ensina o povo. E quando se dá olhos ao cego ele irá ver tantas coisas ruins na Terra que maldirá aquele que o curou. Aquele que faz o coxo andar, no entanto, causa-lhe o maior dano: pois ele tão logo começa a andar seus vícios o acompanharão — isto é o que ensina o povo sobre os aleijados. E por que Zaratustra não deveria também aprender com o povo, se o povo aprende com Zaratustra?

Desde que estou entre os homens, isso é o mínimo do que posso ver: "A esse falta um olho, àquele outro uma orelha, a um terceiro uma perna e há outros que perderam a língua ou o nariz ou a cabeça."

Vejo e vi coisas piores, e coisas tão abomináveis que não gostaria de falar sobre nenhuma delas, embora sobre algumas eu não consiga silenciar: pois falo de homens que carecem de tudo, exceto de uma coisa, a qual possuem muito — homens que não são mais do que um grande olho ou uma grande boca ou uma grande barriga, ou qualquer outra coisa grande — chamo esses homens de aleijados às avessas.

Quando saí da minha solidão e passei por essa ponte pela primeira vez, não pude acreditar nos meus olhos, mas olhei de novo e de novo, e falei finalmente: "Isso aí é uma orelha! Uma orelha tão grande quanto um homem!" Olhei com mais atenção: e, realmente, sob a orelha, vi algo que se movia e que era miseravelmente pequeno, mirrado e magro. E em verdade, tal ouvido imenso ficava no cimo de um caule pequeno e fino — e o pedúnculo era um homem! Quem colocasse um vidro de aumento diante do olho poderia até reconhecer um pequeno rosto invejoso, e, também, que uma pequena alma inchada balançava no talo. O povo me disse que aquela grande orelha não era apenas um homem, mas um grande homem, um gênio.

Porém nunca acreditei no povo que falava em grandes homens — e mantive a minha convicção de que era um aleijado às avessas, que tinha pouquíssimo de tudo e bastante de uma coisa só.

Quando Zaratustra falou isto para o corcunda e para os outros dos quais ele era o porta-voz e representante, voltou-se com profundo abatimento para seus discípulos e disse:

"Em verdade, meus amigos, eu ando entre homens como se andasse entre fragmentos de membros de seres humanos!

Essa é a coisa mais terrível para os meus olhos, encontrar homens despedaçados e espalhados como se fosse um campo de batalha ou um matadouro.

E quando meus olhos fogem do presente para o passado, eles sempre encontram os mesmos fragmentos e membros e as mesmas chances do medo — mas não homens.

O presente e o passado sobre a Terra — Oh! meus amigos — isso é o que *me* é mais insuportável; e não viveria se eu não fosse um vidente daquilo que está por vir .

Um vidente, um proponente, um criador, um futuro próximo e uma ponte para o futuro e — oh! e mesmo um aleijado na ponte: tudo isso é Zaratustra .

E até mesmo vós vos perguntastes muitas vezes: 'Quem é Zaratustra para nós? Como ele deve ser chamado por nós?' E, assim como eu, destes a vós mesmos perguntas como respostas.

Ele é um prometedor? Ou um realizador? Um conquistador? Ou um herdeiro? Um outono? Ou a relha de um arado? Um médico? Ou um convalescente?

Ele é um poeta? Ou é um homem genuíno? Um libertador? Ou um subjugador? Um homem bom? Ou um homem mau?

Caminho entre os homens como se andasse entre fragmentos do futuro: do futuro que antevejo.

E isso é o que anseia todo o meu poetizar; a aspiração para compor e agrupar numa unidade o que é o fragmento, o enigma e o medo do acaso.

E como poderia suportar o fato de ser humano, se o homem também não fosse poeta, decifrador de enigma e redentor do acaso!

Resgatar o passado e transformar cada 'assim foi' em 'assim eu o quis!' — é o que eu chamo de redenção!

Vontade — assim é o libertador e o portador da alegria: assim eu ensinei a vós, meus amigos! Mas agora aprendei isto também: a própria vontade é ainda uma prisão.

O querer liberta: mas como se chama o que ainda mantém o libertador nas cadeias?

'Assim foi': assim é vontade do ranger de dentes e da solitária tributação. A impotência para o que é feito — é uma espectadora com raiva de tudo o que é passado.

Não se pode fazer para trás o que a vontade quer, pois ela não pode quebrar o tempo e o desejo do tempo — esta é a tribulação solitária da vontade.

O querer liberta: e o que é que a vontade inventa para se libertar da sua própria tribulação e zombar de sua masmorra?

Ah, todo o prisioneiro acaba por virar louco! A loucura redimida é também a vontade aprisionada.

Que o tempo não possa andar para trás é o que lhe dá muita raiva; aquilo que 'assim foi' — é como se chama a pedra que não pode rolar.

E assim vai rolando as pedras com raiva e com mau humor; e se vinga daquilo que não sente raiva nem mau humor como ela.

Assim é que a vontade libertadora se torna torturante: e em tudo o que é capaz de causar sofrimento ela se vinga por que não pode voltar no tempo.

Sim, isso por si só é *vingança*: a aversão da vontade pelo tempo e seu 'assim foi'.

Em verdade, uma grande loucura habita a nossa vontade; e se tornou uma maldição para toda a humanidade quando tal loucura adquiriu espírito!

O espírito da vingança: meus amigos, esta foi até o momento, a principal reflexão humana; onde houvesse sofrimento haveria sempre grande castigo.

'Castigo' é como a própria vingança se chama: com uma mentira finge ter uma boa consciência.

E como há sofrimento em quem tem vontade, levando-se em conta que não se pode querer algo para trás do tempo — o querer em si mesmo e toda a vida — deviam ser um castigo!

E, então, uma nuvem rolou sobre as outras e sobre o espírito: até que a loucura, finalmente, pregou: 'Tudo perece, portanto tudo merece perecer!'

'E isto em si é a justiça, a lei do tempo pela qual seus filhos devem ser devorados': assim pregava a loucura.

'Moralmente as coisas estão ordenadas de acordo com a justiça e a punição. Oh, onde está a redenção do fluxo das coisas e do castigo da existência?' Assim pregava a loucura.

'Pode haver redenção quando há justiça eterna? Oh, a pedra do 'assim foi' que não pode ser rolada é eterna: assim como devem ser todos os castigos!' Assim pregava a loucura.

'Nenhum ato pode ser aniquilado: como poderia a pena ser desfeita pelo castigo? Este é o castigo eterno da 'existência', que também, deve ser de novo e para sempre um ato e uma culpa!

A menos que a vontade deva, por fim, entregar-se e que o querer esteja disposto a se tornar o não querer' — mas vós a conheceis, meus irmãos, esta canção fabulosa da loucura!

Eu vos conduzi para longe daquelas canções fabulosas quando vos ensinei que 'a vontade é criadora'.

Todo 'assim foi' é um fragmento, um enigma, uma chance de medo — até que a vontade criadora diga: 'Assim eu o quis!'

Até que a vontade criadora diga para ele: Mas 'assim eu o quis! Então, assim eu o quero.'

Mas já falou a vontade alguma vez desse jeito? E quando é que isto irá acontecer? A vontade já está desatrelada de sua própria loucura?

Será que a vontade se tornou a sua própria redentora e portadora da alegria? E já libertou o espírito de vingança e de todo o ranger de dentes?

E quem foi que lhe ensinou a reconciliação do tempo, a maior de todas as reconciliações?

Algo maior do que qualquer reconciliação deve querer a vontade que é a vontade de potência — mas como é que isso irá acontecer? Quem é que também lhe ensinou a querer para trás do tempo?"

— Nesse ponto de sua fala foi que Zaratustra parou de súbito e pareceu ter tomado o maior dos sustos. Contemplou seus discípulos com o terror em seus olhos; e seus olhares os trespassaram como flechas, que perfuravam seus pensamentos e segundas intenções. Mas pouco depois ele riu de novo e falou com calma:

"É difícil viver entre os homens porque guardar silêncio é muito difícil. Especialmente para um tagarela." —

Assim falou Zaratustra. O corcunda, entretanto, tinha escutado a conversa com o rosto coberto; quando ouviu Zaratustra rir, ergueu os olhos curioso, e falou devagar:

"Mas por acaso Zaratustra nos fala de modo diferente do que fala aos seus discípulos?"

Zaratustra respondeu: "O que há de estranheza nisso? Para que um corcunda com isso se espante? A um corcunda pode-se muito bem falar de modo corcunda!"

"Muito bem," falou o corcunda; "e aos discípulos podem-se contar fábulas da escola.

Mas por que Zaratustra fala aos seus alunos de modo diferente — do que fala a si mesmo?" —

Da prudência humana

Não é a altitude, e sim o precipício que é terrível!

O precipício é onde a vista se precipita para *baixo* e a mão se agarra em *cima*. Quando o coração se entontece por sua dupla vontade. Ó amigos, provavelmente vós adivinhais a vontade dupla de meu coração?

Este, este é o *meu* mergulho e o meu perigo no qual minha visão se despenca morro baixo e minha mão quer se agarrar e se apoiar — no precipício!

Minha vontade se agarra aos homens e eu me ligo aos homens com correntes, para não ser puxado para o alto, para o Super-homem: porque para lá me quer levar minha outra vontade.

E *para isso* eu vivo cego entre os homens como se não os conhecesse: para que minha mão não perca, inteiramente, a firmeza em minha crença.

Eu não vos conheço, homens: esta escuridão e consolo normalmente se espalham em torno de mim.

Sento-me ao portão e pergunto a todo vigarista: quem é que quer me enganar?

Esta é a minha primeira prudência humana: deixo-me ser enganado para não ter que ficar em guarda contra os enganadores.

Ah, se estivesse em guarda contra os homens, como poderia ter como âncora o homem? Eu seria arrastado facilmente e levado para o alto e para longe!

Esta providência está acima de meu destino: sobre ela não devo me precaver. E aquele entre os homens que não quer definhar de sede deve aprender a beber de todos os copos; e aquele entre os homens que deseja purificar-se deve saber como se lavar mesmo com água suja.

Tanto assim que muitas vezes o consolo me falou: "Muito bem, então! Velho coração! Uma desventura conseguiu te causar danos: aproveita disso como tua — ventura!"

Mas esta é, entretanto, a minha outra prudência humana: trato com mais deferência aos *vaidosos* do que aos orgulhosos.

Não é a vaidade ferida a mãe de todas as tragédias? Mas, entretanto, onde o orgulho foi ferido, ainda está por crescer algo melhor.

Para que a vida seja um espetáculo bom de se assistir: então dever ser bem representado: para isto, entretanto, são necessários bons atores.

Bons atores achei-os todos vaidosos: representam e querem que o público os assista com prazer — o espírito deles está voltado para essa vontade.

Eles representam a si mesmos e se inventam; eu gosto de observar a vida perto deles — eis a cura da minha melancolia.

É por isso que trato com deferência aos vaidosos porque eles são os médicos da minha melancolia e me ligam aos homens como a um espetáculo.

E então: quem avaliará toda a profundidade da modéstia do homem vaidoso! Eu o amo e sinto piedade de sua modéstia.

É convosco que ele quer aprender a ter fé em si mesmo; alimenta-se de vossos olhares e de vossas mãos come o elogio.

Ele acredita em vossas mentiras se mentis bem sobre ele: porque no fundo do seu coração suspira: "O que sou *eu*?"

E se a verdadeira virtude é aquela que não tem consciência de si própria: então, o homem vaidoso não tem consciência de sua modéstia! —

Mas esta é, entretanto, a minha terceira prudência humana: que não deixeis que o vosso temor estrague o meu prazer da visão dos *malvados*.

Sou feliz por ver as maravilhas a que o sol quente dá vida: tigres, palmeiras e cascavéis.

Mesmo entre os homens há belezas que o sol quente faz nascer e muitas maravilhas nos malvados.

E sem dúvida, pelas vezes em que vossos grandes sábios não me pareceram tão sábios assim, considero que a maldade humana está abaixo da fama que tem.

E muitas vezes me perguntei sacudindo a cabeça: Por que ainda chacoalhar, ó cascavéis?

Em verdade, ainda há futuro, mesmo para o malévolo! E a parte mais quente ao sul ainda é desconhecida para o homem.

Quanta coisa é hoje chamada como a pior das malvadezas e que só tem doze pés de largura e três meses de duração! Mas algum dia virão ao mundo os maiores dragões.

Para que não falte ao Super-homem o seu dragão, o superdragão que seja digno dele, é preciso ainda que muitos sóis quentes brilhem sobre a úmida floresta virgem!

Vossos gatos selvagens devem se transformar em tigres e vossos sapos venenosos em crocodilos: para que o bom caçador tenha uma boa caçada!

E, em verdade, vós bons e justos! Há em vós muita coisa que provoca o riso, especialmente o vosso medo daquele que antes era chamado de "diabo"!

Para vossas almas é tão estranha a grandeza que o Super-homem seria *terrível* em sua bondade!

E vós, sábios e iluminados, vós iríeis fugir do sol abrasador da sabedoria no qual, com prazer, banha o Super-homem a sua nudez!

Vós, os mais homens elevados com que meus olhos se depararam! Esta é a minha dúvida sobre vós e o meu riso secreto: suspeito que iríeis chamar o meu Super-homem — de diabo!

Ah, cansei-me desses homens melhores e superiores: anseio ir para cima e para "além" de sua elevação, rumo ao Super-homem!

Fui tomado pelo horror quando vi nus os melhores homens: naquele momento cresceram asas em mim para que continuasse a pairar em direção aos futuros distantes.

Nos futuros mais distantes, nos lugares ao sul mais meridional jamais sonhado pelos artistas: lá onde os deuses têm vergonha de tudo o que é roupa!

Mas vos quero ver disfarçados, *vós*, meus vizinhos e companheiros, bem vestidos, vaidosos e dignos, como 'os bons e justos'. —

E disfarçado quero sentar-me entre vós, para que eu mesmo, e vós, nos sintamos desconhecidos: esta é minha última prudência humana.

Assim falou Zaratustra.

A hora mais silenciosa

O que foi que aconteceu comigo, meus amigos? Vós me vedes perturbado, expulso daqui, obediente a contragosto, pronto para ir — oh, para ir embora de *vós*!

Sim, Zaratustra deve retornar uma vez mais para a solidão: mas dessa vez o urso volta infeliz para a sua toca.

O que foi que aconteceu comigo? Quem foi que ordenou isto? Ah, minha senhora brava quer que seja assim, como me disse; já vos falei o nome dela?

Ontem, ao entardecer *minha hora mais silenciosa* me falou: este é o nome de minha amante terrível.

Aí está o que aconteceu — pois tenho que vos contar tudo para que vossos corações não se endureçam quando alguém vos deixar tão de repente!

Conheceis os horrores daquele que adormece? —

Desde os dedos dos pés fica ele apavorado porque o chão ameaça fugir sob seus pés e o sonho ameaça começar.

Digo-vos isto como uma parábola. Ontem, na hora mais silenciosa, o chão fugiu sob meus pés: comecei então a sonhar.

O ponteiro se movia, o relógio de minha vida respirava — nunca percebi tal silêncio à minha volta: tanto que meu coração ficou apavorado.

Então, ouvi me falarem sem voz: "*Tu sabes, Zaratustra?*" —

Eu gritei de terror ao ouvir seu sussurro, e o sangue se esvaiu do meu rosto: mas eu não disse nada.

Mais uma vez, ouvi me falarem sem voz: "Tu sabes, Zaratustra, mas não o falas!"

E por fim respondi num desafio: "Sim, sei, mas não quero falar sobre isso!"

Então, uma vez mais, me falaram sem voz: "Não *queres*, Zaratustra? Isso é verdade? Não te escondas atrás de teu desafio!"

Eu chorei e tremi como uma criança, e disse: "Ah, bem que eu queria, mas como posso fazer tal coisa? Poupa-me disso! Está além de minhas forças!"

Mais uma vez, me falaram sem voz: "O que importa, Zaratustra? Diz a tua palavra e despedaça-te!" —

E eu respondi: "Ah, a *minha* palavra? Quem *eu* sou? Aguardo alguém que seja mais digno; não mereço sequer despedaçar-me por ele."

Mais uma vez, me falaram sem voz: "Que importância tu tens? Não és humilde o bastante. A humildade tem o couro mais resistente."

E eu respondi: "O que já não suportou o couro de minha humildade? Vivo aos pés de minhas alturas: quão alto são as minhas cimeiras? Ninguém me disse ainda. Mas conheço bem os meus vales."

Então, mais uma vez, me falaram sem voz: "Ó Zaratustra, aquele que remove montanhas, também remove vales e planícies." —

E eu respondi: "Minhas palavras ainda não removeram quaisquer montanhas e o que falei ainda não atingiu os homens. De fato, ando entre os homens, mas ainda não os atingi."

Então, mais uma vez, me falaram sem voz: "Como é que sabes *disso*? O orvalho cai sobre a relva quando está no seu momento mais silencioso da noite."

E eu respondi: "Zombaram de mim quando meu caminho foi encontrado e segui por ele; e na ocasião realmente meus pés tremeram.

E me falaram o seguinte: Já esqueceste antes o caminho, agora irás também esquecer como caminhar!"

E uma vez mais, me falaram sem voz: "Que importância tem a piada que fizeram? És daqueles que deixaram de lado a obediência: agora tens que dar ordens!

Sabes de quem o homem necessita mais? Daquele que dê grandes ordens.

Realizar coisas grandes é difícil: porém a tarefa mais difícil ainda é ordenar coisas grandes.

Esta é tua obstinação mais imperdoável: tu tens o poder e tu não queres governar."

E eu respondi: "A mim me falta a voz do leão para a todos comandar."

Então, mais uma vez, num sussurro, me falaram sem voz: "São as palavras mais silenciosas que trazem a tempestade. Pensamentos que chegam com pés de pombas é que dirigem o mundo.

Ó Zaratustra, deves ir como uma sombra que está por vir: e tua liderança será de comando e comandante."

E eu respondi: "Tenho vergonha."

Então, mais uma vez, me falaram sem voz: "Ainda precisas virar criança e não ter vergonha.

Ainda tens o orgulho da juventude em ti, tu te tornaste jovem tarde demais, mas aquele que deseja voltar a ser criança deve superar a sua juventude." —

Fiquei por longo tempo fazendo considerações e tremendo. Por fim, entretanto, voltei a falar o que tinha dito em primeiro lugar: "Não quero."

E uma gargalhada aconteceu ao meu redor. Ah, como essa gargalhada dilacerou minhas entranhas e cortou meu coração!

E pela última vez me falaram sem voz: "Ó Zaratustra, teus frutos estão maduros, mas tu não estás maduro para os teus frutos!

Deves voltar para a tua solidão e então amadurecer."

Mais uma vez alguma coisa soltou uma gargalhada e fugiu: e então, tudo ficou duplamente em silêncio em torno de mim. Mas eu estava estendido no chão enquanto o suor escorria de meus braços e pernas.

Agora ouvistes tudo e sabeis por que devo voltar para a minha solidão. Não guardei nada de vós, meus amigos.

E ouvistes também, *quem* é o homem mais reservado — e que continuará a ser!

Ah, meus amigos! Eu teria mais alguma coisa para vos dizer e teria mais alguma coisa para vos dar! Por que é que não dou? Estou sendo avarento? —

Quando, entretanto, Zaratustra pronunciou essas palavras foi atacado pela violência da dor e pela proximidade da partida de seus amigos a tal ponto que chorou alto; e ninguém soube como consolá-lo. Naquela noite, entretanto, foi-se embora sozinho, abandonando seus amigos.

Terceira parte

"Vós olhais para o alto quando aspirais a elevação. Eu olho para baixo, porque estou elevado.
Quem dentre vós pode, ao mesmo tempo, rir estando elevado?
Quem escala as mais altas montanhas, ri de todas as tragédias, encenadas ou reais."

Assim falou Zaratustra, "Do ler e escrever" (primeira parte, p. 56).

O viandante

Era meia-noite quando Zaratustra tomou o caminho do topo da montanha da ilha com a intenção de chegar à praia do outro lado, no início da madrugada: e dali pretendia pegar o navio. Lá havia um ancoradouro onde os navios estrangeiros gostavam de aportar: alguns recebiam a bordo muitas pessoas, que, como ele, queriam deixar as Ilhas Bem-aventuradas e cruzar o mar.

Então, quando Zaratustra assim subiu a montanha, lembrou-se das inúmeras vezes em que fizera andanças solitárias durante a juventude e de quantas montanhas e serras e cimeiras já havia escalado.

Sou um viandante e um escalador de montanhas, disse ele para o seu coração; não gosto das planícies e parece que não consigo ficar parado por muito tempo.

E agora seja o que for que o destino ou a experiência venha a me apresentar — lá estará o viandante e o escalador: no fim das contas, só se vive apenas a própria experiência.

Ficou no passado o tempo em que acasos me podiam acontecer; e o que ainda podia vir até mim que já não fosse meu?

Meu eu está retornando, está somente voltando para mim — e quanto de meu eu há muito tinha estado em terras estranhas e disperso entre todas as coisas e acasos.

E uma coisa eu sei: estou agora diante de minha última cimeira e diante da ação que mantive adiada por mais tempo. Ai de mim, que tenho que subir pelo caminho mais difícil! Ah, iniciei a minha caminhada mais solitária!

Quem, entretanto, evita enfrentar uma hora como esta não é da mesma natureza que sou: a hora que me diz: "Só agora percorres teu caminho de grandeza! Cimeira e abismo — agora se fundiram numa coisa só!

Estás trilhando teu caminho de grandeza: agora aquilo que outrora foi chamado de teu perigo derradeiro torna-se teu refúgio derradeiro!

Estás trilhando teu caminho de grandeza: agora ele deve reunir toda a tua coragem porque não há mais caminho atrás de ti!

Estás trilhando teu caminho de grandeza: ninguém mais irá segui-lo daqui em diante! Teu próprio pé apagou os teus rastros, e mais acima do caminho está escrito: 'impossibilidade'.

E se mais adiante te faltarem degraus para subir, deves saber como trepar acima de tua cabeça: senão como irias subir?

Acima de tua cabeça e além de teu próprio coração! Agora a parte que há de mais delicada em ti tem que se endurecer.

Aquele que se conserva indulgente ao máximo acaba por adoecer de sua própria indulgência. Bendito seja aquilo que dificulta! Não louvo a terra por onde escorrem — a manteiga e o mel!

Para ver *mais*, é necessário aprender a *olhar para além* de si próprio — cada escalador precisa dessa dureza.

Como quem busca o conhecimento com olhos inconvenientes, pode ver além do que está no primeiro plano?

Entretanto tu, Zaratustra, quando todas as coisas foram acontecendo, as quiseste ver da base ao fundo: para tanto tiveste que ascender sobre si e ir além até que as estrelas ficassem *abaixo* de ti!

Sim! Para olhar para baixo sobre mim mesmo e para cima sobre minhas estrelas: a isto posso chamar de minha *cimeira*, que permaneceu para mim como minha *última* cimeira! —"

Assim falou Zaratustra para si mesmo enquanto estava em ascensão, ao confortar seu coração com máximas duras: porque seu coração estava ferido como nunca estivera antes. E quando chegou à altura do cume da montanha, eis que à sua frente estava espalhado o outro mar: e lá ficou parado e em silêncio por um longo tempo. Mas naquela altitude a noite estava fria, clara e estrelada.

Sei qual é o meu destino, disse ele afinal com tristeza. Muito bem! Estou pronto. Assim começa a minha última solidão.

Ah, que mar negro e triste abaixo de mim! Ah, este aborrecimento à noite! Ah, destino e mar! Faz-se necessário que eu agora *desça* para vós!

Eis-me diante de minha montanha mais alta e da mais longa viagem: por isso, preciso descer primeiro mais abaixo do que jamais desci.

— Mais fundo na dor do que jamais fui, até a sua mais negra profundidade! Assim o quer meu destino. Pois bem, estou pronto.

"De onde vêm as montanhas mais altas?", uma vez me perguntei. Aprendi então que elas vêm dos mares.

O testemunho disso está escrito em suas rochas e nos flancos de suas cimeiras. As mais altas altitudes são atingidas a partir das maiores profundidades. —

Assim falou Zaratustra na cimeira da montanha, onde estava frio; mas quando ele chegou perto do mar, depois de ficar sozinho algum tempo junto aos rochedos, viu que se sentia cansado e melancólico da mesma maneira que se sentia antes.

Tudo ainda está dormindo, agora, disse ele; ainda dorme até o mar. O seu olho semiadormecido me olha de um modo estranho.

Mas sua respiração é morna; eu a sinto. E sinto também que sonha. Vagueia o olhar sonhador e estremece sobre almofadas duras.

Ouve! Ouve! Seus gemidos agitados por más recordações! Ou será por más expectativas?

Ah, estou triste contigo, monstro escuro, e com raiva de mim mesmo por tua causa.

Ah, minha mão não tem força suficiente! Em verdade, eu gostaria muito de acordar-te de teus sonhos maus! —

E assim falou Zaratustra, que riu de si mesmo com melancolia e amargura. "O quê, Zaratustra! disse ele para ele mesmo; queres cantar para consolar até mesmo o mar?

Ah, Zaratustra, louco amoroso excessivamente confiante de que serás abençoado! Mas é assim que tens sido sempre: sempre tens te acercado com confiança de tudo o que é terrível.

Cada monstro que vias, tu tinhas o desejo de acariciar. Uma lufada de ar quente, um tufo do pelo macio de sua pata — e logo estavas pronto para amá-los e atraí-los.

O *amor* é um perigo para os mais solitários, o amor a todas as coisas porque *somente estão vivas!* É risível a minha loucura e minha modéstia no amor!" —

Assim falou Zaratustra, e riu mais alto: mas pensou nos amigos que tinha abandonado — e como se com seus pensamentos pudesse ter feito alguma coisa de mal para eles, ficou zangado com o que pensava. De repente aconteceu que seu riso se transformou em pranto — e Zaratustra chorou amargamente de raiva e de melancolia.

Da visão e do enigma

1

Logo que se espalhou entre os marinheiros que Zaratustra estava no navio — pois um homem vindo das Ilhas Bem-aventuradas subira com ele a bordo — houve grande curiosidade e expectativa. Mas Zaratustra se manteve em silêncio durante dois dias, frio e mudo de tristeza, e por isso não respondia às perguntas que lhe eram feitas. Mas na noite do segundo dia ele fez com que seus ouvidos se abrissem outra vez, embora ainda se mantivesse em silêncio: posto que houvesse muitas coisas estranhas e perigosas a ouvir nesse navio que de longe viera e que ainda iria mais longe. Zaratustra, entretanto, fazia-se amigo de todos aqueles que faziam viagens longas e não gostavam de viver sem perigo. E eis que as coisas que ouviu soltaram sua língua e quebraram o gelo de seu coração: — então começou a falar assim:

A vós, aventureiros venturosos e corajosos e a quem mais tenha embarcado e manejado velas da astúcia sobre mares terríveis, —

a vós que estais embriagados por enigmas, apreciadores do crepúsculo e cuja alma é atraída por flautas aos desfiladeiros traiçoeiros:

— pois não quereis acompanhar covardemente com a mão uma corda que vos guie; até onde podeis *adivinhar* e até onde detestais *imaginar* —

a vós somente posso dizer o enigma que *vi* — a visão do maior solitário de todos. —

Recentemente, ao crepúsculo pálido caminhei como um cadáver — sombrio e rígido com os lábios comprimidos. Não era apenas um sol que havia se posto para mim.

Um caminho que subia desafiador por entre os pedregulhos, um caminho do mal, solitário, onde nem erva nem qualquer arbusto crescia: um caminho montanhoso que rangia sob a ousadia dos meus pés.

Silenciosos sob o ranger desdenhoso dos seixos, pisando os cascalhos que se deixavam rolar, assim fizeram meus pés para subir.

Para cima — apesar do desafio do espírito que os atraía para baixo, em direção ao abismo, para o Espírito da Gravidade, meu diabo e arqui-inimigo.

Para cima — muito embora ele estivesse empoleirado sobre mim, meio-anão, meio-toupeira; coxo, capenga; soltando chumbo em meus ouvidos, e destilando gotas de chumbo nos pensamentos em minha cabeça.

"Ó Zaratustra", ele sussurrou sarcástico sílaba por sílaba, "tu, ó pedra de sabedoria! Tu te lançaste bem para o alto, — mas toda a pedra que é atirada para cima — deve cair!

Ó Zaratustra, pedra de sabedoria, pedra de funda, destruidor de estrelas! Tu te lançaste bem para o alto, mas toda a pedra que é atirada para cima — deve cair!

Condenado por ti mesmo e por tua própria lapidação: ó Zaratustra, de fato atirastes tua pedra bem longe — mas ela irá cair de volta sobre *ti*!"

E por fim o anão calou-se e continuou mudo por bastante tempo. Seu silêncio, porém, me tornou oprimido; e estar assim em companhia de outra pessoa é mais solitário do que estar sozinho!

Eu subi, subi, sonhei e pensei, mas tudo me oprimiu. Senti-me como uma pessoa doente, cansada da tortura de seu tormento e que um sonho ainda pior desperta seu sono. —

Mas há algo dentro de mim que chamo de coragem: o que até agora havia morto todos os meus desânimos. Essa coragem me mandou que eu parasse e dissesse: "Anão! Ou tu, ou eu!" —

A coragem é o melhor matador — a coragem que *ataca*: pois em cada ataque há um som de triunfo.

Mas o homem é o animal mais corajoso: teve que superar todos os animais. Com som de triunfo tem que superar toda a dor, a dor humana que, entretanto, é a dor mais profunda.

A coragem mata também a vertigem ante os abismos: e onde o homem não estaria ante os abismos? O próprio enxergar — não é enxergar abismos?

A coragem é o melhor matador: a coragem mata a compaixão. Mas a compaixão é o abismo mais profundo: tão profundo quanto o homem vê a vida, por dentro, e tão mais fundo ele a olha, mais sofrimento ele vê.

A coragem, entretanto, é o melhor matador, mata até a própria morte, pois diz: "A vida era *isto*? Pois muito bem! Vamos começar de novo!"

Mas em tal discurso há um grande som de triunfo. Que o ouça aquele que tem ouvidos de ouvir. —

2

"Para, anão!", falei. "Ou tu ou eu! Mas sou o mais forte dos dois — não conheces meu pensamento abismal! *Esse* — não irás suportar!

Então aconteceu algo que me fez mais leve: o anão intrometido pulou fora de meu ombro! E se acocorou sobre uma pedra na minha frente. Justo no lugar onde havia uma passagem.

"Vê este portal, anão!" — continuei — "Ele tem duas faces. Dois caminhos se juntam aqui: ninguém ainda os seguiu até o fim.

Esta alameda longa, para trás, dura até a eternidade. E aquela longa alameda à nossa frente — é outra eternidade.

Os caminhos se contradizem um ao outro; batem a cabeça um no outro: e é aqui neste portal que se encontram. O nome do portão está escrito acima: 'Momento'.

E se continuássemos a segui-los ainda mais — cada vez mais e ainda mais, achas, anão, que tais caminhos continuariam eternamente a se contradizer?" —

"Tudo que está em linha reta mente"; murmurou com desdém o anão. "Toda verdade é torta, o próprio tempo é um círculo."

"Espírito da Gravidade", falei eu, zangado, "não trates disso de modo tão simples! ou irei deixar-te aí acocorado onde estás, seu coxo — eu que te carreguei para o *alto*.

Olha este momento!"— continuei — "A partir deste portal chamado Momento, para *trás*, há uma larga e eterna alameda; e, às nossas costas, está a eternidade.

Será que as coisas que *podem* correr já não devem ter percorrido esse mesmo caminho? Todas as coisas que podem acontecer já não devem *ter* acontecido, passado e ido embora?

E se tudo isso já existiu: o que é que pensas deste momento, anão? Não deve este portal também ter existido?

E todas as coisas não estão próximas, unidas de tal forma que este momento puxa para si todas as coisas que estão por vir? E *também* — a si próprio?

Porque todas as coisas que *podem* correr *deverão* também percorrer ainda uma vez — esta longa viela *que vai para frente*.

E esta aranha lenta que rasteja ao luar, o próprio luar, e eu e tu aqui neste portal cochichando entre nós, sussurrando palavras eternas — não existíamos aqui antes? — e não deveríamos voltar e correr pela outra alameda que está diante de nós, aquela longa e estranha alameda — não deveríamos voltar eternamente?"—

Então, eu falava, e sempre de modo mais suave, porque eu estava com medo dos meus próprios pensamentos e segundas intenções. Então, de repente, ouvi, bem próximo, um cão *uivar*.

Já não tinha ouvido um cão uivar daquela maneira? Meus pensamentos retrocederam. Sim! Quando eu era criança, na minha mais remota infância:

— ouvi um cão uivar daquela maneira. E olhei, também, o seu pelo eriçado, a cabeça levantada, tremendo no silêncio da meia-noite, quando até mesmo os cães acreditam em fantasmas.

— assim foi que tive compaixão dele. Porque a lua cheia acabara de despontar sobre a casa silenciosa como a morte, só que parou com seu brilho redondo sobre o telhado plano — como parasse em propriedade alheia. —

— por causa disso o cão se assustou: pois os cães acreditam em ladrões e fantasmas. E quando ouvi o uivo outra vez, mais uma vez senti a mesma compaixão.

Onde estava agora o anão? E o portal? E a aranha? E todos os sussurros? Estaria eu sonhando? E eu acordei? Eu estava sozinho entre escarpas selvagens, de repente, triste sob o mais desolado luar.

Mas lá havia um homem! Se havia! E lá o cão pulava ganindo e com o pelo eriçado, — ele me viu chegar — e uivou outra vez e então ele *gritou* — já teria eu alguma vez ouvido um cão gritar assim por socorro?

Em verdade, o que eu vi nunca vira antes. Vi um jovem pastor contorcendo-se, sufocando-se e tremendo, com um semblante distorcido; e uma enorme serpente negra saindo de sua boca.

Terei visto tanta repugnância e horror num semblante tão pálido como aquele? Será que ele havia dormido? Então a serpente entrou por sua garganta — havia sido mordido tão rápido!

Minhas mãos haviam puxado e puxado a serpente — em vão! Não arrancaram a serpente da garganta do pastor. Então uma voz gritou para mim: "Morda! Morda!

Morda e arranque a cabeça dela! Morda!" — assim gritou meu grito para fora de mim, assim o meu horror, meu ódio, minha repulsa, minha compaixão, todo o meu bem e meu mal gritaram em uníssono de dentro de mim.

Vós, homens corajosos que estão à minha volta, e vós que embarcastes e manejastes velas da astúcia sobre mares ainda por descobrir! Vós que apreciais os enigmas!

Decifrai, pois, para mim, o enigma que vi, interpretai para mim a visão do homem mais solitário!

Pois que ela era uma visão e uma premonição: *o que* foi que vi lá atrás em forma de parábola? E *quem* é aquele que deve vir um dia?

Quem? É o pastor para cuja garganta a serpente rastejou? *Quem* é o homem para cuja garganta irá rastejar tudo o que é mais pesado e negro?

Entretanto, o pastor mordeu como meu grito o aconselhou; deu uma boa mordida! Cuspiu para longe a cabeça da serpente — e levantou-se de um salto. —

Não mais um pastor, não mais um homem — era um ser transfigurado que *ria* circundado pela luz! Nunca na Terra riu um homem como ele riu!

Ó meus irmãos, ouvi uma risada que não era humana — e, agora, uma sede me consome, um anseio que não se dissipa.

Meu anseio por tal riso me consome: oh, como ainda suporto viver! E como suportaria morrer agora! —

Assim falou Zaratustra.

A bem-aventurança involuntária

Com tais enigmas e amarguras em seu coração, Zaratustra fez-se ao mar. Mas depois de quatro dias de viagem, longe das Ilhas da Bem-aventurança e de seus amigos, já havia conseguido superar toda a sua dor; — triunfante e com passos firmes, voltou a aceitar seu destino. E então Zaratustra falou o seguinte à sua consciência exultante:

Mas estou sozinho mais uma vez e é assim que quero estar, sozinho com o céu puro e o mar aberto; e a tarde novamente me envolve.

Foi durante a tarde de outrora que encontrei meus amigos pela primeira vez, e foi também durante a tarde que os encontrei pela segunda vez — na hora em que todas as luzes são silenciosas.

Porque o que ainda resta para chegar da felicidade entre o céu e a terra, agora busca abrigo numa alma iluminada: *de felicidade*, todas as luzes agora se tornaram mais brandas.

Ó tarde de minha vida! Uma vez a *minha* felicidade também desceu ao vale para procurar um alojamento: lá encontrou estas almas abertas e hospitaleiras.

Ó tarde de minha vida! O que não dei para ser apenas uma coisa: esta plantação viva de pensamentos e esta luz da manhã de minha mais elevada esperança!

Companheiros, uma vez procurava o criador pelos filhos de *sua* esperança: e eis que se descobriu que ele não poderia encontrá-los a não ser que os criasse primeiro.

Assim estou eu no meio de meu trabalho partindo em busca de meus filhos e voltando deles: para o bem de seus filhos deve Zaratustra se aperfeiçoar.

Porque fundamentalmente só se ama o próprio filho como planta que cresce; quando o amor é verdadeiro em si próprio, isto é sinal de gravidez: foi disso que me dei conta.

Meus filhos ainda estão verdes em sua primeira primavera, bem próximos e tremulando ao sabor dos ventos como as árvores de meu jardim em seu ótimo solo.

E, em verdade, onde tais árvores estão crescendo uma ao lado da outra, aí *estão* ilhas de bem-aventurança!

Um dia irei levá-las pela raiz e plantá-las cada uma delas em seu próprio terreno para que aprendam a solidão, o desafio e a prudência.

E cada qual irá ficar a beira-mar cheia de nós e retorcida, resistente e flexível, qual farol vivo da vida invencível.

Quando as tempestades correm para dentro do mar e a tromba da montanha bebe água, lá, cada um desses meus filhos terá o seu dia e noite de vigília, para *sua* prova e conhecimento de si mesmo.

Cada um será submetido à prova e ao reconhecimento para ver se é de minha natureza e origem — se é senhor de vontade duradoura, silenciosa até quando fale, e ao se dar força de tal forma que *receba* enquanto dá —

— para que se possa saber se um dia se tornará meu companheiro e compartilhará com Zaratustra a criação e o júbilo — como alguém que escreva minha vontade na minha tábua: para a maior perfeição de todas as coisas.

E por amor dele e de seus pares, devo *me* aperfeiçoar: por isso, agora, evito minha felicidade e me ofereço à toda infelicidade — para a *minha* prova final e conhecimento.

E em verdade, era a hora de ir-me; e a sombra do viandante, sua mais longa permanência e a hora mais silenciosa — me disseram: "Está mais do que na hora!"

O vento soprava em mim pelo buraco da fechadura e me dizia: "Vem!" A porta escancarou-se e falou: "Vai!"

Mas eu estava acorrentado ao amor pelos meus filhos: o desejo do amor colocou uma armadilha para mim e me tornou vítima de meus filhos e me perdi por eles.

Desejar — isto significa agora para mim: ter me perdido. *Eu vos tenho meus filhos!* Nesse ter, tudo deve ser certeza e desejo de nada ter.

Mas o sol fértil do meu amor me consumia lentamente, Zaratustra fervia em seu próprio fogo — e as sombras e as dúvidas passaram voando sobre mim.

Eu já desejava a geada e o frio do inverno: "Oh, que o frio e o inverno me façam outra vez estalar e ranger os dentes!", suspirava: — uma névoa gelada surgiu em mim.

Meu passado rompeu suas sepulturas e algumas das dores enterradas vivas despertaram; — apenas haviam adormecido, guardadas em mortalhas funestas.

Assim, por símbolos, tudo me dizia: "É chegada a hora!" — Mas eu — não ouvia: até que finalmente meu abismo foi tocado e eu fui mordido por meu pensamento.

Ah, pensamento abismal, tu és *meu* pensamento! Quando é que irei encontrar as forças para ouvir-te cavar e não mais tremer?

Meu coração salta por minha garganta quando te ouço a cavar! Mesmo silencioso tu ameaças sufocar-me, ó silêncio abismal!

Eu nunca sequer me atrevi a chamá-lo aqui para *cima*: já foi suficiente carregá-lo comigo! Ainda não consegui ser forte o bastante para a última devassidão e audácia do leão.

Chega dos horrores de teu peso sempre a me amedrontar: um dia ainda encontrarei a força e a voz do leão para chamá-lo cá para cima.

Depois de superar isto em mim, hei de querer superar em mim também algo maior; e uma *vitória* estará selando minha perfeição! —

Enquanto isso não chega, vou fazendo mares incertos; o acaso me lisonjeia com línguas suaves; olho para frente e para trás — mas não vejo o fim.

A hora de minha última luta ainda não chegou ou será que talvez já tenha chegado? Em verdade, com a beleza insidiosa ao meu redor, o mar e a vida me rodeiam!

Ó tarde de minha vida! Ó ventura da véspera! Ó porto em alto mar! Ó paz na incerteza! Ó que eu não confio em vós todos!

Em verdade, suspeitoso sou de vossa beleza insidiosa! Sou como o amante que desconfia de sorrisos demasiadamente largos.

Tal como o ciumento repele a pessoa amada, terno até mesmo em sua dureza, — assim também eu repilo esta hora bem-aventurada.

Vá embora, hora bem-aventurada! Contigo veio também a mim uma bem-aventurança involuntária! Estou aqui à disposição da mais profunda tristeza — chegaste na hora errada!

Vá embora, hora bem-aventurada! Vá se albergar acolá — com meus filhos! Depressa! E abençoa-os, antes que anoiteça, com a *minha* ventura!

A noite já se aproxima: o sol se põe. Lá se foi — minha ventura! —

Assim falou Zaratustra. E esperou a noite toda por sua desventura: mas esperou em vão. A noite estava clara e calma e a felicidade chegou cada vez mais perto dele. Pela manhã, entretanto, Zaratustra riu para o seu coração e disse ironicamente: "A felicidade corre atrás de mim. Isto é porque eu não corro atrás de mulheres. A felicidade, entretanto, é uma mulher."

Antes do nascer do sol

Ó céu sobre mim! Ó puro céu profundo! Abismo de luz! Estremeço com desejos divinos só de te olhar.

Lançar-me à tua altura — esta é a *minha* profundidade! Esconder-me em tua pureza — esta é a *minha* inocência!

Deus está escondido na sua beleza da mesma maneira que tu escondes as tuas estrelas. Não falas: *assim* anuncias-me a tua sabedoria.

Em silêncio sobre o mar revolto hoje tu nasceste para mim; teu amor e tua modéstia fazem uma revelação à minha alma revolta.

Assim tu vieste para mim, lindo, velado em tua beleza; assim falaste mudo para mim, evidente em tua sabedoria:

Oh, como eu não adivinharia toda a modéstia de tua alma! Vieste para mim *antes* do sol, para mim — o mais solitário dos homens.

Temos sido amigos desde o começo: temos em comum o pesar, o horror e a profundeza; até mesmo o sol é comum a nós.

Não falamos um com o outro porque sabemos demais —: mantemo-nos em silêncio e repassamos nosso conhecimento através do sorriso.

Não és tu a luz de meu fogo? Porventura não é a tua alma irmã da minha inspiração?

Juntos, aprendemos, tudo; juntos aprendemos sobre nós mesmos e para nós mesmos como ascender a um sorriso sem nuvens. —

— sorriso sem nuvens que desce com olhos brilhantes e vem de muito longe quando está sob nós a compulsão, finalidade e um fluxo de culpa que escorrem como chuva.

E quando eu viajava sozinho, *de quê* minha alma tinha fome à noite em caminhos labirínticos? E quando eu escalava montanhas, *quem* eu sempre procurava se não a ti, sobre as montanhas?

Todas as minhas viagens e escaladas: eram mera necessidade e um recurso de emergência: — apenas *voar*, quer a minha vontade inteira, voar até onde *tu* estás!

E o que é que eu odiava mais do que o passar das nuvens e de tudo o que te mancha? Odiei até mesmo meu próprio ódio, porque ele te manchava!

Detesto nuvens que passam, esses gatos furtivos e de rapina: eles levam de ti e de mim o que é comum a nós — o grande e ilimitado poder de dizer Sim e Amém.

A nós nos desagradam mediadores e misturadores como esses, — essas nuvens que passam: os "nem de lá nem de cá" que não aprenderam a abençoar nem a maldizer com xingamentos.

Ainda prefiro ficar sentado num caixote sob um céu fechado ou num abismo sem céu algum do que ver a ti, céu luminoso, manchado pelas nuvens que passam!

Muitas vezes, desejei trespassá-las com os fios de ouro dos raios para que eu nelas batesse, como a percussão de um trovão, na caldeira de seu ventre. —

— um percursionista zangado, porque elas me roubaram o teu Sim e o teu Amém! Ó céu que estás sobre mim, céu puro! Tu, céu luminoso! Tu, abismo de luz! — porque elas me roubaram o *meu* Sim e Amém.

Porque prefiro o troar, o barulho do trovão e as maldições da tempestade do que esta acautelada tranquilidade do repousar felino; e também a dos homens, pois que odeio aqueles de andar tímido pé ante pé que são ambíguos e incertos como as hesitantes nuvens que passam.

E "quem não pode abençoar que *aprenda* a maldizer!" — este claro aprendizado caiu sobre mim de um céu brilhante; esta ainda é a minha estrela nas noites escuras do meu céu.

Eu, entretanto, sou aquele que abençoa e diz Sim, contanto que estejas sobre mim, céu puro e luminoso! Tu, abismo de luz! — e para todos os abismos levo o meu sagrado Sim.

Tornei-me aquele que abençoa e diz Sim; e por isso me esforcei muito: para ser um lutador que algum dia chegasse a ter as mãos livres para abençoar.

Mas, entretanto, esta é a minha bênção: estar acima de tudo como se fosse o seu próprio céu com seu teto abobadado, sua redoma azul e segurança eterna: e feliz é aquele que assim abençoa!

Porque todas as coisas são batizadas na fonte da eternidade e além do bem e do mal; e o bem e o mal, entretanto, são apenas sombras entremeadas, úmidas aflições e nuvens que passam.

Em verdade, é uma bênção e não uma blasfêmia quando ensino: "acima de todas as coisas está o céu do acaso, o céu da inocência, o céu sem perigo, o céu da devassidão."

Por acaso — esta é a mais antiga nobreza do mundo que eu restituí a todas as coisas; libertei-as da escravidão sem fim.

Essa serenidade e liberdade celestial foram colocadas por mim acima de todas as coisas como uma cúpula azul ao ensinar que sobre elas e através delas nenhuma "vontade eterna" tem querer.

Essa devassidão e essa loucura foram colocadas por mim no lugar dessa vontade ao ensinar: "há uma coisa impossível em tudo — a racionalidade!"

Um *pouco* de razão é, de fato, um germe de sabedoria disperso de estrela para estrela — é um fermento que se mistura a todas as coisas: por causa da loucura, a sabedoria é misturada a todas as coisas!

Um pouco de sabedoria é realmente possível: mas tal segurança abençoada eu encontrei em todas as coisas: pois que elas preferem com os pés do acaso — *dançar*.

Ó céu acima de mim, céu puro, céu alto! Tua pureza para mim agora consiste em saber que em ti não existe nenhuma eterna aranha da razão e tampouco nenhuma teia de aranha da razão: —

— e que és para mim um salão de baile para os acasos divinos, que és para mim uma mesa dos deuses para dados e jogadores de dados divinos!

Mas enrubesces? Falei-te eu coisa indizível? Eu te maldisse quando queria abençoar-te?

Ou será a vergonha de estarmos a dois juntos que te faz corar? Estás a me mandar embora e ficar em silêncio porque agora vem o *dia*?

O mundo é profundo —: mais profundo do que acho que o dia pensa! Não é tudo que se pode falar diante do dia. Mas o dia está chegando: devemos então nos separar!

Ó céu que estás sobre mim, tu céu modesto e brilhante! Tu, minha felicidade antes do nascente! Mas chega o dia: então vamos nos separar! —

Assim falou Zaratustra.

Da virtude que se amesquinha

1

Quando Zaratustra voltou ao continente não foi imediatamente para a sua montanha e nem para a sua caverna, mas explorou muitos caminhos e levantou muitos questionamentos para verificar sobre isto e aquilo e falou para si mesmo brincando: "Eis um rio que se divide em muitos fluxos e volta à sua nascente!" Pois que desejava saber o que tinha acontecido entre *os homens* enquanto estivera fora: se eles haviam crescido ou se tornado menores. E ao ver uma fileira de casas novas, falou maravilhado:

O que significam essas casas? Em verdade, nenhuma grande alma as edificou como símbolo de si mesmas!

Será que foi alguma criança travessa quem as tirou de sua caixa de brinquedos? Pois que torne outra criança a colocá-las em sua caixa!

E essas salas e aposentos: será que os *homens* podem entrar e sair de lá? A mim parece que foram feitos para bonecas de seda; ou para glutões que provavelmente deixarão que outros comam com eles.

E Zaratustra parou e meditou. Por fim, falou com tristeza: "*Tudo* se apequenou!"

Por todo lugar vejo portas mais baixas: uma pessoa com *meu tipo* ainda pode passar através delas, mas — precisa se abaixar!

Oh, quando voltarei para minha terra onde não preciso ter que me abaixar — abaixar-me diante de *homens pequenos*!" E Zaratustra suspirou e olhou para longe. —

Entretanto, naquele mesmo dia, ele proferiu seu discurso sobre a virtude que amesquinha.

2

Ando entre essas pessoas de olhos bem abertos: elas não me perdoam por não ter inveja de suas virtudes.

Elas quase me mordem quando lhes digo: "Pessoas pequenas necessitam de virtudes pequenas" — e para mim é difícil entender que as pessoas pequenas sejam *necessárias*!

Aqui estou como um galo em fazendas estranhas, bicado até pelas galinhas; mas nem por isso tenho raiva dessas galinhas.

Sou delicado para com elas assim como para com todo pequeno aborrecimento; ser espinhoso com pequenas coisas me parece sabedoria para ouriços.

Todos falam de mim quando eles se sentam em torno do fogo à noite — falam de mim, mas ninguém pensa em mim!

Esse foi o novo silêncio que aprendi: o seu ruído em torno de mim estende um manto sobre meus pensamentos.

Eles gritam uns com os outros: "O que esta nuvem escura quer conosco? Tomara que não nos traga alguma peste!"

Há pouco tempo uma mulher puxou de volta seu filho que estava vindo a mim: "Afastai-vos da criança!", gritou ela, "olhos como esses queimam as almas das crianças."

Elas tossem quando eu falo: eles acham que a tosse é uma objeção aos ventos fortes — não têm ideia do rugido de minha felicidade!

"Ainda não temos tempo para Zaratustra" — objetam; mas o que é um tempo que "não tem tempo" para Zaratustra?

E se me louvassem: como poderia eu adormecer em *seu* estado de graça? Sua louvação é como um cinto de espinhos que me arranha a pele mesmo quando o tiro de mim.

E entre eles aprendi também o seguinte: as honras acabam depois que se é honrado, na verdade, entretanto, se quer receber mais!

Pergunte a meu pé se lhe agrada ser elogiado ou louvado! Em verdade, nesse ritmo compassado ele não quer dançar nem ficar parado.

Com elogios, eles querem me atrair para a sua pequena virtude: gostariam de convencer o meu pé a dançar ao ritmo compassado de sua pequena felicidade.

Passo por entre esses homens com meus olhos bem abertos: eles se *amesquinharam* e se tornaram ainda menores: *e a causa disto é a sua doutrina da felicidade e da virtude.*

Posto que sejam moderados até mesmo na virtude — porque querem o bem-estar. E somente uma virtude modesta é compatível com o bem-estar.

Provavelmente eles até aprendem a andar a seu modo e assim dar um passo adiante. Mas chamo isso de *capengar*. Desse modo tornam-se um obstáculo àqueles que têm pressa.

E muitos deles vão para frente e, ao mesmo tempo, olham para trás com o pescoço duro: são aqueles em que gosto de dar um encontrão.

O pé e o olho não deveriam mentir nem desmentir outras mentiras. Mas há um monte de mentirosos entre as pessoas pequenas.

Algumas delas *querem*, mas a maioria é *querida*. Algumas são sinceras, mas a maioria é constituída de maus atores.

Entre elas há atores sem o saber e atores sem o querer — os sinceros são sempre raros, principalmente os atores de verdade.

Por aqui os homens são escassos: por causa disso, suas mulheres se masculinizam. Por que somente aquele que é homem o suficiente irá *salvar* na mulher — *a mulher*.

Encontrei a pior hipocrisia entre eles: aqueles que comandam fingem ter as virtudes dos que obedecem.

"Eu sirvo, tu serves, nós servimos" — portanto, aqui também reza a hipocrisia dos governantes — e vejam só, quando *somente* o primeiro amo não é mais do que o primeiro servo!

Ah, provavelmente a curiosidade de meu olhar despareceu das suas hipocrisias; e adivinhei bem a felicidade de moscas e seu zumbir em torno das vidraças banhadas pelo sol.

Vejo tanta fraqueza e tanta bondade. Tanta fraqueza, tanta justiça e compaixão.

São francos, justos e atenciosos uns para com os outros como os grãos de areia são francos, justos e atenciosos para com outros grãos de areia.

Eles chamam de "submissão" o ato de abraçar com modéstia um pouco de felicidade! E, ao mesmo tempo, olham fixamente à procura de uma nova pequena felicidade!

Basicamente em sua simplicidade só desejam uma única coisa: que ninguém lhes faça mal. Por isso, procuram fazer o bem a todos.

Isto, no entanto, é *covardia*: embora signifique "virtude". —

E quando essas pessoas pequenas falam de maneira dura *eu* ouço apenas sua rouquidão — em verdade, cada rajada de vento as deixa mais roucas.

Perspicazes são eles e suas virtudes têm dedos astutos. Mas faltam-lhes os punhos, seus dedos não sabem como se esconder por detrás de punhos.

A virtude, para eles, é o que faz as pessoas modestas e dóceis: com ela fazem do lobo um cão, e, do homem, o melhor animal doméstico.

"Colocamos nossas cadeiras no *meio*" — é o que me dizem com um sorriso malicioso —, "distante igualmente dos guerreiros moribundos e dos suínos engraçados."

Entretanto, isto é — *mediocridade*: muito embora seja chamada de moderação. —

3

Eu passo por entre esse povo e deixo cair muitas palavras; mas eles não sabem nem como pegá-las nem como guardá-las.

Ficam surpresos porque eu não vim reclamar de seus vícios e luxúria; e, na verdade, também não vim para alertar ninguém sobre os batedores de carteiras!

Ficam surpresos por que eu não estou pronto para aguçar e amparar sua sabedoria: como se ainda não tivessem muitos sabichões cuja voz range em meus ouvidos como o giz na ardósia!

E quando eu grito: "Maldizei todos os diabos covardes dentro de vós que gostariam de lamentar-se, dobrar as mãos e rezar", eles gritam: "Zaratustra é ímpio."

E especialmente os que mais gritam são seus mestres da chamada submissão; e é em seus ouvidos que adoro gritar: Sim! *Sou* Zaratustra, o Ímpio!

Ó vós mestres da submissão! Onde quer que haja qualquer coisa pequena, doente e mesquinha, lá vão eles rastejando como piolhos; e somente meu nojo me impede de esmagá-los.

Pois bem! Este é o meu sermão para os *seus* ouvidos: Sou Zaratustra, o Ímpio, e digo: "Quem é mais ímpio do que eu, para que eu possa me alegrar com sua doutrinação?"

Sou Zaratustra, o Ímpio: onde é que encontrarei o meu semelhante? Todos os que dão a si próprios sua vontade e se desprendem de toda submissão são os meus semelhantes.

Sou Zaratustra, o Ímpio: na *minha* panela cozinho todos os acasos. E somente quando estão bem cozidos é que posso lhes dar as boas-vindas como *meu* alimento.

Em verdade, mais de um acaso me chegou de forma imperiosa: mas de forma mais imperiosa ainda respondeu-lhe minha *vontade* e ele caiu de joelhos, implorando —

— implorando a mim de modo adulador para que eu lhe desse abrigo e o afeto do meu coração: "Vê, Zaratustra, como um amigo vem a um amigo!"

Mas porque estou falando onde ninguém tem ouvidos como os *meus*! E assim vou gritar em todas as direções:

Ó povo pequeno, vós ireis vos tornar menores! A vossa desintegração tornar-vos-á desconfortáveis! Ainda acabareis por perecer —

— de vossas muito pequenas virtudes, de vosso pequeno número de omissões, de vossas muito pequenas submissões!

Demasiado mole e instável: tal é o estado de vosso solo! Mas uma árvore para tornar-se *alta* tem que bater com suas raízes em pedras duras!

Além disso, aquilo que vós omitistes tecerá o tecido de todo o futuro humano e o vosso nada é uma teia de aranha e uma teia de aranha que vive sobre o sangue do futuro.

E quando tomais algo, é como se fosse um roubo, ó pequenos virtuosos; até mesmo entre os velhacos, a *honra* diz: "Só se deve furtar onde não se pode roubar."

"Isto é dado" — também é uma doutrina de submissão. Mas vos digo, ó confortáveis: *isto se toma* e será tomado cada vez mais de vós!

Oh, se afastásseis de vós a *meia* vontade e se fosseis determinados tanto para a letargia como para a ação!

Oh, se compreendêsseis a minha palavra: "Afinal, fazei aquilo que tendes vontade — mas sejais antes como aqueles que *podem querer*!

"Amai sempre o próximo com a vós mesmos — mas antes sejais como aqueles que amam a *si próprios* —

— aqueles que amam com um grande amor, aqueles que amam com um grande desprezo!" Assim falou Zaratustra, o Ímpio. —

Mas porque estou falando onde ninguém tem ouvidos como os *meus*! Para mim estou aqui uma hora antes do que devia.

Sou o precursor de mim mesmo no meio desse povo, o meu próprio canto de galo em ruas escuras.

Mas a hora *dele* está chegando! E a minha também está chegando! De hora em hora eles se tornam menores, mais pobres, menos férteis — pobre erva! pobre solo!

Logo estarão diante de mim como capim seco e pradaria, e, de fato, cansados de si mesmos — e mais do que sedentos de fogo do que de água!

Ó hora abençoada de raios! Ó mistério antes do meio-dia! Que provoque incêndio, um dia vou fazê-lo, para que se alastre e se anuncie com línguas de fogo —

— um dia se profetizarão como flamejantes línguas de fogo: vem aí, está perto a hora do *grande meio-dia*!

Assim falou Zaratustra.

No Monte das Oliveiras

O inverno, o pior dos hóspedes, assentou-se em minha casa; minhas mãos estão roxas pelo aperto amistoso de sua mão.

Devo honrar o pior dos hóspedes, mas tenho prazer em deixá-lo sozinho. Gosto de me afastar para longe dele; e se puderes correr *bastante*, tu escaparás dele!

Com pés quentes e pensamentos quentes corro para acolá, onde o vento está parado — para o canto ensolarado do meu monte das oliveiras.

Lá dou risada de meu estrito hóspede, porém sou afeiçoado a ele que me espanta as moscas e silencia muitos barulhos da minha casa.

Pois ele não permite nem mesmo o zumbir de um mosquito, quem dirá de dois; e torna as ruas solitárias de tal forma que até a luz da lua tem medo de iluminá-las à noite.

Ele é um hóspede rígido — mas eu o honro e não rezo para o barrigudo ídolo do fogo como fazem os mais sensíveis.

É melhor bater um pouco os dentes de frio do que adorar a um ídolo! — assim o que quer a minha natureza. E especialmente detesto todos os ídolos do fogo sensuais, fumegantes e obsoletos.

Aquele a quem amo, amo-o melhor no inverno do que no verão. Melhor é rir de meus inimigos agora que o inverno assentou-se em minha casa com mais força.

Em verdade, quando *sorrateiramente* me meto na cama — escondida, minha felicidade ri e se diverte: e até mesmo riem os meus sonhos mentirosos.

Eu um —, bajulador? Jamais em minha vida me curvei ou rastejei diante de um poderoso; e se alguma vez menti, menti por amor. Por este motivo sinto-me feliz na cama mesmo durante o inverno.

Uma cama humilde me aquece mais do que uma cama suntuosa, porque sou ciumento de minha pobreza. E durante o inverno é que ela me é mais fiel.

Com certa crueldade inicio cada dia e debocho do inverno com um banho frio: meu rigoroso hóspede resmunga por causa disso.

Gosto também de fazer-lhe cócegas com uma vela de cera: que ele deixe por fim o crepúsculo surgir no céu cinzento da madrugada.

Sou bastante cruel na parte da manhã: nas primeiras horas, quando o balde desce ao poço chiando e os cavalos relincham com entusiasmo pelas ruas cinzentas. —

Impaciente, então espero até que finalmente desponte a manhã e o céu clareie para mim, o velho céu do inverno com sua barba e seus cabelos brancos de neve —

— o céu do inverno, o silêncio que quase sempre esconde o sol!

Aprendi com ele mais do que o longo e luminoso silêncio? Ou terá ele aprendido de mim? Ou será que cada um de nós dois inventou isso?

A origem de todas as coisas boas é mil vezes maior — todas as coisas boas e arbitrárias saltam do prazer para a existência: como deveriam fazê-lo sempre — por uma única vez?

Uma coisa boa e maliciosa é também o longo silêncio e, com o céu do inverno, olhar com os olhos bem redondos no rosto luminoso —

— e como ele, esconder o seu dom próprio e a vontade solar inflexível: em verdade, aprendi *bem* essa arte e essa malícia do inverno!

Minha maldade e o amor às artes é isto, o que meu silêncio aprendeu para não trair a si mesmo pelo silêncio.

Com palavras e chacoalhando os dados para jogar, ludibrio os meus vigilantes solenes: devem a minha vontade e propósito desconcertar todos os vigias rigorosos.

Para que ninguém possa olhar mais fundo e perceber minha última vontade — inventei o silêncio longo e luminoso para mim.

Mas um astuto que encontrei mantinha o seu rosto velado e turvava sua água para que ninguém pudesse enxergar através dela o seu fundo.

Mas, logo até ele, foram ter os mais sagazes dos desconfiados e dos que gostam de quebrar nozes, e pescaram os peixes que ele mantinha bem escondidos!

Mas os luminosos, os honestos, os transparentes — esses são para mim os mais sagazes entre os silenciosos: sua profundidade é tão *profund*a que até mesmo a água mais límpida — não os pode trair. —

Tu céu de barbas de neve, tu céu de silencioso inverno, olhos redondos e cabelos brancos que te ergues sobre mim! Ó símbolo celestial de minha alma e de sua devassidão!

E não *deveria* eu me esconder como alguém que engoliu ouro — para que minha alma não fosse rasgada ao meio?

Não *deveria* eu usar andas para que minhas pernas longas *fossem ignoradas* — por esses lamentáveis invejosos que tenho à minha volta?

Como essas almas fumacentas, mofadas, gastas, azedadas — *poderiam* invejar minha felicidade?

Por isso só lhes mostro gelo e inverno em meus píncaros — e *não* que minha montanha também é cingida pelos ventos e a luz do sol.

Eles ouvem apenas o assobio dos ventos de minhas tempestades de inverno: e *não* sabem que eu também viajo com o mesmo anseio por mares cálidos com seu vento do quadrante sul lânguido, pesado e quente.

Eles sentem compaixão por minhas desventuras, e meus acasos — mas a *minha* palavra é: "Que venha a mim o acaso: ele é inocente como uma criança!"

Como *poderiam* suportar a minha felicidade se não coloquei em volta dela desventuras e privações de inverno, toucas de pele e um céu coberto por nuvens de neve!

— se eu próprio não sentisse pena da *compaixão* deles, da compaixão daqueles lamentáveis invejosos!

— se eu próprio não suspirasse e batesse meus dentes diante deles e de mim e, pacientemente, me *deixasse* envolver pela sua compaixão!

Esta é a graça e a benevolência sábia de minha alma: ela *não esconde* o seu inverno e as suas tempestades glaciais; e também não esconde suas frieiras.

A solidão de um é a fuga do doente: a solidão de *outro é* a fuga da doença.

Que me ouçam bater os dentes e suspirar diante do frio do inverno, esses pobres vesgos que estão à minha volta! É com este suspiro e bater de dentes que fujo de suas salas aquecidas.

Que possam sentir pena de mim e suspirar comigo por causa de minhas frieiras: "É o gelo do conhecimento que nos *congela até a morte*!"— é como eles se queixam.

Enquanto isso, eu corro com os pés quentes de lá para cá pelo meu monte das oliveiras: no canto ensolarado das minhas oliveiras eu canto e zombo de toda compaixão. —

Assim cantou Zaratustra.

Da passagem

Assim, passando lentamente por muitos povos e cidades espalhados por todas as fronteiras, com ansiedade, fez Zaratustra seu caminho de volta para sua montanha e sua caverna. E eis que assim chegou de surpresa ao portão de uma *grande cidade*; lá, entretanto, um louco com a boca espumante e com as mãos estendidas deu-lhe um chute e pulou em sua frente bloqueando sua passagem. Aquele era um louco a que o povo chamava de "Macaco de Zaratustra": pois aprendera a imitar, um pouco, a cadência de suas frases numa fala e talvez quisesse ter também pegado por empréstimo um pouco de sua sabedoria. Entretanto, o louco falou assim para Zaratustra:

"Ó Zaratustra, aqui está esta grande cidade: aqui não tens nada a procurar e tens tudo a perder.

Por que queres percorrer este atoleiro? Compadeces-te de teus pés! É melhor cuspir antes do portão da cidade e voltar para onde veio!

Aqui é o inferno para o pensamento dos eremitas: aqui os grandes pensamentos vão ao fogo, ainda vivos, e cozinham até se desmanchar aos pedaços.

Aqui todos os grandes sentimentos ficam podres: aqui somente os pequenos sentimentos secos chacoalham para serem ouvidos.

Já não sentes o cheiro dos matadouros e das barracas de comida do espírito? Esta cidade não exala o cheiro dos vapores do espírito sacrificado?

Não vês tu as almas que balançam dependuradas tal qual trapos sujos? E ainda transformam tais trapos em papel de jornal!

Não ouviste como aqui o espírito é usado como num jogo de palavras? E como se vomitam repulsivas intrigas verbais! — e tal intriga verbal é também transformada em jornal.

Atiçam-se uns aos outros sem saber contra o quê. Eles se aquecem uns nos outros sem saber por quê. Tilintam seu ouropel, tilintam com o seu ouro.

Sentem o frio e buscam calor nas bebidas destiladas; ficam inflamados e procuram a frieza em espíritos congelados; a opinião pública consome-os e os tornam todos febris e doentes.

Aqui toda a luxúria e todos os vícios ficam em casa; mas também há aqui os virtuosos e muitas virtudes hábeis. —

Muitas virtudes com dedos destros para escrever e traseiros endurecidos para esperar, sentadas e abençoadas por estrelas que lhe cobrem o peito e por filhas sem traseiro estufadas de enchimento.

Há também aqui muita devoção e muita saliva fiel a lamber os pés e a lisonjear o Deus das Hostes.

'Vindo lá de cima' caem estrelas cheias de graça feitas de saliva; e para o alto suspira cada peito sem estrelas.

A lua tem a sua corte, e a corte tem sua lua de bezerros; mas o povo mendicante e todas as virtudes hábeis mendicantes rezam em nome de tudo o que vem da corte.

'Eu sirvo, tu serves, nós servimos' — assim é que rezam ao príncipe todas as virtudes hábeis: para que a merecida estrela possa, finalmente, ser colocada no peito esquálido.

Mas a lua ainda gira em torno de tudo, porque é terrestre: e o príncipe também gira em torno das coisas terrestres, que é o ouro do merceeiro.

O Deus das Hostes não é o Deus das barras de ouro; o príncipe propõe e o merceeiro dispõe!

Por tudo o que é leve, forte e bom em ti, ó Zaratustra, cospe nesta cidade de merceeiros e volta atrás!

Aqui todo o sangue que corre através de todas as veias é putrefato, tépido e espumoso: cospe nesta grande cidade que é a grande lixeira onde toda a canalha espuma junta!

Cospe na cidade das almas destroçadas e dos peitos esquálidos, dos olhos vesgos e dos dedos pegajosos —

— a cidade dos inoportunos, dos descarados, dos fanfarrões da palavra falada e escrita, dos ambiciosos ferventes:

— onde tudo é carcomido, desacreditado, indecente, sombrio, podre, ulceroso, conjurado e corrompido: —

— cospe nesta grande cidade e volta atrás!" — —

Aqui, entretanto, Zaratustra interrompeu o louco que espumava e fez com que fechasse a boca:

"Pare com isso de uma vez!" — exclamou Zaratustra. — "Estou enojado faz tempo com a tua fala e o teu tipo!

Por que estás há tanto tempo no pântano que tu mesmo tiveste que te tornar sapo e rã?

Será que não corre agora em tuas veias um sangue putrefato e espumoso que te fez aprender a coaxar e a caçoar assim?

Por que não voltaste para a floresta? Ou foste arar a terra? O mar não está cheio de ilhas verdes?

Eu desprezo o teu desprezo; e já que me avisaste por que não te avisaste a ti mesmo?

Somente o amor é capaz de fazer com que meu desprezo voe nas asas de um pássaro; e não o pântano! —

Chamam-te a ti de meu macaco, tu, louco espumoso: mas eu te chamo de meu suíno grunhidor — e com grunhidos estás estragando até o meu elogio da loucura.

O que foi que te fez grunhir pela primeira vez? Será que ninguém o adulou o suficiente e foi por isso que te sentaste ao lado dessas imundícies para que tivesses justificativas para grunhir —

— para que tivesses motivo de muita *vingança*; que toda essa tua espuma, louco, é vingança! Bem que eu te adivinhei!

Mas a tua palavra *me* é prejudicial, mesmo quando estás certo! E se a palavra de Zaratustra *fosse* cem vezes correta, *tu* ainda assim iria *usá-la* de um modo errado.

Assim falou Zaratustra; e olhou para a grande cidade, suspirou e ficou um longo tempo em silêncio. Por fim falou assim:

Detesto também esta grande cidade, e não apenas esse louco, e ela me enoja. — Aqui não há nada que possa ser melhor ou nada que possa ser pior.

Aí esta grande cidade! — Gostaria de já poder ver a coluna de fogo na qual irá se consumir.

Estas colunas de fogo deverão preceder o grande meio-dia; mas ele próprio tem seu tempo e seu destino.

Ofereço a ti este preceito como despedida, ó louco: onde não se pode mais amar deve-se servir somente *de passagem*!" —

Assim falou Zaratustra e passou pelo louco e pela grande cidade.

Dos apóstatas

1

Ah, tudo o que recentemente era verde e colorido nesta campina agora está seco e cinzento! E quanto mel de esperança já levei daqui para a minha colmeia!

Todos esses corações juvenis já se tornaram velhos — e não só envelheceram! Ficaram cansados, comuns e acomodados; e ao serem chamados disseram: "voltamos a ser piedosos."

Há pouco tempo os vi correndo pela manhã bem cedo com pés valentes: mas os pés de seu conhecimento se cansaram logo e agora caluniam até mesmo o seu valor matinal!

Em verdade, mais de um entre eles levantou as pernas como um bailarino e a minha sabedoria lhe acenou com um sorriso: — e ele, porém mudou de ideia. Agora o vi curvado — para rastejar em direção à cruz

Para ascender à liberdade, uma vez, esvoaçaram como insetos e poetas jovens em volta da luz. Um pouco mais velhos e um pouco mais frios: sem sair mais de suas casas são agora enigmáticos, resmungões e mimados.

Será que seus corações se desesperaram porque a solidão me devorou como uma baleia? Seus ouvidos por acaso ficaram esperando *em vão* ouvir minha trombeta e meus chamados de arauto?

Ah! São apenas alguns cujo coração tem coragem e persistência; são também os únicos de espírito arrogante. O restante, tudo é covardia.

O resto: é sempre a maioria, a vida do cotidiano, o supérfluo, os muitos dentre os muitos — todos eles covardes. —

Quem é do meu tipo irá experimentar caminhos como os meus, de maneira que seus primeiros companheiros devem ser cadáveres e bufões.

Seus segundos companheiros, entretanto — serão chamados de seus devotos: um enxame animado cheio de amor, de loucura e de adoração juvenil.

Quem dentre os homens for do meu tipo não deverá ligar o seu coração a esses devotos; nessas primaveras e campinas multicores não deve acreditar aquele que conhece a natureza fraca da covardia humana!

Se *pudessem* fazer diferente, então *fariam* diferente. Os meios-termos estragam o todo. As folhas ficam murchas — o que há para reclamar?

Deixe-as cair e deixe-as ir, ó Zaratustra, e não reclame! É melhor que sejam sopradas por ventos sussurrantes —

— sopre essas folhas, ó Zaratustra: para que tudo o que esteja *murcho* afaste-se mais depressa de ti! —

2

"Temos que voltar a ser piedosos" — confessam os apóstatas; e alguns deles são covardes demais para confessar.

Miro-os nos olhos e lhes digo em suas caras que enrubescem: Sois vós aqueles que voltaram a *rezar*!

Mas rezar é uma vergonha! Não para todas as pessoas, mas para ti, para mim e para os que têm a sua consciência na cabeça. Para *ti,* rezar é uma vergonha.

Tu sabes muito bem: teu diabo covarde gostaria de juntar as mãos, cruzar os braços e levar uma vida mais fácil: — foi esse diabo covarde que falou a ti: "Deus *existe*!"

Por causa disso, entretanto, tu te tornaste um daqueles tementes a luz, a quem a luz nunca dá descanso; e agora, tens que enfiar diariamente a cabeça na obscuridade e no nevoeiro!

Em verdade, escolheste bem tua hora: porque os pássaros da noite tornaram a alçar voo. A hora chegou para todos os tementes da luz, a hora vésper, a hora do descanso quando — "não há descanso" para eles.

Ouço e sinto o seu cheiro: chegou a hora da sua caçada e procissão que não pretende ser uma caçada selvagem, mas sim uma caçada mansa, coxa, a fungar, andando de mansinho na ponta dos pés a murmurar preces —

— uma caçada em busca de beatos de almas sensíveis: foram preparadas, outra vez, todas as ratoeiras do coração! E quando eu abro uma cortina, sai de lá uma mariposa da noite.

Encolhida por lá, será que há lá outra mariposa? Porque em toda parte sinto o cheiro de pequenas comunidades escondidas; onde quer que haja pouco espaço é lá que há novos beatos e uma atmosfera beatificante.

Sentam-se para longas noites de conversa uns com os outros e dizem: "Voltemos a ser crianças, outra vez, e digamos 'bom Deus'!" — com as bocas e os estômagos estragados pelos confeiteiros devotos.

Ou ficam por longas noites à espreita de uma aranha que prega a prudência às próprias aranhas e ensina: "é bom tecer teias sob as cruzes!"

Ou se sentam todos os dias na beira dos pântanos com varas de pesca e por isso se julgam *profundos*; mas sequer posso chamar de superficiais àqueles que pescam onde não há peixes!

Ou aprendem a tocar harpa no estilo piedoso e alegre de um poeta lírico que de bom grado harpejaria os corações das jovens — pois já se cansou das mulheres velhas e de seus louvores.

Ou aprendem a arrepiar-se com um sábio meio louco que espera em quartos escuros que os espíritos venham ao seu encontro — enquanto o espírito vai embora de vez!

Ou ficam a ouvir um velho gaiteiro ambulante que com os ventos tristes aprendeu o som da tristeza de suas músicas; e que agora assobia como o vento e prega o lamento em notas lamentáveis.

E alguns deles até tornaram-se vigias noturnos: agora sabem como tocar suas cornetas e andar à noite acordando coisas antigas há muito adormecidas.

Ontem à noite ao lado do muro do jardim ouvi cinco palavras sobre antigas coisas: elas foram ditas por velhos vigias noturnos angustiados e ressequidos.

"Como pai, ele não cuida bem de seus filhos: pais humanos fazem isso bem melhor!" —

"Ele é muito velho! Já não cuida mais de seus filhos" — respondeu o outro vigia noturno.

"Mas *terá* ele algum filho? Ninguém pode prová-lo a não ser ele próprio! Faz muito tempo que eu desejo que ele prove isso definitivamente."

"Provar isso? Como se *ele* pudesse provar alguma coisa! Qualquer prova é difícil; ele faz grande questão que as pessoas *acreditem* nele."

"Sim, sim! A crença o faz feliz, a crença nele. Os velhos são assim! Portanto é assim que devemos ser também!"

Assim os dois vigias noturnos e espantalhos da luz falaram ao mesmo tempo e depois tocaram suas cornetas tristemente; isto aconteceu ontem à noite ao lado do muro do jardim.

Entretanto, meu coração contorceu-se de rir, quase se partiu e sem saber para onde ir mergulhou no diafragma.

Em verdade, ainda irei morrer dessa maneira, sufocado de rir ao ver burros bêbados e ouvir assim vigias noturnos duvidarem de Deus.

Não se passou *tanto tempo* para todas essas dúvidas? Quem pode acordar as coisas antigas apartadas da luz?

Há muito tempo que os velhos deuses chegaram ao fim — e em verdade, tiveram um bom e feliz fim divino!

Eles não passaram pelo "crepúsculo" para morrer — provavelmente isto é mentira! Em vez disso: eles se *mataram* de tanto rir!

Isto aconteceu quando a palavra mais ímpia foi pronunciada pelo próprio Deus: "Há um só Deus! Não terás outros deuses além de mim!" —

— Um Deus velho de barba cinzenta, ranzinza e ciumento que se esqueceu de si próprio: —

Então todos os Deuses se balançaram em seus tronos de tanto rir e gritaram: "Não se baseia precisamente a divindade na existência de deuses e não de um Deus só?"

Aquele que tem ouvidos para ouvir, que ouça. —

Assim falou Zaratustra na cidade que amava e que chamava de "Vaca Malhada". Dali em diante teria apenas mais dois dias de caminhada para voltar à sua caverna e seus animais; e sua alma se alegrou com a proximidade do momento de seu regresso. —

O regresso

Ó solidão! Você, *meu lar,* é minha solidão! Vivi muito tempo de maneira selvagem em terras selvagens para não regressar sem ter lágrimas para ti!

Agora, ameaça-me, pois, com teu dedo como as mães ameaçam, sorri para mim como as mães sorriem, e dize apenas: "E quem foi aquele que, numa ocasião, correu apressado como um vendaval e foi para longe de mim? —

— que ao ir embora, disse: 'vivi tempo demais na solidão e com isso desaprendi o silêncio!' E foi *isto* que aprendeste agora?

Ó Zaratustra! Sei tudo! Sei que tu te sentiste mais *abandonado* entre a multidão do que jamais te sentiste comigo!

Uma coisa é o abandono, outra é a solidão — *isto* tu acabas de aprender! E que serás sempre selvagem e estranho entre os homens:

— selvagem e estranho mesmo para os que te amam: porque acima de tudo eles desejam ser *perdoados.*

Mas agora estás aqui na tua casa e no teu lar; podes fazer qualquer coisa, derramar e falar todas as razões; aqui ninguém se envergonha de sentimentos endurecidos e ocultos.

Aqui, todas as coisas vêm carinhosamente à tua palavra e te são lisonjeiras: porque querem ser levadas em tuas costas. Estás montado em cada imagem, em cada verdade.

Aqui podes falar sobre todas as coisas de forma digna e honesta: e em verdade tudo o que alguém fala com honestidade soa em teus ouvidos como elogio.

Mas outra coisa é o abandono. Afinal, tu te lembras, Zaratustra, da ocasião em que tu estavas na floresta ao lado de um cadáver, indeciso e sem saber para onde ir e o teu pássaro cantou acima de ti —

— quando disseste: 'que os animais sejam meus guias! Sinto mais perigo entre homens do que entre animais' — *isso* era abandono!

E tu te lembras, Zaratustra, quando estavas em tua ilha, um poço de vinho entre baldes vazios, dando de beber aos sequiosos — até que por fim tu eras o único sequioso sozinho entre os bêbados na noite e lastimavas-te: 'a ventura maior não está em receber ao invés de dar? E maior ventura se torna ainda roubar ao invés de receber?' — *isso* era abandono!

E tu te lembras, Zaratustra, quando tua hora mais tranquila chegou e te arrancou de ti mesmo ao dizer num sussurro malévolo: 'fala e sucumbe!' —

— quando te cansou a tua espera e silêncio e te desaminou de tua humilde coragem: *isso* era abandono!" —

Ó solidão! Meu lar e minha solidão! Quão feliz e terna sua voz fala a mim!

Não nos questionamos mutuamente, não nos queixamos um ao outro, passamos juntos abertamente através de portas abertas.

Que em ti tudo é aberto e luminoso; e aqui até as horas correm mais leves em teus pés. Porque a escuridão é uma veste mais pesada sobre o tempo do que a luz.

Aqui, as palavras soltas e as palavras guardadas se abrem para mim: aqui o todo quer se tornar palavra, aqui o que está por vir quer através de mim aprender a falar.

Lá embaixo, entretanto — toda fala é em vão: Não é esquecer e passar, a melhor sabedoria? Aprendi *isto* — agora!

Aquele que puder entender o homem como um todo deve cuidar de tudo. Mas, para tanto, tenho mãos bem limpas.

Não tenho que inalar o mesmo ar que respiram; ah, como pude viver tanto tempo com seu ruído e o seu mau hálito!

Ó abençoado silêncio que me rodeia! Ó odores puros que me rodeiam! Oh, como esta quietude aspira o ar puro do peito profundo. Oh, como ela escuta o abençoado silêncio!

Mas até lá embaixo — tudo fala, e nada é ouvido. Podem tocar sinos para anunciar a sabedoria de uma pessoa — no mercado, o merceeiro fará tilintar suas moedas!

Entre eles tudo se fala e há muito tempo ninguém compreende. Tudo se esvai na água e há muito tempo nada cai em poços profundos.

Entre eles tudo fala e nada se conclui como o desejado. Todos cacarejam, mas quem é que quer ficar sentado quieto no ninho chocando ovos?

Entre eles tudo fala e tudo é diluído e fragmentado. E o que ontem era muito duro para o tempo e para seus dentes — hoje está mastigado e amassado pendendo da boca dos homens.

Entre eles tudo fala e tudo é traído. O que antes era chamado de segredo, um mistério de almas profundas, hoje pertence aos trombeteiros e outras borboletas.

Ó natureza humana, és estranha! Lamentos em um beco escuro! Agora tu te encontras atrás de mim — meu perigo maior está atrás de mim!

O meu maior perigo sempre foi poupar e tolerar: e todos os seres humanos querem ser poupados e tolerados.

Com verdades suprimidas, mãos descontroladas, coração iludido e rico em pequenas mentiras piedosas — assim eu vivia entre os homens.

Sentei-me disfarçado entre eles, pronto a desconhecer *a mim mesmo* para poder suportá-*los*, e de bom grado falando comigo mesmo: "Imbecil, não conheces os homens!"

Esquece-se o que os homens são quando se vive entre eles: muitos homens estão em primeiro plano — o que podem fazer *lá* os que têm olhos que enxergam longe!

Quando não me entendiam — eu, louco como era, os poupava mais do que a mim mesmo: porque habitualmente eu era duro comigo mesmo e muitas vezes até vinguei-me de mim por essa proteção.

Atacado por moscas venenosas e sulcado como pedra por muitas gotas de maldade — eu ficava entre eles e ainda falava para mim mesmo: "Tudo que é pequeno é inocente de sua pequenez!"

Principalmente aqueles que se dizem "bons" são as moscas mais venenosas. Picam e mentem com toda a inocência; como *poderiam* — ser justos comigo!

A compaixão ensina a mentir àquele que vive entre os bons. A compaixão torna o ar sufocante para todas as almas livres. A estupidez dos bons é insondável.

Para esconder a mim mesmo e à minha riqueza — *isto* eu aprendi lá embaixo: pois continuei a achar todos pobres de espírito. Essa era a mentira da minha compaixão: que eu conhecia em cada um —

— que em cada um eu via e sentia o cheiro do que, para ele, era espírito *suficiente,* e aquilo que, para ele, era espírito *demasiado*!

Seus sábios rígidos: chamei-os de sábios e não rígidos — aprendi a engolir palavras.

Cavam os coveiros suas doenças. Sobre o lixo velho repousam os fumos ruins. Não se deve misturar a lama. Deve-se viver nas montanhas.

Com narinas abençoadas respiro outra vez a liberdade da montanha! Afinal meu nariz está livre do cheiro de todos os seres humanos!

Tocada por ventos cortantes minha alma *espirra* como o vinho espumante, — espirra e a si mesma aplaude: Saúde!

Assim falou Zaratustra.

Dos três males

1

No sonho, no meu sonho da última manhã, eu estava de pé num promontório — além do mundo, segurando uma balança, eu *pesava* o mundo.

Oh! A aurora veio cedo a mim! E com seu brilho acordou-me, essa ciumenta! Ela sempre teve ciúme do brilho dos meus sonhos matinais.

Mensurável para quem tem tempo, ponderável para quem é bom pesador, transitável para quem tem asas fortes, decifrável para divinos decifradores: assim foi que meu sonho observou o mundo: —

Meu sonho, marinheiro ousado, meio navio, meio furacão, silencioso como a borboleta, impaciente como o falcão: como ele teve paciência e lentidão, hoje, para pesar o mundo!

Talvez minha sabedoria lhe falasse em segredo, a minha risonha sabedoria diurna que ridiculariza todos os "mundos infinitos"? Porque ela lhe diz: "Onde há força, o *número* se torna mestre: ele tem mais força."

Com que segurança meu sonho contemplou o mundo finito! Sem curiosidade; sem cautela, sem súplica: —

— como se uma maçã redonda e enorme estivesse em minha mão, uma maçã madura e dourada com a casca fresca e macia — desse modo o mundo se apresentava a mim: —

— como se uma árvore acenasse para mim, uma árvore frondosa de temperamento forte, curvada e reclinada para servir de apoio ao viajante cansado: assim estava o mundo no meu promontório: —

— como se mãos delicadas me trouxessem um cofre — um cofre aberto para o deleite de olhos tímidos e adoradores: assim, hoje, se apresentou o mundo diante de mim: —

— não um enigma que fosse suficiente a ponto de assustar o amor humano, não uma solução suficiente para adormecer a sabedoria humana — o mundo, hoje era uma coisa humanamente boa para mim, este mundo ao qual tanto mal se atribui!

Eu agradeço ao meu sonho matinal que hoje cedo me fez pesar o mundo! Como uma coisa humanamente boa veio a mim nesse sonho consolador do meu coração!

E para que durante o dia eu possa fazer igual a ele, imitando e copiando o que tem de melhor, vou colocar agora as três coisas piores na balança, pois quero pesá-las humanamente bem. —

Quem ensinou a abençoar ensinou também a maldizer: quais são as três coisas mais malditas do mundo? Estas, eu vou colocar na balança.

Volúpia, ambição de domínio e *egoísmo*: até agora, essas três têm sido as coisas mais amaldiçoadas e com a pior e mais injusta das reputações — irei pesar bem e humanamente essas três coisas.

Levanta-te! Aqui está o meu promontório e lá está o mar: *que* vem até a mim, carinhoso e lisonjeiro, o cão velho e fiel, monstro de cem cabeças que tanto amo.

Levanta-te! Aqui quero segurar a balança acima do mar ondulante: e escolho também como testemunha para que de tudo participe — tu, velha árvore com galhos arqueados e perfume forte que tanto amo!

Por que a ponte vai do agora para o depois do agora? Que compulsão força o alto a curvar-se para baixo? E o que ordena ao mais alto — a crescer ainda mais?

Agora a balança está imóvel e em equilíbrio: sobre um de seus pratos coloquei três perguntas graves, o outro contém três respostas graves.

2

Volúpia: incentivo e mortificação para todos os desprezadores do corpo; tortura e maldição como "mundo" para todos os ultramundanos: pois que zomba e engana todos os professores do disparate.

Volúpia: para a canalha é o fogo lento onde ela é queimada; para toda a madeira carcomida, para todos os trapos fedorentos, é a fornalha da luxúria sempre acesa.

Volúpia: para os corações libertos, algo inocente e livre, o jardim terreno das delícias, a exuberante gratidão de todo o futuro ao presente.

Volúpia: doce veneno para quem perdeu o viço, para quem tem a vontade do leão, entretanto, a cordialidade total, o vinho dos vinhos preservado religiosamente.

Volúpia: o grande símbolo da felicidade para a ventura e esperança superiores. Pois ao casamento muita coisa foi prometida, e mais do que o casamento —

— há muitas coisas que são estranhas entre si mais do que o homem e a mulher: e quem compreendeu por completo *quão estranhos* são, um para o outro, o homem e a mulher!

Volúpia: vou colocar cerca em torno de meus pensamentos e também de minhas palavras: não quero que porcos e os fanáticos invadam o meu jardim!

Ambição de domínio: o açoite de fogo dos que têm o coração duro; a cruel tortura reservada aos mais cruéis; a chama sombria das fogueiras vivas.

Ambição de domínio: o freio do mal que caracteriza os povos mais vaidosos, a escarnece de todas as virtudes incertas; que cavalga em cada cavalo e em cada orgulho.

Ambição de domínio: terremoto que despedaça e destrói tudo o que é oco e podre; a punitiva destruição dos sepulcros caiados de branco; o ponto de interrogação que brilha ao lado de respostas prematuras.

Ambição de domínio: ante cujo olhar o homem rasteja, se curva, e se entrega e se torna inferior ao suíno e à serpente — até que finalmente nele clame o grande desprezo. —

Ambição de domínio: a terrível mestra do grande desprezo, que apregoa no rosto das cidades e reinos: "Vai-te embora daqui!", até que por fim clamem por si mesmos: "Vou-me embora *eu*!"

Ambição de domínio: que se eleva às alturas e que atrai aos mais puros e solitários, ardente como um amor que pinte no céu terrestre encantos purpúreos e sedutores.

Ambição de domínio: mas quem a iria chamar de *desejo*, quando a altura deseja rebaixar-se para chegar ao poder! Em verdade não há nada de doentio ou ganancioso em tal descida!

Que a solidão não seja eterna nem se contente em ser solitária e autossuficiente; que a montanha possa descer ao vale e o vento das alturas possa soprar na planície —

Oh, quem encontraria um nome verdadeiro capaz de honrar tal desejo! "Virtude dadivosa" — foi como Zaratustra uma vez chamou a esse desejo inominável.

E então aconteceu — e em verdade aconteceu pela primeira vez! — que a sua palavra glorificou o *egoísmo*, o egoísmo saudável e bendito que flui da alma poderosa —

— da alma poderosa a que pertence o corpo elevado, belo, triunfante, atraente e agradável, em torno do qual todas as coisas se espelham:

— o corpo flexível e persuasivo, o dançarino cujo símbolo é a essência da alma alegre consigo mesma.

O sentimento de alegria em tais corpos e almas se chama: "Virtude".

Um sentimento de alegria assim se resguarda em si mesmo com suas palavras do bem e do mal em bosques sagrados; com as palavras com que se nomeia a virtude, e expulsa para longe de si tudo o que é desprezível.

Bane de si próprio tudo o que é covarde dizendo: ruim — *isto é*, covardia! Desprezível parece-lhe o sempre solícito que geme e reclama e quer pegar as menores vantagens.

Despreza também toda a sabedoria agridoce: em verdade há também uma sabedoria que floresce na obscuridade, uma sabedoria das sombras noturnas que sempre suspira: "Tudo é vão!"

Baixeza, para ele, é como a tímida desconfiança parece ser, todo aquele que deseja juramentos ao invés de olhares e mãos; bem como toda a sabedoria que é desconfiada demais — tudo isso faz parte da natureza das almas covardes.

Mais baixo ainda é quem lhe parece obsequioso apressado como um cão que imediatamente se deita de costas, o de tipo submisso; e também há uma sabedoria que é submissa, servil e obsequiosa como um cão.

Para ele é detestável e asqueroso todo aquele que nunca quer defender-se, que engole a saliva venenosa e os maus olhares, o homem demasiado paciente que tudo sofre e que atende a todos: pois sua natureza é servil.

Ou se é servil diante dos deuses e de seus pontapés divinos ou diante dos homens e das estúpidas opiniões humanas: seja de que tipo for, *todo* servilismo despreza esse bendito egoísmo!

Ruim: tudo o que se curva em mesuras sórdidas piscando os olhos aprisionados, com o coração oprimido e aquele tipo hipócrita e submisso que a tudo beija com lábios largos e covardes.

E sabedoria espúria: chama-se assim a todo entendimento pelo qual os servis e os anciãos cansados são afetados; e especialmente toda a astúcia, e o saber espúrio, curioso e louco dos sacerdotes.

Os falsos sábios, entretanto, todos os sacerdotes, os cansados da vida e aqueles de alma feminina e servil — oh, como tem prestado maus serviços ao egoísmo!

E precisamente *isso* é que deveria ser virtude e ser chamado de virtude; — que se prestem maus serviços ao egoísmo. E "desinteressados"— é o que por bons motivos todos esses covardes e aranhas cansadas do mundo desejariam ser!

Mas, agora, o dia da transformação chega para todos eles, a espada do julgamento, *o grande meio-dia*; e então muitas coisas serão então reveladas!

E aquele que glorifica o eu bom e santo e o egoísmo sagrado — em verdade, também glorifica o que sabe como um adivinho: "*Vede, vem aí, já está próximo o grande meio-dia!*"

Assim falou Zaratustra.

Do espírito de gravidade

1

Minha boca fala a linguagem do povo; — falo de maneira muito grosseira e calorosa demais para o gosto dos janotas. E minha palavra soa ainda mais estranha aos tinteiros e às canetas de pena.

Minha mão — é a mão de um louco: e aí todas as mesas e paredes têm espaço para o louco fazer esboços, para o louco rabiscar!

Meu pé — é a pata de um cavalo: com ele eu troto e piso sobre paus e pedras acima e abaixo da montanha e vales; e quando sou atormentado pelo diabo, corro em disparada.

Meu estômago — será por certo um estômago de águia? Porque o que ele mais gosta é da carne de cordeiro. Mas, com certeza, é um estômago de ave.

Alimentado de coisas inocentes, e poucas, pronto e impaciente para voar, voar para longe — tal é agora a minha natureza: como é possível que nela não haja algo da natureza de um pássaro?

E especialmente como um pássaro, sou inimigo do espírito da gravidade — em verdade inimigo mortal, extremamente hostil, inimigo nato! Oh, para onde já não voou e se desviou a minha hostilidade!

Poderia cantar uma canção sobre isto — e quero cantar, embora esteja sozinho numa casa vazia e tenha que cantar para os meus próprios ouvidos.

Com certeza, há outros cantores para os quais somente a casa cheia faz a voz suave, as mãos eloquentes, o olhar expressivo, o coração desperto; — não, eu não sou um deles. —

2

Aquele que um dia ensinar aos homens a voar terá ultrapassado todo o marco divisório de fronteira; as próprias fronteiras terão voado pelos ares junto com ele, que irá rebatizar a terra — como "leve".

O avestruz corre mais rápido do que qualquer cavalo, mas também enfia a cabeça, com força, na terra pesada: é assim que faz o homem que ainda não pode voar.

Pesadas são a terra e a vida para ele: e assim o quer o espírito da gravidade! Mas aquele que *deseja* se tornar "leve" como um pássaro deve amar a si próprio — assim ensino *eu*.

Não, com certeza, com o amor dos doentes e infectados: pois neles até mesmo o amor próprio cheira mal!

É preciso aprender a amar a si mesmo com um amor sadio e saudável, para que possa suportar a si mesmo e não sair a vagar por aí — assim ensino eu.

Esse vagar por aí se batizou de "amor ao próximo": tais palavras têm sido até agora as melhores para mentir e fingir, especialmente, para aqueles que têm sido um peso para os demais.

Em verdade, *aprender* a amar a si próprio não é um mandamento para o dia de hoje e de amanhã.

Ao contrário, de todas as artes é a mais refinada e sutil, a última e a mais paciente.

Para o possuidor todas as suas posses estão bem escondidas, o tesouro do possuidor é o último a ser procurado e desenterrado — assim o faz o espírito da gravidade.

Ainda quase no berço nos são concedidas palavras e valores pesados: este dote se chama "bem" e "mal". Graças a ele somos perdoados por viver.

E, portanto, sofrem um pouco as crianças pequenas que vêm a nós por serem proibidas desde cedo, de amar a si mesmas: assim o faz o espírito da gravidade.

E nós — nós carregamos com lealdade montanha acima o que nos colocaram sobre os ombros rígidos! E quando suamos as pessoas nos dizem: "Sim, a vida é difícil de suportar!"

Mas só o homem é um fardo difícil de suportar! A razão disso é que ele carrega muitas coisas estranhas sobre os seus ombros. Como o camelo, ele se ajoelha e se deixa carregar à vontade.

Principalmente no homem forte e resistente é que reside o respeito e a admiração: são tantas palavras e valores pesados e *estranhos* colocados sobre suas costas — que, então, a vida lhe parece um deserto!

E em verdade! Muitas das coisas que são *próprias* do homem são também difíceis de carregar! E muito do que é intrínseco ao homem é como a ostra — repugnante e escorregadio e muito difícil de agarrar —,

— assim é preciso que se tenha uma concha elegante, com adornos elegantes. Mas é preciso também aprender essa arte: *ter* uma concha, uma aparência distinta e uma cegueira perspicaz!

Mais uma vez, também nos enganamos sobre muitas coisas a respeito do homem cujas conchas são pobres e tristes e por demais rígidas. Muita bondade e poder ocultos muitas vezes não são sequer sonhados; as iguarias mais requintadas não encontram quem as prove!

As mulheres, ou as mais requintadas delas, sabem disso: um pouco mais gordas ou um pouco mais magras — oh, quanto destino há em tão pouco!

O homem é difícil de descobrir, e a si mesmo é quase impossível de se conseguir; muitas vezes o espírito mente sobre a alma — assim o faz o espírito da gravidade.

Mas aquele que se descobriu a si próprio diz: Este é o *meu* bem e meu mal: e, ao falar assim, fez que se calassem a toupeira e o anão que dizem: "Bem para todos, mal para todos".

Em verdade, nem gosto daqueles que chamam tudo de "bom". Estes chamo de onissatisfeitos.

O onissatisfeito que conhece como provar de tudo: não é o que tem o melhor dos gostos! Honro os refratários e suas línguas e estômagos obstinados e rebeldes, pois que aprenderam a dizer "eu" e "sim" e "não".

Mas mastigar e digerir tudo, entretanto — isso sim é ter a verdadeira natureza suína! Dizer sempre sim — foi o que aprendeu o asno e aqueles que têm o seu espírito! —

O amarelo intenso e o vermelho quente: — é o que pede o *meu* gosto — uma mistura de sangue com todas as cores. Mas, entretanto, aquele que passa cal nas paredes de sua casa me passa a sensação de ter uma alma caiada de branco.

Uns gostam de múmias, outros de fantasmas; ambos inimigos de toda carne e do sangue — oh, como ambos são repugnantes ao meu gosto! Porque eu gosto de sangue.

E lá onde todos cospem e babam não quero morar nem demorar: este é o *meu* gosto — ainda prefiro viver entre ladrões e perjuros. Ninguém carrega ouro na boca.

Considero mais repugnantes para mim, entretanto, os bajuladores; e o animal humano mais repugnante que encontrei no homem, batizei de parasita: esse não poderia amar, embora quisesse viver do amor.

Chamo de infelizes todos os que só têm uma escolha: tornarem-se feras ou domadores malvados de animais: entre tais homens não construiria uma tenda para mim.

Chamo também de infelizes àqueles que têm sempre que *esperar* — eles ofendem o meu gosto: todos são cobradores de impostos, merceeiros, reis e guardiães de terras e lojas.

Em verdade, eu também aprendi a esperar, aprendi profundamente, mas apenas a esperar por *mim mesmo*. E acima de tudo aprendi a ficar de pé, a andar, a correr, a pular, a escalar e a dançar.

Entretanto, esta é a minha doutrina: Aquele que quer aprender a voar um dia, deve primeiro, ficar de pé, andar, correr, escalar e dançar — não se pode aprender a voar voando!

Com escadas de corda aprendi a subir até muitas janelas, com pernas ágeis subi em mastros altos: estar sentado no topo dos altos mastros do conhecimento não me pareceu nenhuma pequena felicidade — tremeluzir como chamas pequenas no topo dos mastros; decerto uma pequena luz, mas ainda assim um grande consolo para os navios encalhados e para os náufragos!

Cheguei à minha verdade por caminhos diversos e de maneiras diversas: não subi até a altura de onde enxergo minhas distâncias por uma única escada.

E sempre a contragosto indaguei sobre o meu caminho — o que sempre me repugnava! Preferia perguntar e tentar os caminhos por eles mesmos.

Todo o meu caminhar se fez por tentativa e questionamento — e, em verdade, só se precisa *aprender* a responder a tais questionamentos! Isto, entretanto — é o meu gosto:

— nem gosto bom, nem mau gosto, mas apenas o *meu* gosto do qual não me envergonho e tampouco faço segredo.

"Este — é o *meu* caminho agora: onde é que está o vosso?" Assim eu respondia aos que me perguntavam qual era "o caminho". Porque *o* caminho — ele não existe!

Assim falou Zaratustra.

Das velhas e novas tábuas

1

Aqui estou sentado à espera, rodeado por tábuas de lei velhas e em frangalhos e também algumas novas, ainda escritas pela metade. Quando minha hora vai chegar?

— a hora de meu declínio, minha decadência: porque quero ter com os homens, uma vez mais.

Por isso agora espero: primeiro, devem chegar os sinais de que é a *minha* hora — isto é, o leão risonho com o bando de pombos.

Enquanto isso, falo para mim mesmo como alguém que ainda tem muito tempo. Ninguém me conta nenhuma novidade; então a conto eu para mim mesmo.

2

Ao chegar aos homens, encontrei-os assentados sobre uma antiga presunção. Cada um deles disse que há muito tempo sabia o que era o bem e o mal para o homem.

Todo o discurso sobre a virtude lhes parecia um assunto velho e cansativo; e quem queria dormir em paz, falava do "bem" e do "mal" antes de ir para a cama.

Essa sonolência foi abalada quando eu ensinei que *ninguém sabe até agora* o que é o bem e o mal — a não ser seu criador!

É ele quem cria um objetivo para o homem e dá à terra o seu sentido e o seu futuro: é ele quem *determina* que algo seja bem e mal.

E eu lhes propus que derrubassem suas velhas cátedras professorais e tudo mais estivesse assentado sobre suas presunções. Propus que rissem de seus grandes mestres da virtude, seus santos, seus poetas e seus redentores.

De seus sábios obscuros mandei que rissem e de quem mais tivesse se assentado qual espantalho negro e cauteloso, na árvore da vida.

Em sua grande rua de túmulos fui sentar-me ao lado de cadáveres e abutres — pus-me a rir de todo o seu passado e de sua glória podre e decadente.

Em verdade, como pregadores da Quaresma e loucos, gritei minha ira e vergonha contra tudo o que era para eles grandeza e pequenez — oh, o que têm de melhor é tão pequeno! O que de pior têm é muito pequeno! — e assim foi que eu ri.

Assim gritava e ria o meu desejo sábio nascido nas montanhas, em verdade, uma sabedoria selvagem! — meu grande desejo que, apressado, batia asas.

E quase sempre ele me arrastava para frente, para cima e para longe no meio do riso: e, então, eu voava qual flecha vibrante num arrebatamento embriagado de sol:

— para um futuro distante, ainda não visto em sonho, até um Sul mais quente do que jamais sonhou algum artista, lá, onde os deuses dançando envergonham-se de tantas roupas: —

— porque falo por parábolas, a balbuciar e gaguejar como os poetas: e, na verdade, envergonho-me de ainda ter que ser poeta! —

Voava para onde tudo que estava por vir me parecia a divina dança e a divina promiscuidade, e o mundo liberto e desenfreado se refugiou em si mesmo:

— como uma fuga eterna de si e voltar a procurar-se em um deus dentre muitos outros, como o bem-aventurado contradizer-se, reavaliar-se e confraternizar-se com um deus dentre muitos outros:

Onde o tempo todo me parecia uma bem-aventurada pilhéria de momentos, onde a necessidade era a própria liberdade que brincava feliz com o aguilhão da liberdade: —

Onde voltei a encontrar meu velho diabo e mortal inimigo, o espírito da gravidade e tudo o que foi criado: a restrição, o dogma, a necessidade e a consequência, o propósito e a vontade, o bem e o mal: —

Pois não deve haver tal coisa *sobre* a qual se possa passar dançando e ir além? Não devem existir toupeiras e anões pesados — por amor à agilidade e à leveza? — —

3

Foi lá também que recolhi no caminho a palavra "Super-homem" e que o homem é algo que deve ser superado,

— que o homem é uma ponte e não uma meta; alegrando-se com seus meios-dias e suas noites, como uma ascensão para novas auroras

— as palavras de Zaratustra sobre o grande meio-dia e o que mais que elevei acima dos homens tal qual crepúsculo da cor púrpura.

Em verdade, fiz com que vissem novas estrelas, ao longo de noites novas — e acima das nuvens, dos dias e das noites espalhei o riso como uma alegre cúpula multicolorida.

Ensinei-lhes toda a *minha* arte de versejar e minhas aspirações: a concentrar numa unidade o que no homem é fragmentado em enigmas e acasos terríveis, —

— como poeta e decifrador de enigmas e redentor do acaso, ensinei-os a criar o futuro, a redimir através da criação — tudo o que *passou*.

Redimir o passado no homem e transformar cada "foi" até que a vontade diga: "Mas foi assim que quis! E assim o hei de querer!" —

— a isto chamei de redenção, e somente a isto lhes ensinei a chamar de redenção. — —

Agora aguardo a *minha* redenção — para que eu possa ir até eles pela última vez.

Pois uma vez mais irei ter com os homens: *entre eles* terei o meu ocaso e dar-lhes-ei ao morrer o meu dom mais precioso!

Aprendi com o sol exuberante em seu ocaso: ele derrama o ouro de sua inexaurível riqueza, sobre o mar —

— e desta forma o mais pobre dos pescadores rema com remos *dourados*! Pois ao ver esse espetáculo, uma vez, não me cansei de chorar ao contemplá-lo. — —

Assim como o sol, Zaratustra também quer ter o seu ocaso: agora ele senta-se aqui e espera, rodeado por tábuas da lei, velhas e quebradas, como também por tábuas da lei novas — escritas pela metade.

4

Eis aqui uma nova tábua: mas onde estão os meus irmãos que a levarão junto comigo até o vale e aos corações de carne?

Assim ordena meu grande amor aos homens mais distantes: *Não tenhas consideração por teu próximo!* O homem é algo que deve ser superado.

Há maneiras e modos diversos de superação: vê tu mesmo! Só um bufão é que pensa: "Pode-se também *saltar por cima* do homem".

Supera-te a ti mesmo até no teu próximo: é um direito do qual podes apoderar-te e não deves permitir que te seja dado de presente!

O que quer que faças, ninguém pode fazer por ti. Vê, não há recompensa.

Aquele que não pode comandar a si mesmo deve obedecer. Muitos dos que podem comandar a si mesmos continuam muito longe de saber obedecer a tais comandos.

5

Esta é a vontade dos que têm a alma nobre: não desejam nada *de graça* e, menos do que tudo, a vida.

Aquele que pertence à plebe quer viver de graça; nós outros, entretanto, a quem a vida nos foi dada — estamos sempre considerando *o que* de melhor podemos lhe dar *em retribuição*!

Em verdade, há um provérbio que diz: "O que a vida *nos* promete, é o que queremos para *nós* — manter a vida!"

Não se deve desejar o prazer onde não há nada que conduza ao prazer. E — não se deve *desejar* o prazer!

Porque o prazer e a inocência são coisas mais recatadas: não se deve, entretanto, procurá-las. Deve-se *tê-las* — mas ainda é preferível *procurar* a culpa e a dor! —

6

Ó meus irmãos, quem é o primogênito será sempre sacrificado. Agora, entretanto, somos o primogênito.

Todos nós sangramos em altares secretos de sacrifício, somos todos assados e queimados em honra dos velhos ídolos.

O que temos de melhor continua jovem: isto aguça velhos apetites. Nossa carne é macia, nossa pele é como a pele do cordeiro: — como não iríamos aguçar o apetite dos velhos sacerdotes idólatras?

Dentro de nós ainda vive o velho sacerdote idólatra que assa o que temos de melhor para o seu banquete. Ah, meus irmãos, como os primogênitos não haveriam de ser sacrificados!

Mas assim quer a nossa condição; e eu amo aqueles que não desejam preservar-se. Amo com todo o meu amor àqueles que caem e perecem: porque esses seguem adiante. —

7

Ser verdadeiro — poucos *podem* ser! E aquele que pode ser não será! Menos do que tudo, no entanto, pode o bem ser verdadeiro.

Oh, esses homens bons! *Os homens bons nunca dizem a verdade*; ser bom assim dessa maneira é uma doença para o espírito.

Esses homens bons entregam-se, cedem, seus corações imitam, suas almas obedecem: mas, entretanto, *aquele que obedece não ouve a si mesmo*!

Tudo aquilo que os bons chamam de mal deve caminhar junto para que uma verdade possa nascer: Ó meus irmãos, sois também maus o bastante para *esta* verdade?

O empreendimento ousado, a desconfiança prolongada, o cruel não, o tédio, o corte na carne viva — quão raramente se vê isto tudo reunido! Mas é de tais sementes — que brota a verdade.

Até agora, *ao lado* da má consciência cresceu todo o *conhecimento*! Quebrai, vós, homens do conhecimento, quebrai as velhas tábuas da lei!

8

Quando sobre a água há madeiras estendidas, quando as pinguelas e pontes atravessam os rios: em verdade não se deve dar crédito àquele que diz: "Tudo flui."

Ao contrário, até os mais simplórios o contradizem. "O quê?", dizem os simplórios, "tudo está fluindo? Mas há madeiras e pinguelas *sobre* o córrego!"

"*Sobre* o córrego todas as coisas estão firmes; todos os valores das coisas, apoios e pontes, todo o "Bem" e todo o "Mal": estão *firmes*!" —

Mas quando chega o duro inverno, o domador dos rios, até mesmo o mais esperto desconfia: e em verdade, não só os simplórios então dizem: "Tudo não estaria — *parado*?"

"Em princípio, tudo está parado" — é a verdadeira doutrina do inverno, uma coisa boa para tempos infrutíferos, um ótimo consolo para os que hibernam ou preferem ficar sempre do lado das lareiras de suas casas.

"Em princípio tudo está parado" — o vento do degelo, entretanto, prega o *contrário*!

O vento do degelo, um touro que não é um boi de arado — um touro furioso, um destruidor que quebra o gelo com seus chifres raivosos! O gelo, porém, — *quebra as pinguelas*!

Ó! meus irmãos, tudo não está *fluindo agora*? Não caíram na água todas as madeiras, pontes e pinguelas? Quem é que ainda pode *agarrar-se* ao "bem" e ao "mal"?

"Ai de nós! Viva nós! O vento de degelo está soprando"— Pregai assim, Ó meus irmãos, através de todas as ruas!

9

Há uma velha ilusão — ela é chamada de bem e de mal. Em torno de profetas e astrólogos girou tal ilusão. Até agora.

Outrora as pessoas acreditavam em profetas e astrólogos e *por isso* acreditavam que: "Tudo é destino: tu tens porque tu mereces!"

Depois, de novo, as pessoas passaram a desacreditar nos profetas e nos astrólogos e *por isso* acreditavam que: "Tudo é liberdade: tu podes porque tu queres!"

Ó meus irmãos, no que diz respeito aos astros e ao futuro até agora existe apenas uma suposição, não um conhecimento; e *por isso* só existe apenas uma suposição, não um conhecimento, a respeito do bem e do mal!

10

"Não furtarás! Não matarás!" — tais preceitos foram outrora considerados sagrados; diante deles, as pessoas se ajoelhavam, curvavam-se e tiravam os sapatos.

Mas eu vos pergunto: em que lugar no mundo houve ladrões e assassinos melhores do que os desses preceitos sagrados?

E não houve sempre em toda vida — ladrões e assassinos? E quando tais preceitos foram considerados sagrados não foi a própria *verdade* — assassinada?

Ou foi um sermão sobre a morte que considerou sagrado aquilo que contradizia e se opunha à vida? — Ó meus irmãos, quebrai, quebrai as velhas tábuas das leis!

11

Esta é minha compaixão por tudo que é passado e que constato ter sido abandonado, —

— abandonado ao favor, ao espírito, à loucura de cada geração que chega e dá uma nova interpretação a tudo que esteve sobre sua ponte!

Poderia chegar um grande déspota, um prodígio astucioso, que com sua aprovação ou desaprovação pudesse forçar e reprimir todo o passado, até que ele próprio se tornasse uma ponte e um prenúncio, um arauto e o canto de um galo.

Isto, entretanto, é o outro perigo e minha outra compaixão: — aquele que pertence à plebe, seus pensamentos voltam ao tempo de seu avô — e o tempo acaba aí no seu avô.

Assim, tudo o que é passado é abandonado: porque poderia acontecer que, um dia, a plebe se tornasse senhora, e todo o tempo fosse afogado em águas rasas.

Por isso, ó meus irmãos, uma *nova nobreza* é necessária: em oposição ao governo da plebe e a todo o despotismo para reescrever sobre novas tábuas a palavra "nobre".

Precisam-se de muitos nobres, e nobres de muitas espécies, *para que exista a nobreza*! Ou, como eu disse uma vez em uma parábola: "A divindade consiste precisamente nisso: há deuses mas não Deus!"

12

Ó meus irmãos, eu vos consagro e vos aponto como uma nova nobreza: vós deveis se tornar os progenitores, cultivadores e semeadores do futuro —

— não, em verdade, uma nobreza que possa ser comprada como fazem os merceeiros com o seu ouro de merceeiros, pois tudo que tem um preço tem pouco valor.

Não deixai que vossa honra seja o lugar de onde viestes, mas o lugar para onde ireis! Deixai que a vossa vontade e que os vossos pés possam ir além de vós — e que sejam a vossa nova honra!

Em verdade, não que tivestes servido a um príncipe — e para que servem os príncipes agora! — nem que vos tivésseis tornado um baluarte do que está de pé para que ficasse mais firme ainda!

Não que vossa família se tivesse feito cortesã na corte e que vós aprendestes a ficar de pé durante horas sobre tanques de águas rasas, como um flamingo colorido.

— Porque a habilidade de permanecer de pé é um mérito entre os cortesãos; e todos os cortesãos acreditam que parte da bem-aventurança depois da morte é ter *permissão* para sentar-se!

E nem mesmo um espírito chamado de santo, conduziu seus antepassados a terras prometidas, coisa que *eu* não louvo: pois na terra em que cresceu a pior de todas as árvores — a cruz —, não há nada a ser louvado! —

— e em verdade, para onde quer que o "Espírito Santo" tenha conduzido seus cavaleiros, sempre à frente do cortejo marchavam — cabras, gansos, e seus companheiros vesgos e lunáticos!

Ó meus irmãos, vossa nobreza não deverá olhar para trás, mas sim *para frente*! Deveis vos exilar das pátrias de vossos pais e de vossos avós!

A *terra de vossos filhos* é que devereis amar: deixai que este amor seja a vossa nova nobreza — a terra inexplorada nos mais longínquos mares! E é por esta terra que ordeno que vossas velas procurem e procurem!

Devereis *redimir-vos* em vossos filhos por serdes filhos de vossos pais: *assim* ireis redimir todo o passado! Esta é a tábua da lei que coloco sobre vós!

13

"Para que serve viver? Tudo é vão! Viver — é como debulhar a palha; viver — é como queimar-se e mesmo assim não se aquecer."

Um palavrório antigo como esse ainda é tido como "sabedoria": porque é velho e cheira a mofo, *por isso* é mais venerado. Até o bolor enobrece. —

As crianças podem falar desta maneira: *evitam* o fogo porque ele as queimou! Há muita criancice nos velhos livros de sabedoria.

E que direito teria de falar da debulha aquele que está sempre "debulhando a palha"! Tal louco deveria ter sua boca amordaçada.

Pessoas assim sentam-se à mesa para jantar e não trazem nada consigo, nem ao menos um bom apetite — e agora caluniam: "Tudo é vão!" —

Mas comer e beber bem, meus irmãos, não é, em verdade, uma arte vã! Quebrai, quebrai as tábuas dos que nunca se alegram!

14

"Para os puros, todas as coisas são puras" — assim fala o povo. Mas eu vos digo: para os porcos, tudo se torna porco!

Por isso pregam os fanáticos e os hipócritas, com as cabeças curvadas e cujos corações também estão pendidos para baixo: "O próprio mundo é um monstro imundo."

Porque todos eles são espíritos sujos: principalmente aqueles que não têm paz ou descanso a não ser quando veem o mundo *por trás* — os ultramundanos!

Para esses digo as coisas na cara, embora soem desagradáveis: sob este aspecto o mundo nisso se parece com os homens por ter um traseiro — *lá isso* é verdade!

Há muita imundície no mundo: — *lá isso* é verdade! Mas nem por isso o próprio mundo é um monstro imundo!

Há sabedoria no fato de que muitas coisas no mundo cheiram mal: o próprio asco cria asas e fontes com poderes divinatórios!

Mesmo nas melhores coisas há algo que enoja; e mesmo o que há de melhor é algo que deve ser superado!

Ó meus irmãos, há muita sabedoria no fato de que há muita imundície no mundo! —

15

Tais palavras, ouvi devotos ultramundanos dizerem para suas consciências, em verdade, sem crueldade ou astúcia — embora não haja nada mais astuto ou mais cruel no mundo.

"Deixa o mundo ser o que é! Não levantes um dedo sequer contra isso!"

"Deixa quem quiser estrangular, apunhalar, esfolar e estripar os outros: não levantes um dedo sequer contra isso! Assim eles irão aprender a renunciar ao mundo."

"Tu mesmo deverás estrangular e sufocar a tua própria razão — pois ela é uma razão deste mundo — assim tu mesmo aprenderás a renunciar ao mundo". —

Estraçalhai, ó meus irmãos, estraçalhai as velhas tábuas da lei dos devotos! Rasgai as máximas dos caluniadores do mundo!

16

"Aquele que aprende muito, desaprende todo o desejo violento" — é o que o povo agora sussurra entre si pelas ruas escuras.

"A sabedoria cansa, nada vale a pena; não deves desejar!" Tenho visto essa tábua da lei pendurada até nas feiras.

Quebrai por mim, ó meus irmãos, quebrai também esta nova tábua da lei! Os que estão cansados do mundo e os pregadores da morte a penduraram, da mesma forma que os carcereiros: e vede, isso é um apelo à servidão! —

Porque aprenderam mal as melhores coisas, tudo cedo demais e depressa demais: *alimentaram-se* mal — é por isso que seus estômagos foram arruinados —

— como estômagos arruinados são seus espíritos: esses lhes aconselham a morte! Porque, em verdade, meus irmãos, o espírito *é* um estômago!

A vida é uma fonte de prazeres: mas para aquele em que fala um estômago arruinado, o pai de todas as aflições, todas as fontes estão envenenadas.

Conhecer: este é o *prazer* para aquele que tem a vontade do leão! Mas aquele que ficou cansado torna-se apenas um *passivo* com o qual todas as ondas brincam de levar e trazer.

Esta é a natureza dos homens fracos: eles se perdem em seu próprio caminho. E por fim seu cansaço lhes pergunta: "Por que sempre ir por um caminho? Nada faz diferença!"

Parece agradável aos seus ouvidos esse tipo de pregação: "Nada vale a pena! Não deveis ter vontade!" Isto, entretanto, é um apelo à servidão.

Ó meus irmãos, como uma rajada de vento fresco chega Zaratustra, para os que estão cansados; muitos narizes ele ainda fará com que espirrem!

Mesmo através das paredes sopra a minha respiração livre que invade as prisões e os espíritos nelas aprisionados!

A vontade liberta: pois ter vontade é criar: assim ensino. E deveis *apenas* aprender para criar.

E deveis primeiro *aprender* somente através de mim — como aprender bem! — Que ouça aquele que tem ouvidos para ouvir!

17

Aí está o barco — lá fora está talvez o caminho para o grande Nada. Mas quem é que quer entrar nesse "talvez"?

Nenhum de vós quer embarcar no barco da morte! Como então podeis estar então *cansados do mundo*?

Cansados do mundo! E ainda nem sequer partistes da terra! Sempre os achei ávidos pela terra, sempre enamorados do vosso próprio cansaço da terra!

Não foi em vão que vossos lábios caíram — ainda persiste neles um pequeno desejo terreno! E em vossos olhos — não vagueia por eles uma pequena nuvem de felicidade terrena inesquecível?

Na terra há muitas invenções excelentes, algumas muito úteis, outras agradáveis: e é através delas que se deve amar a terra.

E há muitas invenções boas nela, como os seios de uma mulher: úteis e, ao mesmo tempo, prazerosos.

Mas vós, os cansados do mundo, vós preguiçosos da Terra! É preciso que sejais sacudidos por uma vergasta! Vossas pernas deveriam ser reanimadas outra vez com vergastadas!

Porque, se não sois pobres diabos inválidos dos quais a terra está cansada, sois então preguiçosos manhosos ou gatos gulosos e sorrateiros que se esgueiram em busca do prazer. E se não quereis voltar a correr com alegria, então é melhor — morrer de vez!

Não se deve querer ser médico para curar os incuráveis: assim ensina Zaratustra: — portanto deveis morrer de vez!

Mas é preciso muito mais *coragem* para acabar com a vida do que para fazer um verso novo: disso, todos os médicos e poetas sabem bem. —

18

Ó meus irmãos, há tábuas da lei concebidas pelo cansaço e tábuas da lei concebidas pela preguiça, pela preguiça e indolência, todas elas corroídas: embora seu conteúdo seja semelhante, elas desejam ser ouvidas de modos diferentes. —

Vede aqui este homem que definha! Ele está apenas a um passo de sua meta, mas, pelo cansaço, deitou-se obstinadamente aqui, na poeira — esse valente!

Boceja de cansaço, do caminho, da terra, da meta e de si mesmo: nem um passo a mais será capaz de dar — esse valente!

Agora o sol lhe queima e os cães lambem o seu suor: mas ele jaz ali em sua obstinação e prefere definhar: —

— definhar quando estava quase chegando à sua meta! Em verdade, terá que ser arrastado para o céu pelos cabelos — esse herói!

É melhor deixá-lo lá onde caiu por si mesmo, para que o sono, confortador, possa vir refrescá-lo como uma chuva murmurante:

Deixai-o lá caído até que acorde por vontade própria — até que, por si próprio, repudie todo o cansaço e o que o cansaço lhe ensinou!

Cuidai apenas, meus irmãos, de espantar os cães de cima dele, os covardes indolentes e todo o enxame de insetos —

— todos os vermes do enxame de "gente culta" que se banqueteia com o suor de todo o herói!

19

Formo círculos e fronteiras sagradas à minha volta; cada vez menos são aqueles que sobem comigo às montanhas mais altas: construo cordilheiras das montanhas cada vez mais sagradas. —

Mas sempre que subirdes comigo, meus irmãos, prestai atenção para que nenhum *parasita* suba junto convosco!

Parasita: é um verme, um verme rastejante que deseja engordar à custa de vossas feridas.

E esta é a *sua* arte: adivinhar os lugares cansados onde as almas ascendem: é na vossa dificuldade e no vosso desânimo, na vossa modéstia sensível que ele constrói o seu ninho repugnante.

Onde os fortes são fracos, onde o nobre é gentil — lá ele constrói seu ninho repugnante: o parasita vive onde o grande homem tem pequenas feridas.

Qual é a espécie mais elevada de todas e qual é a mais baixa? O parasita é a espécie mais baixa; mas aquele que pertence à espécie mais alta alimenta a maioria dos parasitas.

A alma que tem a maior escada é a que pode descer às maiores profundezas: como os parasitas não haveriam de se colocar nela? —

— a alma mais abrangente, a que pode correr e vaguear pelo caminho e ir mais longe para dentro de si mesma; é a alma mais necessária, que pela alegria atira-se ao acaso —

— a alma plena, que mergulha no vir a ser; a alma possuidora que *busca* conquistar o querer e o querido: —

— a alma que foge de si mesma e que alcança a si própria na esfera extrema; a alma mais sábia, para a qual até a loucura fala as palavras mais doces —

— a alma que ama muito a si mesma, e que tem seu fluxo e seu contrafluxo, suas marés altas e baixas: — como *a mais elevada das almas* não estaria fadada a ter os piores parasitas?

20

Sou cruel então, ó meus irmãos? Mas vos digo: aquele que está caindo deve ainda ser empurrado!

Tudo de hoje — está caindo, está decadente: quem haveria de querer detê-lo? Mas eu, por mim, — eu *quero* empurrar também!

Conheceis o prazer de jogar pedras nas profundezas dos precipícios? — Esses homens de hoje, vede como rolam para as minhas profundezas!

Sou um prelúdio para executantes melhores, ó meus irmãos! Sou um exemplo! *Ajam* de acordo com meu exemplo!

E a quem não consiga vos ensinar a voar, ensinai-lhe, vós, a *cair mais depressa*! —

21

Amo os valentes: mas não basta ser um espadachim, é preciso também saber contra quem usar a espada!

E quase sempre há maior bravura em se manter quieto e dar passagem: — e *por isso* se guardar para um inimigo que valha mais a pena!

Devereis ter somente inimigos a quem vós odiais, mas não inimigos a quem desprezais: devereis ter orgulho de seu inimigo: assim já vos ensinei.

Devereis poupar-vos, meus amigos, para um inimigo que valha mais a pena: *por isso* deveis dar passagem a muitos, —

— principalmente os muitos da escumalha que vem até vossos ouvidos para falar sobre as pessoas e os povos.

Guardai vossos olhos limpos dos prós e contras! Há muita coisa certa e muita coisa errada, e quem olha acaba irritado.

Olhar e medir são a mesma coisa — uma coisa puxa a outra; por isso, ide para a floresta e colocai para dormir a vossa espada.

Segui os *vossos* caminhos! E deixai que as pessoas e os povos sigam os seus! — formas sombrias, em verdade, já não são mais iluminadas por uma única esperança!

Deixai que os merceeiros reinem lá onde tudo o que ainda brilha — é o ouro dos merceeiros! A era dos reis se acabou: o que hoje se chama povo não é merecedor de nenhum rei.

Vede só como agora este povo se comporta como merceeiro: tiram para si a menor vantagem de todo tipo de besteira.

Ficam na espreita uns dos outros, enganam-se mutuamente e chamam a isso de "boa vizinhança". Ó bendito tempo distante quando um povo dizia a si mesmo: "Quero ser — *senhor* acima de outros povos.

Porque, meus irmãos, o melhor deve dominar, o melhor *quer* dominar! E onde a doutrina é ensinada de maneira diferente, por lá — o melhor está *em falta*.

22

Se *eles* tivessem — o pão de graça! por que coisa mais poderiam *eles* gritar? Seu sustento — esse é o seu próprio entretenimento; e eles devem ter uma vida dura!

São animais de rapina: mesmo em seu "trabalho" — há mesmo saques em seu "ganhar" — há fraude! Por isso devem ter uma vida dura!!

Os melhores animais de rapina deverão, assim, tornar-se, mais sutis, espertos, mais semelhantes *aos homens*, pois o homem é o melhor animal de rapina.

O homem roubou as virtudes de todos os animais: é por isso que, de todos os animais, a vida tem sido dura para o homem.

Apenas os pássaros estão além dele. E se o homem pudesse aprender a voar — ai de nós, até que *altura* sua rapinagem voaria!

23

É assim que quero o homem e a mulher: ele preparado para a guerra e ela apta para a maternidade, mas ambos aptos para dançar com as cabeças e os calcanhares.

E o dia em que não dançarmos nem uma vez será considerado perdido! E toda a verdade que não venha acompanhada de risos será considerada falsa!

24

Vosso contrato de casamento: cuide para que não seja um mau *contrato*! Vós decidistes de forma muito apressada: daí o rompimento do casamento — é o *que se segue.*

É melhor um casamento terminado do que um casamento flexível ou um casamento de mentira! — Uma mulher falou isso para mim: "Na verdade terminei meu casamento, mas antes meu casamento já tinha terminado — comigo!"

Entre os malcasados encontrei sempre os mais vingativos: fazem com que todos sofram pelo fato de não serem mais solteiros.

Por esta razão quero que as pessoas honestas digam umas para as outras: "Nós nos amamos: deixai-nos *cuidar* para que possamos continuar apaixonados! Ou nossa jura terá sido um erro?"

— "Permiti que acertemos um prazo e um pequeno casamento para ver se estamos prontos para o grande casamento! É sempre uma coisa grande virar um par!"

É este o meu conselho às pessoas honestas; o que seria de meu amor pelo Super-homem e por tudo que ainda virá, se eu aconselhasse e falasse de outro jeito!

Não multiplicai-vos apenas para diante, mas também para o *alto* — que o jardim do casamento vos ajude, meus irmãos!

25

Vede que aquele que conhece a fundo suas velhas origens acabará finalmente por buscar novas fontes do futuro e de novas origens. —

Ó meus irmãos, não tardará para que *novos povos* surjam e que novas fontes corram para novas profundezas.

Porque o terremoto — obstrui muitos poços e causa muita sede, mas traz também à luz poderes interiores e segredos.

O terremoto deixa à mostra novas fontes. Do terremoto de povos antigos irrompem novas fontes.

E em torno daquele que gritar: "Vejam, eis aqui uma fonte para os muitos sedentos, um coração para aqueles que anseiam e uma vontade para muitos instrumentos" — em torno dela irá se juntar um *povo*, quer dizer: muitos dos que farão essa tentativa.

Quem é que comanda e quem obedece — *é essa a tentativa ali*! Ah, e com extensas buscas e resoluções de problemas e fracassos, aprendizado e nova tentativas!

A sociedade humana: é uma tentativa, como eu ensino — uma busca prolongada: uma procura por aquele que comanda! —

— uma tentativa, meus irmãos! *Não* um "contrato"! Destroçai tal expressão dos corações moles e dos medíocres!

26

Ó meus irmãos! Com quem está o maior dos perigos do futuro de toda a humanidade? Não é com os bons e justos? —

— com aqueles que falam e sentem com seus corações: "Já sabemos o que é bom e justo e o possuímos também; ai daqueles que, por aqui, ainda estão à procura!"

E quaisquer que sejam os danos causados pelos ímpios, os danos causados pelos bons são os mais danosos!

Quaisquer que sejam os danos causados pelos caluniadores do mundo, os danos causados pelos bons são os mais danosos.

Ó meus irmãos, uma vez alguém olhou para o coração dos bons e justos e disse: "Eles são fariseus." Mas não foi compreendido pelo povo.

Os próprios bons e justos não puderam compreendê-lo: seus espíritos estavam aprisionados em suas boas consciências. A estupidez dos bons é incomensuravelmente esperta.

Mas a verdade é a seguinte: os bons *têm* que ser fariseus — não têm outra escolha para eles!

Os bons têm que crucificar aquele que cria sua própria virtude! Esta *é* a verdade!

Porém o segundo homem que descobriu terra deles, a terra, o coração e o solo dos bons e justos, foi aquele que perguntou: "Quem é que eles mais odeiam?"

O *criador* é quem eles mais odeiam: aquele que quebrou as tábuas da lei e os velhos valores, o destruidor — e o chamam de criminoso.

Porque os bons — não *podem* criar: eles são sempre o começo do fim —

— crucificam aquele que escreve novos valores em novas tábuas da lei, sacrificam o futuro de *si próprios* — crucificam todo o futuro da humanidade!

Os bons — sempre foram o começo do fim. —

27

Ó meus irmãos, entendestes também esta palavra? E o que eu falei uma vez sobre o "o último homem"? —

Com quem está o maior dos perigos do futuro da humanidade? Não é com os bons e justos?

Destroçai, destroçai, eu vos peço, os bons e justos! — Ó meus irmãos, entendestes também esta palavra?

28

Fugis de mim? Estais amedrontados? Tremeis ao ouvir esta palavra?

Ó meus irmãos, quando eu propus que vós destroçásseis os bons e os justos e suas tábuas da lei — embarquei o homem em direção ao seu mar alto.

E somente agora é que lhes chega o grande terror, a grande visão, a grande doença, a grande náusea, o grande enjoo do embarcado.

Os bons vos ensinaram falsas praias e falsas seguranças; nascestes e fostes criados sob as mentiras dos bons. Tudo foi radicalmente distorcido e revirado pelos bons.

Mas aquele que descobriu a terra do "homem", também descobriu a terra do "futuro do homem". Agora podeis ser navegadores, bravos, navegadores pacientes!

Aprumai-vos agora enquanto é tempo, meus irmãos, aprendei a permanecer eretos! O mar está bravo: muitos buscam se aprumar por meio de vós! O mar está bravo: tudo está no mar. Ei, ânimo! Vamos, velhos corações marinheiros!

Que pátria! Mais para *lá* ruma o nosso leme, para onde fica a *terra de nossos filhos*! Lá ao longe, mais bravia do que o mar está a tempestade do nosso grande anseio! —

29

"Por que tão duro?", falou uma vez o carvão para o diamante; "pois não somos parentes próximos?" —

Por que tão brandos? Ó meus irmãos, assim *eu* vos pergunto; — não sois, pois, meus irmãos?

Por que tão brandos, tão submissos e complacentes? Por que há tanta negação e abnegação em vossos corações? E por que há tão pouco destino em vossos semblantes?

Se não quiserdes ser destino, se não quiserdes ser inexoráveis: como podereis um dia — vencer junto comigo?

Se a vossa dureza não quisesse brilhar e retalhar em pedaços: como podereis, um dia, — criar junto comigo?

Porque os criadores são duros. E pode parecer uma benção para vós moldar milênios com a mão, assim como se fosse cera —

— uma benção suprema escrever na vontade de milênios, do mesmo modo que sobre o metal — mais duro do que o metal, mais nobre do que o metal. Somente o mais nobre é perfeitamente duro.

Coloco por cima de vós, meus irmãos, esta nova tábua da lei: *tornai-vos duros!* —

30

Ó minha vontade! Tu, a transmutação de cada necessidade, *minha* necessidade que afasta a carência! Proteja-me de todas as pequenas vitórias!

Ó predestinação de minha alma a que eu chamo destino! Tu, dentro de mim! Sobre mim! Proteja-me e reserve-me um grande destino!

E tua última grandeza, minha vontade, guarda para teu último embate — e que sejas inexorável *em* sua vitória! Ah, aquele que não sucumbiu na sua vitória.

Ah, aquele cujo olhar não diminuiu nesse ocaso embriagado! Ah, aquele cujo pé não vacilou e não esqueceu na vitória — como permanecer de pé! —

— Para que, um dia, eu esteja pronto e maduro no grande meio-dia: pronto e maduro como a incandescência do minério, a nuvem cheia de raios e úberes inchados de leite: —

— pronto para mim mesmo e para a minha mais secreta vontade: um arco ansioso por sua flecha; uma flecha ansiosa por sua estrela: —

— uma estrela pronta e madura em seu meio-dia, incandescente, trespassada, bem-aventurada pelas flechas solares destruidoras: —

— ela própria um sol, e uma inexorável vontade solar, pronta para a destruição na vitória! —

Ó Vontade, mudança de cada necessidade, *minha* necessidade que afasta a carência! Reserva-me para uma grande vitória! — —

Assim falou Zaratustra.

O convalescente

1

Uma manhã, não muito depois de seu retorno para a caverna, Zaratustra saltou da cama como um louco, gritando com uma voz terrível e agindo como se alguém ainda estivesse deitado em sua cama e não quisesse dela se levantar; e a voz de Zaratustra também ressoou de tal forma que seus animais vieram até ele com medo e todas as criaturas de todas as cavernas e esconderijos da vizinhança de Zaratustra escapuliram voando, esvoaçando, rastejando ou saltando, de acordo com a variedade de tipos de pés ou asas com os quais eram dotados. Zaratustra, entretanto, disse essas palavras:

Levanta-te de minhas profundezas, pensamento abismal! Sou o teu galo e teu amanhecer, verme dorminhoco: Levanta-te! Levanta-te! Minha voz irá despertar-te em breve!

Desata os grilhões de teus ouvidos e ouça-me! Pois eu gostaria de ouvir-te! Levanta-te! Levanta-te! Há trovão forte o bastante para fazer com que até os túmulos escutem!

E varre o sono e toda a obscuridade e cegueira de teus olhos! Ouça-me também com teus olhos: minha voz é remédio até mesmo para os cegos de nascença.

E uma vez acordado, deverás permanecer acordado para sempre. Não costumo despertar bisavós de seus sonos para depois mandar — que voltem a dormir!

Estás te movimentando, espreguiçando, pigarreando? Levanta-te! Levanta-te, não deves pigarrear, deves falar comigo! Zaratustra, o Ateu, te chama!

Eu, Zaratustra, o defensor da vida, do sofrimento, do círculo — a ti eu chamo, meu pensamento mais abismal!

Ah! Estás vindo — eu te ouço! Meu abismo *fala*, a mais humilde profundeza que tenho, eu a trouxe até a luz!

Ah! Vem, Dá-me tua mão — ha! não! Ha! ha! — Nojo, nojo, nojo — ai de mim!

2

Zaratustra mal tinha dito essas palavras, entretanto, quando caiu como morto e permaneceu como morto por um longo tempo. No entanto, quando voltou a si estava pálido e tremendo e permaneceu deitado e durante muito tempo não comeu nem bebeu. Continuou assim durante sete dias; seus animais, entretanto, não arredaram pé de seu lado, dia e noite, exceto a águia que voou para buscar comida. E tudo o que conseguiu colocou ao lado da cama de Zaratustra: e por fim Zaratustra estava deitado rodeado de frutas amarelas e vermelhas: uvas, maçãs rosadas, pinhas e ervas aromáticas. A seus pés, havia dois cordeiros que a águia havia carregado com dificuldade para longe de seus pastores.

Por fim, após sete dias, Zaratustra levantou-se em sua cama, pegou uma maçã rosada, cheirou-a e sentiu que seu aroma era agradável. Então seus animais acharam que podiam falar com ele.

"Ó Zaratustra", disseram, "estivestes deitado desse modo por sete dias, com os olhos pesados: não irás ficar de pé outra vez?

Sai de tua caverna: o mundo como um jardim, o aguarda. O vento que brinca com intensa fragrância, o aguarda; e todos os córregos gostariam de correr ao teu encontro.

Tudo anseia por ti desde que ficastes por sete dias sozinho — sai de tua caverna! Todas as coisas querem ser teus médicos!

Terá talvez chegado a ti um novo conhecimento, um conhecimento amargo e opressivo? Como fermento na massa estiveste deitado, tua alma ergueu-se e transbordou além de teus limites." —

"Ó meus animais", respondeu Zaratustra, "continuai a falar e deixai que vos ouça! Vossas palavras são refrescantes: onde há palavras o mundo é como um jardim para mim. Como é encantador ver que existem sons de música e palavras: por acaso, não são as palavras e a música como arco-íris e pontes ilusórias entre coisas eternamente separadas?

Para cada alma um mundo; para qualquer alma, outra alma é um ultramundo.

E entre as coisas mais semelhantes é onde mente de maneira mais bela a aparência; pois é mais difícil colocar uma ponte que transponha o menor abismo.

Para mim — como pode existir alguma coisa fora de mim. Não há nada fora de mim! Mas nos esquecemos disto ao ouvir outro som; quão maravilhoso é o que esquecemos!

Nomes e sons foram dados às coisas a fim de que o homem pudesse refrescar sua memória com isso? A fala é uma bela doidice: com ela o homem dança sobre todas as coisas.

Quão agradáveis são todas as falas e todas as falsidades dos sons! Com os sons nosso amor dança em arco-íris de várias cores." —

"Ó Zaratustra", disseram então os animais, "para os que pensam como nós, todas as coisas dançam: elas vêm e oferecem suas mãos, riem, fogem — e retornam.

Tudo vai embora e tudo retorna; a roda da existência gira eternamente. Tudo morre e tudo floresce de novo; o ano da existência corre eternamente.

Tudo se quebra, tudo se junta de novo; eternamente é reconstruída a mesma casa da existência. Tudo se separa e tudo se reúne de novo; o anel da existência é eternamente fiel a si mesmo.

A existência começa a todo instante; em volta de cada 'aqui' rola a bola do 'acolá'. O meio está em toda parte. O caminho da eternidade é curvo." —

"Vós, astutos realejos!", respondeu Zaratustra, e sorriu outra vez; "como sabíeis bem — o que deveria ser realizado em sete dias —

— e como aquele monstro entrou rastejando em minha garganta e me sufocou! Mas eu lhe mordi a cabeça e a cuspi para longe.

E vós — e vós já fizestes disto uma canção de realejo? Mas eu estou agora aqui deitado ainda cansado dessa mordida e dessa cuspidela, ainda doente da minha própria redenção.

E vós assististes a isto tudo? Ó meus animais, vós também sois tão cruéis? Também quisestes assistir ao meu grande sofrimento, como fazem os homens? Porque o homem é o mais cruel dos animais.

Até então, as tragédias, touradas e as crucificações fizeram dele o mais feliz na Terra; mas quando ele inventou o Inferno, vede, aí foi o seu paraíso na Terra.

Quando o grande homem grita, na mesma hora corre o pequeno homem até ele; com a língua de fora, babando de lascívia. Entretanto, ele chama isto de sua 'compaixão'.

O homem pequeno, principalmente o poeta — quão veementemente ele acusa a vida em palavras!

Ouvi-o, mas não deixeis de perceber o prazer que demonstra em todas as acusações!

Tais acusadores da vida: a vida os domina num simples piscar de olhos. 'Tu me amas?' pergunta a insolente; 'espera um pouco, ainda não tive tempo para ti.'

O homem é o mais cruel dos animais para consigo mesmo; e em todos aqueles que se queixam a si próprios por serem 'pecadores', por carregarem 'a cruz' e por se penitenciarem, não deixe de notar o prazer sensual em seus lamentos e em suas acusações.

E eu próprio — quero acaso ser o acusador do homem? Ah, meus animais, aprendi pelo menos que o pior mal no homem é necessário para o que haja de melhor nele —

— que aquilo que existe de pior nele é a sua melhor *força*, a pedra mais resistente para o criador supremo; e que o homem deve crescer melhor *e* pior.

Não só pela tortura de me ver cravado *nesta* cruz — mas por saber que o homem é mau — foi que gritei como ninguém jamais o fez:

'Ah, como é tão pequeno o que ele tem de pior! Ah, como é tão pequeno aquilo que ele tem de melhor!'

A grande aversão ao homem — *isto* que rastejando invadiu minha garganta me sufocava: e como adivinhou o adivinho: 'Tudo é uma coisa só, nada vale a pena, o conhecimento sufoca.'

Um longo crepúsculo avançava vagaroso à minha frente, uma tristeza mortalmente cansada, embriagada de morte e que falava num bocejo.

'Eternamente ele retorna, o homem do qual estás cansado, o homem pequeno' — minha tristeza bocejou, arrastou os pés e não conseguiu cair no sono.

Tornou-se uma caverna para mim a Terra do homem, seu peito escavado nela, tudo que era vivo se mostrou para mim como poeira, ossos humanos e passados apodrecidos.

Meus suspiros se depositavam em todas as sepulturas do homem e não podiam mais se erguer; meus suspiros e perguntas se sufocavam e se consumiam, lamentando-se dia e noite:

— 'ah, o homem retorna eternamente! O homem pequeno retorna eternamente!' —

Nus, uma vez vi a ambos, o maior e o menor dos homens: demasiado semelhantes entre si — demasiado humano, até o maior dos homens!

Tudo é demasiado pequeno, até o maior dos homens! — esse era o nojo que eu sentia em relação ao homem! E do eterno retorno até do menor! Esse era o nojo que sentia em relação a toda a existência!

Ah, nojo! Nojo! Nojo!" — Assim falou Zaratustra, suspirou e arrepiou-se; porque se lembrou de sua doença. Mas seus animais não o deixaram falar mais nada.

"Não fales mais nada, ó convalescente!" — assim seus animais o responderam, "mas vai para fora, onde o mundo te espera tal qual um jardim.

Vai para o meio das rosas, das abelhas e dos bandos de pombos! Mas vá principalmente para onde estão os pássaros canoros para que possas aprender a *cantar* com eles!

O canto deve ser para os convalescentes: deixa que os saudáveis falem. E quando o homem saudável também deseja cantar, deseja canções diferentes das do convalescente."

— "Ó astutos e realejos, façam silêncio!" — respondeu Zaratustra e sorriu para os seus animais. "Como sabeis tão bem qual consolo inventei para mim em sete dias!

Que eu volte a cantar — *aquele* consolo e *esta* convalescença foi o que inventei para mim: quereis acaso fazer disto também outra canção de realejo?"

— "Não fales mais nada", responderam de pronto seus animais; "em vez disso, prepara primeiro uma lira para ti, convalescente, uma lira nova!

Porque vê, ó Zaratustra! Para tuas novas canções são necessárias liras novas.

Canta e transborda, ó Zaratustra, cura tua alma com canções novas, para que possas suportar teu grande destino, que jamais foi o destino de ninguém!

Porque teus animais bem sabem, ó Zaratustra, quem és e o que deves vir a ser: *veja, és o mestre do eterno retorno* —, este agora é o *teu* destino!

Tens que ser o primeiro a ensinar esta doutrina — como um destino assim tão grande não seria também teu maior perigo e enfermidade!

Vê, sabemos o que ensinas: que todas as coisas retornam eternamente e nós mesmos também com elas e que já existimos um sem número de vezes antes assim como todas as coisas conosco.

"Ensinas que há um grande ano de vir a ser, um ano tão colossal que precisa ser como uma ampulheta que vira sem cessar para que se encha e se esvazie sem cessar: —

— para que todos os anos se pareçam uns com os outros, na grandeza das coisas e na sua pequenez — para que nós nos pareçamos conosco mesmos em cada grande ano, tanto nas maiores como nas menores coisas.

E se quisesse morrer agora, ó Zaratustra, vê, nós também sabemos o que irias dizer a ti mesmo — mas teus animais te pedem para que não morras ainda!

Tu dirias — sem tremer, mas ao invés disso, num suspiro de felicidade: pois um grande peso e uma grande opressão seriam retirados de cima de ti, ó mais paciente dos homens pacientes:

'Agora morro e me decomponho', tu dirias, 'e num instante não serei mais nada. As almas são tão mortais quanto os corpos.

Mas a complexidade das causas em que estou envolvido irá retornar — e me recriará de novo! Eu próprio sou pertinente a causas do eterno retorno.

Hei de voltar, com este sol, com esta terra, com esta águia, com esta serpente — *não* para uma vida nova, melhor ou semelhante:

— eternamente retornarei para uma vida idêntica a esta, na grandeza das coisas e na sua pequenez, para ensinar uma vez mais o eterno retorno de todas as coisas —

— para falar uma vez mais a palavra do grande meio-dia da terra e do homem, para anunciar ao homem, mais uma vez, o Super-homem.

— falei minha palavra, quebrei minha palavra: é assim que quer meu destino eterno — e sucumbo como adivinho!

Chegou a hora a qual quem está no ocaso deve abençoar-se a si mesmo. Assim — *termina* o ocaso de Zaratustra.'"

Depois de falarem essas palavras, os animais ficaram em silêncio e esperaram que Zaratustra falasse algo para eles: mas Zaratustra não ouviu que estavam em silêncio. Ao contrário, continuou imóvel com os olhos fechados como uma pessoa que estivesse dormindo, embora não estivesse: porque estava se comunicando através de sua alma. A serpente e a águia, entretanto, quando o viram assim em silêncio, respeitaram a quietude à sua volta e se retiraram discretamente.

Do grande anseio

Ó minha alma, ensinei-te a dizer "hoje", assim como "algum dia" e "antigamente", e a dançar tua dança sobre todos os aqui, lá e acolá.

Ó minha alma, resgatei-te de todos os cantos, espanei a tua poeira, tuas aranhas e penumbras.

Ó minha alma, lavei-te das pequenas vergonhas e das virtudes embaraçosas e convenci-te a apresentar-te nua diante dos olhos do sol.

Com a tempestade chamada de "espírito", varri com meu sopro teu mar ondulante; soprei para longe todas as nuvens, estrangulei até o estrangulador chamado "pecado".

Ó minha alma, dei-te o direito de dizer Não como a tempestade e de dizer Sim como o céu aberto diz Sim: agora permaneces calma como a luz e passas através de tempestades de negação.

Ó minha alma, restaurei tua liberdade sobre as coisas criadas e incriadas: e quem conhece, como tu conheces, os prazeres das coisas do futuro?

Ó minha alma, ensinei-te o desprezo que não se alcança como um verme devorador, o grande desprezo amoroso que quanto mais ama mais despreza.

Ó minha alma, eu ensinei-te tanto a persuadir que persuades, tu mesma, os motivos para que venham a ti — tal como o sol que persuade o mar a erguer-se até à sua altura.

Ó minha alma, tirei de ti toda a obediência, a genuflexão e a subserviência; eu mesmo dei-te os nomes de "transmutação da necessidade" e "destino".

Ó minha alma, dei-te novos nomes e muitos brinquedos multicoloridos, chamei-te de "destino" e "círculo dos círculos", "cordão umbilical do tempo" e "redoma azul".

Ó minha alma, ao teu domínio dei de beber toda a sabedoria terrestre, todos os vinhos novos e também todos os vinhos fortes e imemoravelmente antigos da sabedoria.

Ó minha alma, cada sol eu derramei sobre ti, cada noite, cada silêncio e todos os anseios: — então cresceste para mim como a videira.

Ó minha alma, agora estás exuberante e carregada, uma videira com úberes inchados e cachos compactos de uvas castanho-douradas —

— comprimida e pressionada por tua felicidade, à espera da superabundância e ainda assim envergonhada por esta espera.

Ó minha alma, agora não há em lugar algum uma alma que seja mais amorosa, compreensiva e ampla! Onde poderiam o futuro e o passado estar mais perto um do outro, senão contigo?

Ó minha alma, dei-te tudo e minhas mãos se tornaram vazias através de ti: e agora! Agora me pedes sorrindo e cheia de melancolia: "Quem de nós tem direito ao agradecimento? —

— não é o doador quem merece agradecer a quem recebeu, por ter recebido? Dar não é uma necessidade? Receber não é — piedade?" —

Ó minha alma, entendo o sorriso de tua melancolia: tua própria superabundância agora estende mãos ansiosas!

Tua plenitude olha por sobre o mar bravio, procura e aguarda; a ânsia da abundância olha pelo céu sorridente de teus olhos!

E em verdade, ó minha alma, Quem pode ver teu sorriso sem se desmanchar em lágrimas? Os próprios anjos se desmancham em lágrimas através da excessiva graça de teu sorriso.

Tua graça, a tua suprema graça, não quer se queixar e chorar, e, ainda assim, ó minha alma, teu sorriso anseia por lágrimas e tua boca treme por soluços.

"O choro não é uma queixa? E toda queixa não é uma acusação? Falas assim, a ti mesma, e por isso, ó minha alma, é melhor sorrir do que derramar a tua dor —

— que numa torrente de lágrimas possa jorrar toda a tua tristeza que causa a tua plenitude e todo o desejo da videira pela faca de quem lhe colhe as uvas!

Mas se não queres chorar nem aliviar no pranto a tua melancolia púrpura, terás então que *cantar,* ó minha alma! Veja, eu próprio sorrio e faço esta predição:

— cantar uma canção apaixonada, até que todos os mares se acalmem e ouçam o teu anseio —

— até que sobre os mares calmos e ansiosos deslize o barco, a maravilha dourada, o ouro em torno do qual todas as coisas boas, más e maravilhosas se agitam —

— e também animais grandes e pequenos, e tudo o que possui pés leves e maravilhosos que podem correr sobre caminhos violetas —

— em direção à maravilha dourada, o barco de vontade livre, e seu mestre: ele, entretanto é o colhedor que espera com sua faca de diamante —

— teu grande decifrador, ó minha alma, o ser sem nome — para o qual apenas as canções do futuro encontrarão nomes! E em verdade, teu hálito já tem a fragrância das canções do futuro —

— tu já brilhas e sonhas, já bebes sedenta de todos os poços fundos ecoantes de consolo, tua melancolia já repousa nas bênçãos das canções futuras! —

Ó minha alma, agora dei-te tudo, e até a última coisa que te podia dar, e minhas mãos se tornaram vazias através de ti: — *propus que cantasses*, veja, esta foi a última coisa que tinha para te dar!

Propus que cantasses — agora diz, diz: *quem* de nós agora — merece agradecimento? Melhor ainda: canta para mim, canta, ó minha alma! E deixe que seja eu que te agradeça! —

Assim falou Zaratustra.

O outro canto da dança

1

Dentro dos teus olhos que acabo de olhar, ó vida: vi ouro brilhar na noite dos teus olhos — e meu coração parou extasiado:

— vi um barco dourado rebrilhar sobre águas escuras, que flutuava e submergia e voltava balançando o casco dourado.

Diante de meu pé frenético para dançar, lançaste um olhar, um olhar sorridente, inquiridor e derretido.

Somente duas vezes ergueste tuas castanholas com tuas mãos pequenas — e meus pés se agitaram no frenesi da dança —

Meus calcanhares se ergueram, meus dedos dos pés ouviram com atenção o que dizias — pois que no dançarino os ouvidos são nos dedos dos pés!

Pulei para o teu lado — mas tu me colocaste de volta ao meu impulso: e para mim serpenteavam as mechas fugidias de teus cabelos!

Para longe de ti e de teus cabelos de serpentes, eu pulei: então, numa meia-volta já tu te erguias com os olhos cheios de desejo.

Com um olhar insinuante — ensinaste-me passos insinuantes, e por caminhos insinuantes meu pé aprendeu — caprichos astuciosos!

Temo tua proximidade, e amo-te quando estás distante; tua fuga me fascina, tua busca me dá segurança — sofro, mas por ti quem não aguentaria tudo de bom grado!

Por ti, cuja frieza inflama e cujo ódio desencaminha; cuja fuga acorrenta e cuja zombaria — enternece:

— quem não iria odiar-te, tu que és envolvente e que nos prende, nos tenta e seduz, nos procura e nos encontra! Quem não iria amar-te, inocente, impaciente, impulsiva e pecadora com o olhar infantil e com a ligeireza do vento!

Para onde me arrebatarás agora, maravilha indomável? Mais uma vez me fazes de bobo e foges, tu, doce e esquiva menina levada!

Acompanho-te na dança e sigo até onde haja um vestígio de tua presença. Onde estás? Dá-me tua mão! Ou apenas um dedo!

Aqui há apenas cavernas e mato: vamos nos perder! Pare! Fique quieta! Não vês a revoada das corujas e morcegos?

Ah, morcego! Ah, coruja! Tu quiseste me fazer de bobo? Onde estamos? Aprendeste com os cães a rosnar e a uivar?

Ranges para mim com doçura os teus pequenos dentes brancos e me fulminam os teus olhos malvados escondidos por baixo da tua pequena juba encaracolada!

Esta é uma dança sobre paus e pedras: sou o caçador — queres ser meu cão de caça ou meu cabrito montês?

Agora ao meu lado! E depressa, viandante malvada! Agora pule! E atravesse — Ai de mim! Ao pular acabei eu por cair!

Oh, vê que estou caído, companheira maliciosa, e que te rogo um favor. Ficaria contente se pudesse seguir-te — para algum lugar agradável!

— pelos caminhos do amor através de bosques floridos e tranquilos! Ou então ao longo do lago onde dançam e nadam peixes dourados!

Estás cansada agora? Acolá há carneiros e crepúsculos ao final da tarde: terminemos nossa perseguição: não é doce dormir enquanto o pastor toca sua flauta?

Estás assim tão cansada? Eu irei levar-te até lá, abaixa teus braços! E se estiveres com sede — eu tenho algo, mas não gostaria de beber! —

— Oh, essa maldita serpente esperta, flexível e amaldiçoada à espreita das bruxas! Para onde foste? Com a mão posso sentir em meu rosto dois pontos e manchas vermelhas que coçam!

Estou muito cansado disso, de ser teu pastor, sempre tímido e manso! Se até aqui cantei para ti, Bruxa, agora *tu* é quem deves — gritar para mim!

Ao ritmo de meu chicote, deves gritar e dançar! Terei esquecido meu chicote? — Não, não esqueci!

2

Então a vida respondeu-me assim, com seus ouvidos graciosos tampados:

"Ó Zaratustra! Não estales teu chicote de modo tão terrível! Com certeza sabes: o barulho mata o pensamento — e justamente agora chegam até a mim delicados pensamentos.

Somos ambos perfeitos irresponsáveis e imprestáveis. Além do bem e do mal, descobrimos a nossa ilha e nossa campina verdejante — nós dois sozinhos! Por isso devemos ser amistosos um com o outro!

E se não nos amamos um ao outro até o fundo de nossos corações, — devemos ter que nos detestar um ao outro só porque não nos amamos desta forma?

Sei que eu sou bem amistoso contigo que, muitas vezes, sou muito amigo de ti, isso bem o sabes: a razão é que tenho ciúme de tua sabedoria. Ah, esta louca velha e tola sabedoria!

Se tua sabedoria um dia te abandonasse, ah! então meu amor também num instante iria te abandonar." —

Depois disso, a vida olhou pensativa para trás e à sua volta e disse com doçura: "Ó Zaratustra, tu não me és fiel o bastante!

Nem seu amor chega perto do quanto dizes me amar; sei que pensas em abandonar-me logo.

Há um velho e pesado sino de som grave e forte: ele toca à noite em tua caverna, lá em cima: —

— quando ouvires o toque desse sino à meia-noite, pensas nisso entre uma e doze —

— pensas, ó Zaratustra, eu sei, pensas que em breve irás querer me deixar!" —

"Sim," respondi hesitante, "mas tu também sabes..." E falei algo em seu ouvido, entre as confusas, louras, madeixas de seus cabelos.

"Tu *sabes* disso, não, Ó Zaratustra? Disso ninguém sabe." —

E nos olhamos um ao outro, e contemplamos a campina verdejante sobre a qual a noite fresca estava apenas passando, e choramos juntos. — Então a vida foi mais querida para mim do que jamais o fora minha sabedoria. —

Assim falou Zaratustra.

3

Um!

Ó Homem! Atenção!

Dois!

O que diz a voz da meia-noite?

Três!

"Eu dormi o meu sono —

Quatro!

Acordei agora de um sonho profundo: —

Cinco!

Profundo é o mundo,

Seis!
E mais profundo do que percebe o dia.

Sete!
Profunda é sua desgraça —,

Oito!
Júbilo — mais profundo do que o desgosto:

Nove!
A desgraça diz: Passa!

Dez!
Mas todo júbilo deseja a eternidade —

Onze!
— deseja a eternidade profunda!"

Doze!

Os sete selos
(ou: A canção do sim e do amém)

1

Se sou um adivinho cheio do espírito divinatório que vagueia sobre a alta cordilheira, entre dois mares, —

que vagueia entre o passado e o futuro como uma nuvem pesada, — hostil às baixadas ardentes e a tudo o que está cansado e não pode morrer nem viver:

pronto para o relâmpago em seu seio escuro e para o clarão de luz redentora, repleta de relâmpagos que dizem Sim!, que riem Sim!, pronto à emanação profética dos relâmpagos:

— mas bem-aventurado é aquele que está repleto assim! E, em verdade, aquele que quer acender a luz do futuro tem que ficar por muito tempo como uma forte tempestade sobre as montanhas! —

oh, como não poderia eu desejar a eternidade e o nupcial anel dos anéis — o anel do retorno? —

Ainda não encontrei a mulher com quem gostaria de ter filhos, a não ser esta mulher que amo: porque amo a ti, ó Eternidade!

Porque amo a ti, ó eternidade!

2

Se alguma vez minha raiva destruiu túmulos, removeu marcos de fronteiras e fez rolar tábuas da lei destroçadas pelos abismos:

Se alguma vez minha zombaria soprou aos ventos as palavras apodrecidas, e se eu fui como uma vassoura contra as aranhas e como uma rajada de ar purificador sobre os sepulcros —

Se alguma vez exultante me sentei onde velhos deuses jaziam sepultados, abençoei e amei o mundo, ao lado de monumentos de velhos caluniadores do mundo —

— pois até igrejas e túmulos de deuses eu amo, quando somente o céu está olhando através de cúpulas partidas com olhos puros: gosto de sentar-me como a erva e a papoula vermelha sobre as igrejas em ruínas —

Oh, como não poderia eu desejar a eternidade e o nupcial anel dos anéis — o anel do retorno?

Ainda não encontrei a mulher com quem gostaria de ter filhos, a não ser que esta mulher seja aquela que eu amo: porque amo a ti, ó eternidade!

Porque amo a ti, ó eternidade!

3

Se alguma vez, um ar do sopro veio a mim através da respiração criativa e daquela necessidade celestial que obriga até o acaso a dançar em volta das estrelas;

Se alguma vez me ri com o riso do relâmpago criativo, ao qual se segue o murmúrio longo e obediente do trovão da ação;

Se algumas vez joguei dados com os deuses na mesa divina da terra, e a terra tremeu e se partiu e dela jorraram torrentes de fogo —

— porque a terra é a mesa divina e treme com novas palavras criativas e lances de dados dos deuses: —

Oh, como não poderia eu desejar a eternidade e o nupcial anel dos anéis — o anel do retorno?

Ainda não encontrei a mulher com quem gostaria de ter filhos, a não ser que esta mulher seja aquela que eu amo: porque amo a ti, ó eternidade!

Porque amo a ti, ó eternidade!

4

Se alguma vez bebi um grande trago daquele jarro de especiarias espumantes no qual as coisas estão bem misturadas.

Se alguma vez minha mão fundiu o mais longínquo no mais próximo, o fogo no espírito, a alegria na tristeza e o mais malvado no mais bondoso.

Se eu próprio sou um grão do sal redentor que faz com que tudo se misture bem no jarro;

— pois existe um sal que une o bem ao mal; e mesmo o pior dos males serve para temperar e por fim fazer com que a espuma transborde. —

Oh, como não poderia eu desejar a eternidade e o nupcial anel dos anéis — o anel do retorno?

Ainda não encontrei a mulher com quem gostaria de ter filhos, a não ser que esta mulher seja aquela que amo: porque amo a ti, ó eternidade!

Porque amo a ti, ó eternidade!

5

Se tenho amor ao mar e a tudo que ao mar se assemelha, e o amo mais quando ele raivoso me contradiz.

Se está em mim este prazer da procura que leva as velas em direção ao desconhecido, se o prazer de um navegante está no meu prazer.

Se alguma vez minha alegria gritou: "A terra desapareceu — agora caiu sobre mim o último grilhão —

— a imensidão ressoa ao meu redor, ao longe resplandecem o espaço e o tempo, então, ânimo velho coração!" —

Oh, como não poderia eu desejar a eternidade e o nupcial anel dos anéis — o anel do retorno?

Ainda não encontrei a mulher com quem gostaria de ter filhos, a não ser que esta mulher seja aquela que amo: porque amo a ti, ó eternidade!

Porque amo a ti, ó eternidade!

6

Se minha virtude é a virtude de um dançarino, e se costumo saltar com ambos os pés para o êxtase de ouro e esmeraldas:

Se minha maldade é uma maldade risonha, em casa entre canteiros de rosas e coberturas de lírios:

— é porque no riso está presente todo o mal, porém santificado e absolvido pela sua própria felicidade: —

E se for meu alfa e meu ômega para que tudo o que é pesado possa se tornar leve, todo corpo um dançarino, todo espírito um pássaro: e, em verdade, isto é meu alfa e meu ômega! —

Oh, como não poderia eu desejar a eternidade e o nupcial anel dos anéis — o anel do retorno!

Ainda não encontrei a mulher com quem gostaria de ter filhos, a não ser que esta mulher seja aquela que amo: porque amo a ti, ó Eternidade!

Porque amo a ti, ó eternidade!

7

Se alguma vez espalhei sobre mim um céu tranquilo e voei com minhas próprias asas para meu próprio céu:

Se, de brincadeira, nadei até distâncias-luminosas e profundas e se à minha liberdade veio ter a ave-sabedoria;

— porém assim fala a ave-sabedoria: "Vês? não existe acima ou abaixo! Lança-te por aí, para fora, para trás, pássaro sem peso! Canta! não fales mais!

— as palavras não foram todas feitas para os seres pesados? Todas as palavras não mentem para os seres leves? Canta! Não fales mais!" —

Oh, como não poderia eu desejar a eternidade e o nupcial anel dos anéis — o anel do retorno?

Ainda não encontrei a mulher com quem gostaria de ter filhos, a não ser que esta mulher seja aquela que amo: porque amo a ti, ó eternidade!

Porque amo a ti, ó eternidade!

Quarta e última parte

"Ah, onde no mundo já houve loucuras maiores do que entre os compassivos? E o que no mundo causou maiores sofrimentos do que as loucuras dos compassivos?
Ai de todos os amantes que não atingiram uma altura da sua compaixão!
Assim falou o diabo para mim certa vez: 'Até Deus tem o seu inferno: o seu amor pelo homem.'
E, recentemente, ouvi-o dizer estas palavras: 'Deus está morto; Deus morreu por sua compaixão pelo homem.'" —

Assim falou Zaratustra, "Dos compassivos"
(segunda parte, p. 118).

O sacrifício do mel

— E outra vez se passaram os meses e os anos pela alma de Zaratustra, e ele não lhes deu atenção; entretanto seu cabelo ficou branco. Um dia, enquanto estava sentado sobre uma pedra defronte à sua caverna, em silêncio e com o olhar distante — a vista que tinha era do alto mar e de seus abismos sinuosos —, então seus animais o cercaram pensativos e, por fim, colocaram-se à sua frente.

"Ó Zaratustra", disseram, "estás porventura em busca da tua felicidade?" — "De que serve a felicidade?"

respondeu ele. "Há muito tempo cessei de aspirar pela felicidade e empenhei-me em meu trabalho." "Ó Zaratustra", disseram então os animais, "dizes isto como se estivesses farto de tantas coisas boas. Não estás a se banhar num lago azul de felicidade?" "Ó farsantes", respondeu Zaratustra e sorriu, "escolhestes muito bem esta comparação! Mas sabeis também que minha felicidade é pesada e não líquida como uma onda: ela me pressiona e não irá me abandonar e comporta-se como breu derretido." —

Quando uma vez mais seus animais o cercaram, pensativos, e se colocaram uma vez mais à sua frente. "Ó Zaratustra", disseram, "é *por causa disso* que estás cada vez mais sombrio e amarelado, embora teu cabelo pareça branco e linhoso? Veja, é no breu que estás sentado!" — "O que é que estais dizendo, meus animais?" falou Zaratustra rindo. "Em verdade, falei uma calúnia quando falei em breu. O que está acontecendo comigo é o mesmo que acontece com todos os frutos que amadurecem. É o *mel* em minhas veias que faz com que meu sangue engrosse e a minha alma se acalme." — "Que seja assim, ó Zaratustra", responderam os animais e continuaram: "mas não gostarias de subir uma montanha alta hoje? O ar está limpo, e hoje poderia se ver mais do mundo do que nunca". — "Sim, meus animais", respondeu ele, "vosso conselho é admirável e, pela vontade do meu coração, hoje irei subir a montanha mais alta! Mas cuidem para que eu tenha mel pronto quando chegar lá em cima, mel amarelo, branco, bom, mel dourado gelado da colmeia.

Pois, ficai sabendo que lá em cima farei o sacrifício do mel." —

Mas quando Zaratustra chegou ao topo mandou de volta para casa os animais que o tinham acompanhado e descobriu que agora estava sozinho: então riu com todo o seu coração, olhou à sua volta e falou o seguinte:

Que eu tenha falado em sacrifícios e sacrifícios do mel foi um mero ardil e, em verdade, uma loucura útil! Aqui no alto posso falar com mais liberdade do que diante da caverna do eremita e dos animais do eremita.

Sacrificar — o quê? Eu desperdiço o que me foi dado, eu, perdulário de mil mãos: como poderia chamar isto de — sacrifício?

E quando desejei mel, só desejei apenas uma isca e o muco doce da mucilagem pelo qual lambem os beiços os ursos que rosnam mal-humorados e os pássaros estranhos e malvados:

— a melhor isca, como aquela de que necessitam os caçadores e os pescadores. Porque embora o mundo seja uma selva sombria cheia de animais e um jardim das delícias para os ferozes caçadores, a mim me parece o contrário, de preferência um mar rico e insondável,

— um mar cheio de peixes multicoloridos e caranguejos pelos quais até mesmo os deuses ficam tentados a se tornar pescadores e lançadores de redes: tão rico é o mundo com suas coisas maravilhosas, grandes e pequenas!

Principalmente o mundo humano, o mar humano — na direção *dele* lanço meu caniço dourado e digo: abre-te, abismo humano!

Abre-te e me atire os teus peixes e caranguejos brilhantes! Com minha melhor isca devo atrair hoje o peixe humano mais estranho!

— devo lançar minha própria felicidade longe e em todas as direções, entre o oriente, o meio-dia e o ocidente, para ver se muitos peixes humanos aprenderão a fisgar e a ser puxados pela isca da minha felicidade —

— até que eles, ao morder meu anzol pontudo e escondido, saiam do fundo dos abismos multicoloridos e cheguem até a *minha* altura, até o mais malvado dos pescadores de homens.

Porque *este* sou eu no mais fundo do meu ser, desde o começo, a força que puxa e que atrai, que puxa e que se ergue para cima e para o alto, que educa e trata e que uma vez, não em vão, propôs a si próprio: "Seja o que és!"

Assim, possam os homens *subir* até mim: porque ainda estou aguardando o sinal de que chegou a hora do meu declínio; como ainda não é hora de descer, como sei que vai acontecer, não é hora de ficar entre os homens.

Portanto, espero aqui, no alto das montanhas, nem impaciente e tampouco paciente, mas apenas como alguém que desaprendeu até a paciência — pois já não mais "tolera".

Porque meu destino está me dando tempo: terá me esquecido, talvez? Ou está sentado à sombra, atrás de uma pedra grande caçando moscas?

E em verdade, estou grato ao meu destino eterno por não me atormentar nem me apressar, dando-me tempo para divertimento e diabruras: para que hoje eu pudesse ter subido nesta montanha para pescar.

Alguém já pescou um peixe de cima de uma montanha alta? E se o que eu quero e faço aqui em cima é uma loucura, é melhor que seja assim do que tornar-me solene de tanto esperar — e ficar verde e amarelo —

— bufando de raiva de tanto esperar que uma sagrada e ruidosa tempestade viesse da montanha como o clamor impaciente de um homem a gritar aos vales: "Escutai, ou vos irei chicotear com o açoite de Deus!"

Não que eu pudesse, por conta disso, ter rancor por tais homens raivosos! Eles são bons o suficiente para me fazer rir! Como são impacientes, estes grandes tambores barulhentos que, se não conseguirem ser ouvidos hoje, não o serão nunca mais!

Mas eu e meu destino — não falamos para o hoje, nem falamos para o nunca: para falar temos paciência e tempo e mais do que tempo. Porque ele deverá vir um dia e não poderá passar ao largo.

Mas quem virá um dia e não poderá passar ao largo? A nossa sorte grande, nosso grande e remoto reino humano, o reino milenar de Zaratustra. —

Quão longe é esse "remoto"? E o que me importa? Mas nem por isso é menos certo para mim — estou aqui firme com os dois pés no chão,

— e sobre um solo eterno, sobre duras rochas primordiais, no ponto mais alto desta montanha primordial no qual chegam todos os ventos como se chegassem a um divisor meteorológico das tempestades que indaga Onde? De Onde? e Para Onde?"

Aqui ri e ri minha maldade entusiástica e saudável! Do alto das montanhas lança o seu riso dourado e debochado. Com suas iscas douradas fisga para mim os peixes humanos mais formosos!

E o que há em todos os mares a *mim* pertence e o que há em todas as coisas é meu, em mim e para mim — pesque-*o* para mim, traga-*o* a mim: eu espero isso, eu, o mais malvado de todos os pescadores.

Ao longe, ao longe meu anzol! Mergulhe, afunde e atraia a felicidade! Derrame para baixo o seu orvalho mais doce como o mel do meu coração! Morde, meu anzol, morde no ventre de todas as aflições negras!

Ao longe, ao longe olhem meus olhos! Oh, quantos mares em torno de mim, quantas madrugadas de humanos futuros! Acima de mim — que quietude rósea! Que silêncio sem nuvens!

O grito de socorro

No dia seguinte, Zaratustra sentou-se outra vez sobre a pedra diante de sua caverna enquanto seus animais perambulavam pelo mundo afora à procura de comida fresca — e também de mel fresco: porque Zaratustra havia gasto e esbanjado o mel velho até a última gota. Porém enquanto estava sentado lá com uma vara na mão riscando o contorno de sua sombra no solo de terra e meditando — em verdade, não sobre si mesmo ou sobre o desenho que fazia — ele foi surpreendido e recuou assustado: pois acabara de ver outra sombra ao lado da sua própria. E quando, apressado, olhou em volta e se levantou, eis que o havia adivinhado ao seu lado, o mesmo que uma vez lhe dera de comer e beber à sua mesa, o proclamador do grande cansaço que ensinou: "Tudo é uma coisa só, nada vale a pena, o mundo não tem sentido, o conhecimento sufoca." Mas seu rosto havia mudado desde então; e quando Zaratustra olhou em seus olhos, seu coração foi surpreendido mais uma vez: viu que tantas profecias más e brilhos cinzentos passavam em seu semblante!

O adivinho, ao perceber o que se passou na alma de Zaratustra, deslizou a mão pelo rosto como se quisesse limpar aquela impressão; Zaratustra fez o mesmo. Quando cada qual deles se recompôs e recobrou o ânimo em silêncio, estenderam e apertaram-se as mãos como sinal de que queriam se reconhecer, um ao outro.

"Sê bem-vindo aqui", falou Zaratustra, "Ó profeta do grande cansaço; não foi em vão que fostes uma vez hóspede e convidado em minha mesa. Comei e bebei hoje também comigo, e desculpai por sentar-se à mesa convosco um homem velho e contente!" — "Um homem velho e contente?", respondeu o adivinho, meneando a cabeça. "Mas o que és ou o que queres ser, ó Zaratustra, pois te resta pouco tempo para continuar aqui em cima, pois daqui a pouco teu barco já não deve descansar em terra seca!" — "Estou eu então a descansar em terra seca?", perguntou Zaratustra, rindo. — "As ondas em torno de tua montanha erguem-se e erguem-se", respondeu o adivinho, "ondas de grande angústia e aflição: logo irão também erguer o teu barco e levá-lo com elas." — Após isso, Zaratustra ficou em silêncio enquanto refletia. "Ainda não ouves nada?", continuou o adivinho. "O som do ímpeto e do estrondo que vem subindo das profundezas?" — Zaratustra fez silêncio outra vez e apurou o ouvido: então ouviu um rugido longo e prolongado que ia de um abismo para o outro, pois nenhum deles o queria reter, tão aterrador era o seu som.

"Vós, agourento do mal", falou Zaratustra por fim, "este é um grito de angústia, um grito de um homem. Talvez venha do negro mar. Mas o que importa a angústia humana para mim? O pecado derradeiro que está reservado para mim — será que sabeis como é chamado?

"*Compaixão*!", respondeu o adivinho com o coração transbordante e levantou ambas as mãos para o alto — "Ó Zaratustra, vim para seduzi-lo a consumar teu derradeiro pecado!" —

E nem bem tais palavras haviam sido proferidas, soou o grito outra vez, e mais e mais alarmante do que antes, e muito mais próximo. "Ouves? Ouves, Zaratustra?", gritou o adivinho. "Esse grito te concerne, ele te chama: vem, vem, vem, é chegada a hora, está em cima da hora!" —

Logo depois disso, Zaratustra ficou em silêncio, confuso e trêmulo: e por fim perguntou indeciso em seu íntimo: "E quem é que está lá e me chama?"

"Mas tu sabes quem é, com certeza!", respondeu o adivinho com veemência, "por que te fazes esconder? É o *homem superior* que clama por ti!"

"O homem superior?", gritou Zaratustra horrorizado. "O que *esse aí* quer? O que *ele* quer? O homem superior! O que *ele* quer aqui?" — e sua pele cobriu-se de suor.

O adivinho, contudo, não respondeu à pergunta alarmante de Zaratustra, mas escutava e escutava com atenção o som que vinha do abismo. Como tudo voltou a ficar calmo por lá durante um longo tempo, ele dirigiu seu olhar à Zaratustra e percebeu que ele tremia de pé.

"Ó Zaratustra", começou ele num tom de pesar, "não me parece que é de felicidade esse tremor; terás que dançar a fim de evitar que leves um tombo!

Mas mesmo se dançares diante de mim e se deres todos os teus saltos, ninguém poderá dizer: para mim 'Vejam, aqui dança o último homem feliz!'

Em vão subiria a esta altura quem quer que estivesse à procura *desse* homem: poderia achar cavernas, de fato, cavernas ocultas, esconderijos, mas não minas de felicidade, nem tesouro e novos veios dourados de felicidade.

Felicidade — como pode o homem encontrar felicidade entre esses eremitas solitários e enterrados vivos! Terei eu que procurar pela suprema felicidade nas Ilhas Bem-aventuradas e entre mares longínquos e esquecidos?

Mas tudo é uma coisa só, nada vale a pena, a busca é inútil, e não existem mais Ilhas Bem-aventuradas!" —

Assim suspirou o adivinho: com este último suspiro, entretanto, Zaratustra tornou-se novamente sereno e confiante, como alguém que tivesse saído de um abismo profundo em direção à luz. "Não! Não! Três vezes não!", gritou com vigor e acariciou sua barba. "Sei disso melhor do que tu! Ainda existem Ilhas Bem-aventuradas! Cala-te sobre tais coisas, lamuriante saco de suspiros!

Cesse de chuviscar sobre este assunto, nuvem chuvosa! Já não estou aqui molhado pela tua aflição, ensopado como um cão?

Agora posso me sacudir e fugir de ti, para poder ficar seco de novo: e não te admires! Acaso pensas que sou descortês? Mas, aqui está a *minha* corte.

Mas no que diz respeito ao teu homem superior: irei procurá-lo de uma só vez naquelas florestas: foi de *lá* que partiu o seu grito. Talvez ele esteja sendo furiosamente atacado por algum animal feroz.

Ele está em *meus* domínios: e aqui ele não irá sofrer ferimento algum! E, em verdade, há muitos animais ferozes à minha volta." —

Com tais palavras Zaratustra virou-se para partir. Então o adivinho falou: "Ó Zaratustra, és um velhaco!

Sei bem disso: queres é ver-te livre de mim! Preferes ir para as florestas tocaiar animais ferozes!

Que bem isto te fará? À noite irás me ter de volta. Em tua própria caverna irei me sentar, paciente e pesado como um madeiro — a esperar por ti!"

"Que assim seja!", gritou Zaratustra às suas costas, ao partir: "e o que na minha caverna pertence a mim, também pertence a ti, meu hóspede!

Mas se encontrares mel por lá, muito bem! Lambe-o tu, urso ranzinza e adoça tua alma! Porque à noite deveremos estar, ambos, bem-humorados,

— bem-humorados e contentes por este dia ter terminado! E tu deverás dançar ao som de minhas canções, como meu urso dançarino.

Não acreditas nisso? Está sacudindo a cabeça? Pois bem! Continue assim, urso velho! Mas eu também — sou adivinho."

Assim falou Zaratustra.

Conversa com os reis

1

Não tinha se passado nem uma hora que Zaratustra tomara seu caminho para as montanhas e florestas, quando de repente viu um cortejo estranho ao longo do caminho pelo qual ele estava prestes a descer. Viu que dois reis enfeitados com coroas e cintas púrpuras e multicores como flamingos vinham subindo a pé: à frente deles ia um asno carregado. "O que querem os reis em meu reino?", disse admirado Zaratustra ao seu coração, e às pressas escondeu-se atrás de uma moita. No entanto, quando os reis se aproximaram, ele falou à meia voz, como se fosse alguém falando apenas para si mesmo: "Estranho! Estranho! Não estou entendendo! Vejo dois reis — e apenas um asno!"

Os dois reis pararam, sorriram, olharam para o lugar de onde viera a voz e se entreolharam. "Essas coisas também pensamos entre nós", disse o rei da direita, "mas não se falam delas."

O rei da esquerda, no entanto, encolheu os ombros e respondeu: "Deve ser um pastor de cabras. Ou um eremita que viveu muito tempo entre árvores e rochas. Porque a falta absoluta de convívio em sociedade afeta 'as boas maneiras'."

"Boas maneiras?", replicou o outro rei raivoso e amargurado. "Do que é, então, que estamos tentando fugir? Não é 'das boas maneiras'? Não é da nossa 'boa sociedade'?"

Em verdade, é melhor viver entre os eremitas e pastores de cabras do que com a nossa plebe dourada, falsa e artificial — embora ela se chame a si própria de 'boa sociedade',

— apesar de chamar-se 'nobreza'. Mas lá tudo é falso e podre, principalmente o sangue, graças às velhas doenças e aos piores curandeiros.

Penso que o homem melhor e mais querido de hoje em dia seja o saudável camponês, inculto, esperto, obstinado, rústico: é, no presente, o tipo mais nobre.

O camponês é hoje o melhor; e a classe camponesa deveria ser a mais importante! Mas vivemos no reino da plebe — e já não me deixo enganar por mais nada. Plebe quer dizer: miscelânea.

Plebe ou miscelânea: onde tudo é misturado com tudo: santos, salafrários, cavalheiros, judeus e todos os animais da arca de Noé.

Boas maneiras! Tudo é falso e podre entre nós. Faz muito tempo que ninguém conhece o que é reverência por coisa alguma, e é precisamente disso que estamos fugindo. Eles são cães importunos e bajuladores que douram as palmas.

É este nojo que me choca, que nós mesmos nos tenhamos tornado reis falsos, disfarçados e enfeitados com a pompa antiga de nossos antepassados, como símbolos de autoridade para os mais estúpidos e espertos e quem mais hoje em dia trafegue com o poder.

Nós *não somos* os primeiros — embora tenhamos que *fazer este papel*: finalmente acabamos por nos tornar fartos e enojados.

Caímos fora do caminho da canalha e de todos esses fanfarrões, moscas varejeiras, a partir dos merceeiros fedorentos, da efervescência da ambição, do mau hálito: — viver no meio da canalha, de jeito nenhum,

— de jeito nenhum simbolizar os primeiros no meio da canalha! Ah, que nojo! Que nojo! Que nojo! Que importância temos nós, os reis?" —

"É a tua velha doença que te ataca", falou nesse momento o rei da esquerda, "o nojo o está atacando, meu pobre irmão. Mas sabes que há alguém que nos escuta."

Imediatamente, ao ouvir tudo isto, Zaratustra, que mantivera ouvidos e olhos abertos à essas falas, se ergueu de seu esconderijo, avançou para os reis e começou:

"Aquele que vos escuta e que de bom grado vos escutou, ó reis, chama-se Zaratustra.

Sou Zaratustra, aquele que uma vez falou: 'Que importância têm os reis!' Perdoem-me, mas fiquei contente quando dissestes um para o outro: 'Que importância temos nós, reis?'

Este aqui é o *meu* reino e meu domínio: o que é que viestes procurar em meu reino? Talvez vós tivésseis encontrado em vossa caminhada o que eu estou *procurando*, quero dizer, o homem superior."

Ao ouvirem isto, os reis bateram em seus peitos e falaram ao mesmo tempo: "Fomos descobertos!

Com a espada dessas palavras cortaste a escuridão de nossos corações. Descobriste nossa angústia, pois vê! Estamos indo encontrar o homem superior —

— o homem que é superior a nós: embora sejamos reis. Estamos levando este asno para ele. Porque o homem superior deve ser o mais elevado senhor da terra.

Não há desgraça maior em todo destino humano do que quando os mais poderosos da terra não são também os primeiros dentre os homens. Aí tudo mais se torna falso, distorcido e monstruoso.

E quando estes são mesmo os últimos homens, e mais animais do que homens, então o valor da plebe sobe bastante e por fim a virtude da plebe diz: 'Vejam, só eu sou virtude!'" —

"O que é que acabo de ouvir?", respondeu Zaratustra; "quanta sabedoria têm os reis! Estou encantado e, em verdade, já tenho inspiração para compor uma poesia sobre isto: —

— mesmo que seja uma poesia que não agrade aos ouvidos de toda a gente. Faz muito tempo que desaprendi a ter consideração para com ouvidos compridos. Muito bem! Vamos lá!

(Nesse momento, ocorreu que o asno também falou: e disse clara e maliciosamente "Sim".)

Era uma vez — acho que no ano 1 d.C. da nossa salvação —

Falou a Sibila, em voz sombria, ébria sem ter provado vinho:

"Como as coisas vão mal!

Decadência! Decadência! Jamais o mundo afundou tanto!

Hoje Roma é uma meretriz e um bordel,

A Roma de César é um animal, e o próprio Deus — se fez judeu!"

2

Por essas rimas de Zaratustra, os reis ficaram encantados, e o rei da direita falou: "Ó Zaratustra, o bem fizemos em vir até aqui te ver!

Teus inimigos nos mostraram a tua imagem em seus espelhos, onde olhavas com a careta de um diabo e rias com escárnio; por isso estávamos com medo de ti.

Mas como foi bom! Picaste o nossos ouvidos e nossos corações com tua fala. Por fim dissemos: O que importa com o que ele se pareça!

Devemos *ouvir* aquele que ensina: deveis amar a paz como um meio para novas guerras; e a paz curta, mais do que a longa!

Ninguém jamais falou palavras tão belicosas quanto essas: o que é bom? Ser corajoso e bom. É a guerra boa que santifica qualquer causa.

Ó Zaratustra, ao ouvir essas palavras, o sangue de nossos pais ferveu em nossas veias: foi como a voz da primavera falando aos velhos tonéis de vinho.

Quando as espadas se cruzavam como serpentes tintas de vermelho, nossos pais apreciavam mais a vida; parecia-lhes que o sol do tempo de paz se tornava mais desbotado e fraco e a paz duradoura os envergonhava.

Quantos suspiros davam nossos pais ao ver espadas secas brilhantemente polidas penduradas nas paredes! Tal como elas, sentiam eles sede de guerra. Dado que uma espada quer beber sangue e brilha com o desejo." —

Enquanto os reis falavam e tagarelavam sofregamente sobre a felicidade de seus pais, Zaratustra foi dominado por uma vontade de zombar de sua sofreguidão: pois quando chegaram diante dele aparentavam serem reis pacíficos, com semblantes finos e envelhecidos. Mas controlou-se. "Muito bem!", falou ele, "acolá é o caminho que leva à caverna de Zaratustra; e este dia promete ter uma noite longa! Neste momento, entretanto, um grito de socorro me chama urgentemente para longe de vós.

Minha caverna ficará honrada se os reis nela sentarem e me esperarem: mas podem ter certeza de que terão que esperar por bom tempo!

"Certo! O que é que isto importa? Onde hoje em dia se aprende a esperar senão nas cortes? E toda a virtude dos reis que ainda permanece com eles — não é chamada hoje de: *saber esperar*?"

Assim falou Zaratustra.

A sanguessuga

E Zaratustra põe-se a caminhar, pensativo, descendo, se afastando mais através das florestas e atravessando lugares pantanosos; mas como sempre acontece com aqueles que meditam sobre assuntos difíceis, acabou por pisar, sem querer, num homem. E eis que na mesma hora um grito de dor, duas maldições e vinte insultos atingiram o seu rosto; amedrontado, ele levantou seu cajado e bateu com ele no homem em que havia pisado. Logo em seguida caiu em si e seu coração riu da loucura que acabara de cometer.

"Desculpa-me", falou para o homem em que pisara e que zangado havia se erguido e acabara de se sentar, "desculpa-me e, primeiro que tudo, ouve uma parábola.

Como um caminhante solitário que sonha com coisas distantes e sem querer tropeça num cão numa estrada, um cão deitado ao sol:

— como ambos se põem em guarda e como inimigos mortais se ameaçam, os dois mortalmente assustados: assim aconteceu conosco.

Ainda assim! Ainda assim — quão pouco faltava a eles para se acariciarem mutuamente, o cão e o solitário! Pois ambos não são — solitários?"

— "Quem quer que tu sejas", disse o que fora pisado, ainda enfurecido, "pisaste-me também com tua parábola e não apenas com o teu pé!

Mas veja, sou por acaso um cão?" — e dizendo isso o homem sentado levantou-se e retirou seu braço nu de dentro do pântano. Porque antes ficara estendido no chão camuflado e irreconhecível como aqueles que ficam à espreita para caçar algo no pântano.

"O que fazes?", gritou Zaratustra assustado, pois viu que muito sangue escorria do braço nu do homem — "O que foi que te feriu? Foste atacado por algum animal feroz, ó tu, infeliz?"

Ainda zangado, o homem ensanguentado riu. "O que te importa a ti?", disse ele, que já estava prestes a ir embora. "Aqui estou em casa e nos meus domínios. Qualquer um pode me fazer perguntas: mas para um idiota eu quase não respondo nada."

"Estás enganado", falou Zaratustra, que, compadecido, segurou-o bem rápido: "estás enganado; aqui não estás em tua casa, mas sim em meu reino, e aqui não quero ninguém machucado.

Podes me chamar como bem quiseres — sou quem eu devo ser. Eu me chamo Zaratustra.

Muito bem! Acolá é o caminho que leva à caverna de Zaratustra; não é longe. Não queres tratar de tuas chagas em minha casa?

As coisas não te saíram bem nessa vida, ó infeliz: primeiro um animal te mordeu, depois — um homem pisou em ti!" —

Mas quando o homem pisado ouviu o nome de Zaratustra, transformou-se. "O que foi que aconteceu comigo! gritou ele; *quem* se interessa por mim nesta vida senão este homem chamado Zaratustra, e o animal que vive do sangue, a sanguessuga?

Graças à sanguessuga fiquei deitado aqui do lado do pântano como um pescador e meu braço foi picado dez vezes: agora uma bela sanguessuga, o próprio Zaratustra, me pica em busca de meu sangue!

Ó felicidade! Ó milagre! Louvado seja este dia que me seduziu para o pântano! Louvado seja a melhor ventosa que me sugou hoje, louvado seja Zaratustra, a grande sanguessuga das consciências!" —

Assim falou o homem que fora pisado; e Zaratustra rejubilou-se com suas palavras e seu estilo refinado e respeitoso. "Quem és tu?", perguntou ele e ofereceu--lhe sua mão, "há muito entre nós ainda a elucidar e esclarecer: mas me parece que o dia raiou mais puro e mais claro."

"Sou *o espírito consciencioso*", respondeu o outro, "e em matéria de espírito é difícil alguém ser mais rigoroso, cuidadoso e mais severo do que eu, exceto aquele com quem aprendi tais coisas, o próprio Zaratustra.

É melhor não saber nada do que conhecer muitas coisas pela metade! Melhor ser um idiota por conta própria do que um sábio pela aprovação dos outros! Vou — às raízes das coisas:

— o que importa se ele é grande ou pequeno? Ser chamado de pântano ou de céu? Um palmo de chão é suficiente para mim: se for terra completamente firme!

— um palmo de chão: onde se pode ficar de pé sobre ele. Para o verdadeiro saber consciencioso nada há que seja grande ou pequeno."

"Então parece que és especialista em sanguessugas?", perguntou Zaratustra. "E tu investigas as sanguessugas até suas raízes mais profundas, homem de espírito consciencioso?"

"Ó Zaratustra", respondeu o pisado, "tal coisa seria algo imenso, como poderia eu incumbir-me disso!

No entanto, sou mestre e especialista no *cérebro* das sanguessugas — este é o *meu* mundo!

E também é um mundo! Perdoa, no entanto, se aqui me expresso com orgulho, pois nesse campo não há quem a mim se iguale. Por isso que eu disse: 'Aqui estou em casa.'

Por quanto tempo eu estudei o cérebro das sanguessugas até que esta verdade escorregadia não mais escapasse de mim! Este aqui é o *meu* reino!

— por ele joguei fora tudo o mais, por ele tudo se tornou indiferente para mim e junto ao meu conhecimento estende-se a minha negra ignorância.

A consciência de meu espírito exige que deva ser assim: que eu saiba uma coisa e, além dela, mais nada: tenho aversão aos semiespirituais todos eles nebulosos, vacilantes e visionários.

Vou até onde termina minha honestidade, daí em diante sou cego e quero continuar cego. Onde quero saber, lá, também quero ser honesto, ou seja, severo, sério, estrito, cruel e implacável.

Porque *tu*, Zaratustra, certa vez falaste: 'O espírito é a vida com a qual corta a própria vida'; foi o que me seduziu e me levou à tua doutrina. Em verdade, foi com o meu próprio sangue que adquiri meu maior conhecimento!"

— "Como se pode atestar", atalhou Zaratustra, pois o sangue continuava a escorrer pelo braço nu do consciencioso. Com efeito tinha apegadas ao braço, dez sanguessugas.

"Ó estranho companheiro", acrescentou, "quanto essa evidência me ensinou; em verdade, tu mesmo! Talvez nem tudo possa eu derramar sobre ela, talvez, possa eu derramar em teus ouvidos sérios!

Muito bem! Separemo-nos aqui! Mas de bom grado gostaria de encontrar-te novamente. Acolá fica o caminho que leva à minha caverna: hoje à noite terei prazer em tê-lo como hóspede!

Quisera eu também compensar teu corpo por tê-lo pisado: vou pensar sobre isto. Mas agora um grito de socorro me chama, urgentemente, para longe de ti."

Assim falou Zaratustra.

O feiticeiro

1

Quando, contudo, Zaratustra contornou uma rocha, viu, não muito abaixo do caminho por onde descia, um homem que balançava os braços como um louco furioso e que terminou por atirar-se de barriga ao chão. "Pare!", disse então Zaratustra ao seu coração, "aquele que lá está deve ser com certeza o homem superior, e aquele grito terrível de socorro deve ter partido dele — vou ver se posso ajudá-lo". Mas ao correr até o lugar onde o homem estava caído no chão, encontrou um ancião que tremia com os olhos esbugalhados; e apesar de todos os esforços de Zaratustra para erguê-lo e colocá-lo de pé, foi tudo em vão.

O lamentável foi que nem mesmo pareceu notar que havia mais alguém ali ao lado dele; ao contrário, ele olhava à sua volta e fazia gestos patéticos continuamente, como um abandonado e isolado do mundo todo. Por fim, entretanto, depois de muito tremor, contorções e convulsões, ele começou a se lamentar assim:

Quem me aquece, quem ainda me ama?
Dá-me mãos quentes!
Dá-me braseiros do coração!
Caído no solo a tremer,
Meio morto e frio, cujos pés se aquecem —
E sacudido, ah! por febres estranhas,
Tremendo ante as flechas de gelo afiadas,
Acossado por ti, minha fantasia!
Inefável, recôndito, assustador!
Caçador escondido detrás de nuvens!
Atingido por teu raio,
Olho zombeteiro que me espreita na treva:
— Cá estou eu prostrado,
A curvar-me, enrolar-me, torturar-me,
Por todo tormento eterno,
Ferido
Por ti, o mais cruel dos caçadores,
Ó desconhecido — deus!

Fere mais fundo,
Fere uma vez mais!
Perfura e despedaça este coração!
O que significa este tormento

Com aborrecidas flechas rebotadas?
Por que olhas de novo,
Sem cansaço do tormento humano,
Com um olhar divino brilhante e malicioso?
Não irás matar,
Apenas torturar, torturar?
Por que — torturar a *mim*,
Ó tu, deus malicioso e desconhecido? —

Ah! Ah! Aproxima-te furtivo?
Em semelhante noite
O que queres? Fala!
Persegues-me e acuas-me —
Ah! Agora perto demais!
Afasta-te! Afasta-te!
Ouves-me respirar,
Escutas meu coração,
Tu, ciumento —
De que tens ciúme?
Afasta-te! Afasta-te! Para que essa escada?
Queres *entrar,*
Escalar o meu coração,
Vais subir até dentro
das minhas mais secretas
concepções?
Insolente desconhecido! — Ladrão!
O que pretendes roubar,
O que pretendes ouvir,
O que pretendes obter com a tortura,
Tu, torturador!
Tu — deus-carrasco!

Ou devo fazer como um cão faz,
Rolar diante de ti?
Rendendo-me, tremendo em êxtase,
Abanando amorosamente — a cauda?

Em vão! Fere de novo,
Faca cruel! Não,
Não sou teu cão — sou apenas tua presa.
O mais cruel dos caçadores!
Teu prisioneiro mais orgulhoso,
Ladrão escondido atrás das nuvens!
Por fim, fala,
O que queres *de mim*, assaltante?
Tu, oculto por detrás dos relâmpago! Fala,
O que *queres* — deus desconhecido? —

O quê? Resgate de ouro?
Quanto será esse resgate de ouro?
Exiges muito — diz o meu orgulho!
E sê breve — diz o meu outro orgulho!

Ah! Ah!
Eu — é a mim que queres?
Eu — todo?

Ah! Ah!
E me torturas, insensato,
Martirizas meu orgulho?
Dá-me *amor* — quem ainda me aquece?
Quem ainda me ama — dá-me mãos quentes,
Dá-me braseiros do coração,

Dá-me a mim, o mais solitário,
A quem o gelo, ah! sete vezes o gelo
Até por inimigos,
Por inimigos, ensinou-me a ansiar,
Dá, sim, entrega-te a mim,
Inimigo mais cruel,
—*Tu mesmo* entrega-te a mim! — —

Ele se foi!
Ele próprio fugiu,
Meu restante companheiro,
Meu grande inimigo,
Meu desconhecido,
Meu deus-carrasco!

— Não! Torna,
Torna com toda a tua maior tortura!
Para o último dos solitários!
Torna!
O córrego de minhas lágrimas quentes
Segue seu curso até onde estás!
E a derradeira chama de meu coração —
Arde *por ti*!
Torna,
Meu deus desconhecido! Minha dor!

Minha última — ventura!

2

— A essa altura, Zaratustra não conseguiu mais conter-se; pegou seu cajado e bateu no homem com toda a força. "Para com isso", gritou para ele, com um riso furioso, "para com isso, embusteiro! Trapaceiro! Mentiroso de uma figa! Conheço-te muito bem!

Irei esquentar tuas pernas, feiticeiro do mal, sei muito bem como —aquecer gente como tu!"

— "Afasta-te", falou o velho levantando-se do chão — "Não me bata mais, ó Zaratustra! O que eu fiz foi só para divertir-me!

Tais coisas pertencem à minha arte; era a ti que eu quis pôr a prova a ti ao apresentar-te esse espetáculo! E, em verdade, pudeste bem detectar como sou!

Mas tu, também, não me destes uma pequena prova de ti mesmo: és *duro*, sábio Zaratustra! Bates forte com as tuas 'verdades', teu bordão extraiu de mim — *esta* verdade!"

"Não me venhas bajular", respondeu Zaratustra, ainda irritado e com um olhar sombrio, "seu ator canastrão! És falso: porque falas — da verdade!

Pavão dos pavões, mar de vaidade, o que foi que representastes diante de mim, feiticeiro do mal, em *quem* deveria eu acreditar quando te lamentastes daquela maneira?

"*O penitente do espírito*", falou o velho, "era *ele* que eu representava: tu mesmo, outrora, concebestes essa expressão — o poeta e o feiticeiro que acaba por colocar seu espírito contra si mesmo, o transformado, aquele que fica congelado por sua ciência e consciência ruins.

E confessa, ó Zaratustra: demoraste um bom tempo para perceber a mentira através de meu truque! *Acreditaste* em minha angústia quando tomaste minha cabeça em tuas mãos —

— e ouvi que te lamentavas: 'nós o amamos tão pouco, muito pouco amado!' E por eu ter te enganado tanto, minha maldade regozijou-se em meu íntimo."

"Deves já ter enganado até gente mais perspicaz do que eu", disse Zaratustra severamente. "Não me ponho em guarda contra os trapaceiros, não *preciso* ter precauções: é assim que quer o meu destino.

Tu, contudo, *precisas* enganar: até onde entendo. Precisas ter sempre um sentido ambíguo, duplo, triplo, quíntuplo em suas palavras! E o que acabas de confessar não chega nem perto do verdadeiro e nem perto do falso para mim!

Tu, falsificador do mal, como poderias agir de outro modo! Até tua própria doença encobririas se te apresentasses nu diante do médico.

Assim acabas de dourar tua mentira para mim quando dissestes 'fiz isso *apenas* para divertir-me!' Havia também *seriedade* nisto, tu *és*, de fato, algo como um penitente do espírito!

Adivinho bem o que se passa contigo: tornaste-te o feiticeiro de todos, mas contra ti mesmo não tens mais qualquer mentira e esperteza — estás desiludido de ti mesmo!

Colhestes como tua única verdade, o nojo. Não há mais em ti nenhuma palavra que chegue perto da verdade, mas tua boca é verdadeira: o que significa dizer que há nojo grudado em tua boca." —

A essa altura bradou o velho feiticeiro com uma voz desafiadora: — "E quem és tu, que ousas falar desta maneira comigo, o maior dos homens que ainda vive?" — e de seu olho partiu um raio verde em direção a Zaratustra. Mas na mesma hora ele mudou de atitude e falou com tristeza:

"Ó Zaratustra, estou cansado disso, minha arte me dá nojo, não sou *grande*, por que é que finjo? Mas sabes muito bem — busquei a grandeza!

Desejei aparentar ser um grande homem e convenci muitas pessoas: mas essa mentira foi além de minhas forças. E sucumbo sob o seu peso.

Ó Zaratustra, tudo em mim é mentira; mas que estou sucumbindo — esse meu sucumbir é *genuíno*!" —

"Faz-te honrado", falou Zaratustra, sombrio e com os olhos baixos ,"faz-te honrado que tenhas buscado a grandeza, mas isto o traiu também. Não és grande.

Velho feiticeiro do mal, a coisa melhor e a mais honesta que posso dizer em tua honra é *esta*, ou seja, que ficaste cansado de ti mesmo e declaraste 'não sou grande'.

Por *isto* eu o respeito como penitente do espírito: ainda que por um breve momento, foste — verdadeiro.

Mas diga-me, o que foi que vieste buscar aqui entre *minhas* florestas e rochedos? E quando te deitaste em *meu* caminho, que prova de mim tu querias? —

— a que provas tu querias *me* submeter?" —

Assim falou Zaratustra, e seus olhos faiscaram. O velho feiticeiro ficou em silêncio por algum tempo, e então falou: "Estava eu te pondo à prova? Eu — apenas procuro.

Ó Zaratustra, procuro um homem genuíno, certo, um homem simples, um homem unívoco, totalmente honesto, um repositório de sabedoria, um santo de conhecimento, um grande homem!

Pois não sabes, ó Zaratustra? *Procuro Zaratustra*."

— A essa altura caiu um longo silêncio sobre os dois; Zaratustra, contudo, ficou tão absorto em seus pensamentos que fechou os olhos. Então, de volta à realidade, agarrou as mãos do feiticeiro e disse, com muita educação e habilidade:

"Muito bem! Acolá fica o caminho que conduz à caverna onde mora Zaratustra. Podes ir procurar lá aquele que queres encontrar.

Pede ajuda aos meus animais, minha águia e minha serpente: eles te ajudarão a encontrar. Minha caverna é grande.

Eu mesmo, com certeza — jamais vi nenhum grande homem. Os olhos mais aguçados estão insensíveis hoje em dia para enxergar o que é grande. É o reinado da plebe.

Muitos que encontrei se esticaram e incharam e o povo gritou: 'Eis um grande homem!' De que servem os foles! O vento acaba de se lhes escapar.

No fim, depois de tanto inchar o sapo acaba por explodir: e o vento dele se escapa. Chamo de um ótimo passatempo o ato de furar a barriga de alguém que se infla. Ouçam isto, rapazes!

O dia de hoje pertence à plebe: quem continua a *saber* o que é grande e o que é pequeno! Quem pode buscar com sucesso a grandeza? Somente um louco; só um louco teria sucesso nisto.

Procuras um grande homem, louco estranho? Quem te *ensinou* isto? — hoje é um bom dia para isto? Ó buscador maldoso, por que é que — me tentas?" —

Assim falou Zaratustra, com o coração confortado e seguiu o seu caminho rindo.

Sem ofício

Não muito tempo depois de Zaratustra ter-se livrado do feiticeiro, entretanto, viu novamente alguém sentado do lado do caminho pelo qual ele seguia: um homem alto vestido de preto, com um semblante pálido e abatido; *esse* homem o deixou muito deprimido. "Ai de mim," disse ele para o seu coração, "vejo que ali está assentada uma aflição mascarada que me parece ser da raça dos sacerdotes: o que será que *eles* querem no meu reino?

"O quê! Com dificuldade acabo de livrar-me daquele feiticeiro: estará surgindo outro necromante no meu caminho, —

— algum bruxo que usa a imposição das mãos, algum sombrio milagreiro pela graça de Deus, algum ungido difamador do mundo: o diabo que o carregue! Mas o diabo nunca está no lugar onde devia: sempre chega atrasado, aquele maldito anão capenga!" —

Zaratustra blasfemou com impaciência em seu coração e ficou considerando, com o olhar desviado para o outro lado, como poderia passar por aquele homem sem ser percebido: mas eis que aconteceu algo diferente. Porque, naquele mesmo instante, o homem que estava sentado já o tinha visto; e de um salto precipitou-se em direção a Zaratustra.

"Quem quer que sejas, viandante", disse ele, "ajude um que se perdeu, um buscador, um velho que com facilidade poderia se desgraçar por aqui!

O mundo por aqui é estranho e remoto para mim, e ouvi o uivo de animais selvagens; e aquele que poderia me proteger — não existe mais.

Estava à procura do último homem piedoso, um santo eremita que, sozinho na floresta, ainda não ouviu nada do que todo mundo de hoje em dia sabe."

"*O que* é que todo mundo hoje em dia sabe?" perguntou Zaratustra. "Talvez isto, que o velho Deus em que todo o mundo outrora acreditava, não está mais vivo?"

""É isto mesmo que disseste", respondeu com tristeza o velho. "E eu servi a esse velho Deus até o seu último momento.

Entretanto, agora, estou sem trabalho, sem um senhor, da mesma forma não me sinto feliz nem por uma hora, a não ser nas lembranças.

Foi por isto que subi até estas montanhas para poder finalmente comemorar mais uma vez uma festa digna de um papa ou de um santo padre: uma festa de lembranças piedosas e ofícios divinos, porque fique sabendo, eu sou o último papa!

O mais piedoso dos homens agora está morto, aquele santo da floresta que costumava sempre louvar a Deus com cânticos e rezas.

Quando encontrei sua cabana já não o encontrei mais, no entanto, nela encontrei dois lobos que uivavam por conta de sua morte — porque todos os animais o amavam. Então fugi correndo.

Teria eu vindo a essas florestas e montanhas em vão? Então meu coração decidiu que poderia procurar outra pessoa, a mais piedosa dentre as que não acreditam em Deus — procurar Zaratustra!"

Assim falou o ancião e dirigiu um olhar penetrante a ele, que estava de pé à sua frente; entretanto Zaratustra tomou a mão do velho papa e o contemplou com admiração durante um longo tempo.

"Veja, venerável", disse ele então, "que mão comprida e bela! Esta é a mão de quem sempre distribuiu bênçãos. Porém agora ela segura aquele a quem procuras, eu, Zaratustra.

Sou eu mesmo, o ímpio Zaratustra, quem diz: Quem é mais ateu do que eu, para que eu possa me regozijar de seus ensinamentos?" —

Assim falou Zaratustra e lançou um olhar penetrante sobre os pensamentos mais reservados do velho papa. Por fim este último começou:

"Aquele que mais o amou e possuiu, foi agora quem mais o perdeu: —

— veja, não sou eu agora o mais ateu de nós dois? Mas quem pode se regozijar com isso?" —

— "Tu, que o serviste até o fim", perguntou Zaratustra pensativo, depois de um profundo silêncio, "sabes *como* foi que ele morreu? É verdade o que dizem, que foi sufocado pela compaixão,

— que viu o *homem* pendurado na cruz e não pode impedir isso; que o amor pelo homem resultasse no seu Inferno e por fim, na sua morte?" —

Entretanto, o velho papa nada respondeu, mas desviou o olhar timidamente, com uma expressão de dor e tristeza.

"Deixa que se vá", falou Zaratustra depois de uma longa reflexão, durante a qual manteve o olhar fixo nos olhos do velho.

"Deixe que se vá; ele já se foi. Embora seja honrado falares apenas o bem sobre esse morto, sabes tão bem quanto eu *quem* ele era; e que seguiu por caminhos fora do comum."

"Cá entre nossos três olhos", falou, recobrando a alegria, o velho papa, (que era cego de um olho), "ou entre questões divinas; eu tenho mais conhecimentos do que o próprio Zaratustra — e só podia ser assim.

Meu amor a ele foi dedicado durante muitos anos, minha vontade só seguia a sua vontade. Um bom criado, entretanto, sabe tudo e muitas coisas que até mesmo seu senhor esconde de si mesmo.

Ele era um deus oculto, cheio de segredos. Em verdade teve até um filho em segredo e por meios escusos. À porta de sua fé encontra-se o adultério.

Quem quer que o honre como a um deus do amor, não pensa no amor como uma forma de amor bastante elevada. Acaso esse deus não queria também ser juiz? Mas o amante ama além da recompensa e da punição.

Quando era jovem esse deus do oriente era duro e vingativo e construiu um Inferno para o deleite de seus preferidos.

Mas com o tempo, ele ficou velho e brando, adocicado e compassivo, mais como um avô do que como um pai, mais como uma velha e trôpega avó.

Ficava murcho sentado ao pé de sua lareira, lamuriando-se de suas pernas fracas, cansado do mundo e cansado de ter vontades e um dia morreu sufocado por sua extrema compaixão." —

"Velho papa", interrompeu-o Zaratustra neste momento, "vistes *isso* com teus próprios olhos? Pode isso ter realmente acontecido assim: dessa maneira *e* também ao contrário. Quando os deuses morrem, morrem sempre de muitas maneiras.

Mas muito bem! Seja lá como for; de uma maneira ou de outra — ele se foi! Ele ofendia o gosto de meus sentidos e pior do que isso, mas não gostaria de falar mal dele.

Gosto de tudo que é olhado com clareza e dito com honestidade. Mas ele — tu deves saber que nele, em verdade, velho sacerdote, havia algo da tua natureza, algo da natureza sacerdotal — ele era ambíguo.

Ele era também obscuro. Zangava-se conosco e bufava de raiva, esse resmungão irado, porque não o entendíamos o suficiente! Também, por que é que não falava com mais clareza?

E se foi por culpa de nossos ouvidos, por que é que nos deu ouvidos incapazes de ouvi-lo bem? Se havia sujeira em nossos ouvidos, muito bem, quem foi que a colocou ali?

Ele tinha falhas demais, esse oleiro que não aprendeu bem seu ofício! Mas era um pecado contra o *bom gosto* ele vingar-se em seus vasos e criações que não saíam *bem feitas*.

Há bom gosto também na devoção: *isto* foi dito finalmente: Fora com *tal* deus! É melhor não ter deus, é melhor que cada um cuide de seu próprio destino, é melhor ser louco, é melhor cada um ser seu próprio deus!"

"O que é que estou ouvindo!", falou o velho papa neste momento, com os ouvidos aguçados; "Ó Zaratustra, és mais piedoso do que pensas, com tal descrença! Foi algum deus dentro de ti que fez com que te tornastes um ateu.

Não terá sido por acaso a tua devoção que não permite mais que acredites num deus? E a tua excessiva honestidade o irá levar também para além do bem e do mal!

Veja, não percebes o que foi reservado a ti? Tens os olhos, a mão e a boca destinados desde a eternidade a abençoar. Não se abençoa somente com a mão.

Em volta de ti, embora tu sejas o mais ateu, percebo o furtivo odor da santidade e do bem-estar que provêm de longas bênçãos: eu me sinto alegre e triste.

Permite que eu seja teu hóspede, ó Zaratustra, por apenas uma noite! Em nenhum outro lugar da terra me sentirei melhor do que aqui contigo!" —

"Amém! Que assim seja!", falou Zaratustra muito admirado, "acolá fica o caminho que leva à caverna de Zaratustra.

De fato teria muito prazer em conduzi-lo eu mesmo até lá, homem venerável, porque amo os homens piedosos. Porém agora um grito de socorro me chama urgentemente para longe de vós.

Não desejo que ninguém se machuque em meus domínios: minha caverna é um abrigo excelente. E, mais do que tudo, gosto de colocar em terra firme e firmes de pé as pessoas tristes e infelizes.

Entretanto, quem é que pode retirar a *tua* melancolia de teus ombros? Para tanto me faltam forças. Em verdade teríamos que esperar muito tempo até que alguém viesse acordar teu Deus para ti.

Porque esse velho Deus não vive mais: está bem morto." —

Assim falou Zaratustra.

O mais feio dos homens

Mais uma vez os pés de Zaratustra percorreram florestas e montanhas, e seus olhos procuraram e procuraram, mas em algum lugar estava quem eles queriam ver, o grande angustiado sofredor que tanto gritara por socorro. Entretanto, durante toda sua caminhada rejubilou-se seu coração que estava cheio de gratidão. "Que coisas boas este dia me deu", disse ele, "como recompensa por ter começado tão mal! Que interlocutores estranhos encontrei!

Agora irei mastigar suas palavras como se fossem grãos de milho; em pedacinhos pequenos meus dentes as irão cortar e esmagar até que, como leite, fluam para minha alma!" —

Quando porém o caminho contornou mais uma vez uma rocha, todo o cenário mudou completamente, e Zaratustra entrou em um reino da morte. Para o alto, aqui se projetavam rochedos negros e vermelhos sem grama alguma, nem árvores, nem o canto dos pássaros. Era um vale evitado por todos os animais, até mesmo os de rapina; exceto aquela espécie de cobra feia, grossa e verde que vinha para cá morrer, quando ficava velha. Por isso, os pastores chamavam este vale de "morte da cobra".

Zaratustra, contudo, ficou absorto em recordações sombrias, pois lhe pareceu já ter estado antes neste vale. E muitas coisas pesadas vieram à sua mente: e por isso ele caminhava cada vez mais devagar até que por fim parou. Então, ao abrir seus olhos, viu algo em seu caminho, qualquer coisa com uma forma humana e ainda assim bem pouco humana sentada no solo, algo realmente inominável. Na mesma hora Zaratustra foi invadido por uma imensa vergonha de ter visto aquilo: enrubescido até sua cabeça branca, desviou o olhar e preparou o pé para que pudesse afastá-lo daquele malfadado lugar. Mas eis então que aquele lugar morto e desértico ressoou: pois que do chão um som estridente e borbulhante surgiu como o que a água faz à noite em canos entupidos; e por fim se transformou numa voz humana e uma fala humana que assim soou:

"Zaratustra! Zaratustra! Adivinha o meu enigma! Fala! Fala! *O que é a vingança da testemunha*?

Eu te atraio para trás, que aqui se escorrega no gelo! Presta atenção, presta atenção para que teu orgulho não quebre as pernas!

Pensas que és sábio e orgulhoso, Zaratustra! Então adivinha o enigma, ó duro quebra-nozes — o enigma que sou eu! Fala então: quem sou eu?"

Quando Zaratustra ouviu estas palavras — o que imaginas que aconteceu com sua alma? *Foi tomada pela compaixão*; e na mesma hora caiu ao solo, pesado como um carvalho que resistiu a muitos cortes dos machados de lenhadores, de tal forma que aterrorizou até mesmo àqueles que o queriam cortar. Mas logo se levantou do chão e recobrou a firmeza.

"Sei bem quem tu és", falou resoluto: "*és o assassino de Deus*! Deixa-me ir embora.

Não *suportaste* aquele que te via — aquele que *te* via sempre através e através de ti, tu o mais feio dos homens! Tu te vingaste desta testemunha!"

Assim falou Zaratustra e já estava pronto para partir, mas a criatura inexprimível agarrou uma ponta de sua roupa e começou outra vez a gaguejar à procura de palavras. "Fica!", disse por fim, —

— "Fica! Não vás embora! Adivinhei qual foi o machado que o derrubou ao solo: salve, Zaratustra, por estares de pé outra vez!

Sei bem que adivinhastes como se sente o homem que matou Deus — como se sente o assassino de Deus. Fica! Senta-te a meu lado; não será em vão.

Para quem poderia eu ir senão a ti? Fica, senta-te! Mas não olhes para mim! Honra dessa forma — minha feiura!

Eles me perseguem: agora *tu* és meu último refúgio! *Não* com o seu ódio, *não* com os seus adeptos

— eu zombaria de tal perseguição e teria orgulho e satisfação por ela!

Não tiveram sucesso até aqui todos aqueles que foram perseguidos? E aquele que persegue não aprende logo a ser *obsequente* — quando já está — colocado no calcanhar dos outros. Mas isto é a sua *compaixão* —

— foi da sua compaixão que fugi e fugi para ti. Ó Zaratustra, meu último refúgio, protege-me; somente tu é que podes adivinhar o que eu sou:

— tu adivinhaste como se sente *aquele* que *o* matou. Fica! E se fores embora, homem impaciente, não vás pelo caminho do qual eu vim. *Esse* caminho é ruim.

Estás zangado comigo porque falo o tempo todo e custo a achar palavras? Por que tenho sempre te aconselhado? Mas ficas sabendo que assim sou eu: o mais feio do homens —

— que também tem o pé maior e mais pesado. Onde *eu* caminhei, o caminho é ruim. Caminhei por todas as estradas da morte e da destruição.

Mas percebi que passaste por mim em silêncio; que coraste: por isso reconheci que eras Zaratustra.

Qualquer outra pessoa teria me atirado esmolas, ou compaixão, através de um olhar ou uma palavra. Mas para isso — não sou mendigo bastante, e tu adivinhaste isso —

— para isto sou *rico* o bastante, rico das coisas grandes, das coisas terríveis, das coisas mais feias, das coisas mais inexprimíveis! Tua vergonha, ó Zaratustra, *me honrou*!

Com dificuldade escapei da multidão dos compassivos para encontrar o único que hoje me ensina que 'a compaixão é inoportuna'— tu, ó Zaratustra!

— Quer seja a compaixão de um Deus, quer seja a compaixão humana: a compaixão é contrária ao pudor. A relutância em ajudar pode ser mais nobre do que a virtude que vem pressurosa trazer ajuda.

Devido *a isso*, entretanto, a compaixão — é chamada de virtude pelas pessoas pequenas: — a elas falta o respeito pela grande desgraça, pela grande feiura, pelo grande fracasso.

Olho acima de tudo isso, como um cão olha por cima das costas de um rebanho de carneiros. Eles são gente pequena, bem comportada, bem agasalhada e cinzenta.

Como uma garça olha com desprezo por cima das lagoas rasas, com a cabeça inclinada para trás: eu também olhava sobre a multidão de pequenas ondas pardacentas e vontades e almas.

Durante muito tempo nós reconhecemos que estas pessoas pequenas tinham razão: assim, acabamos por lhes dar também o poder — e agora pregam: '*só* é bom aquilo que as pessoas pequenas dizem que é bom.'

E hoje em dia, a 'verdade' é o que o diz sacerdote, ele mesmo saído do meio deles, esse estranho santo e defensor das pessoas pequenas, que testemunhou de si próprio: 'Eu — sou a verdade.'

Esse pregador imodesto há muito tempo fez com que as pessoas pequenas elevassem suas cristas, orgulhosas — ele, que propagou um erro nada pequeno quando ensinou: 'Eu — sou a verdade.'

Um pregador imodesto alguma vez recebeu uma resposta educada? Mas tu, ó Zaratustra, passaste por ele dizendo: 'Não! Não! Três vezes Não!'

Tu alertaste contra o erro dele, como o primeiro a fazê-lo, alertaste contra a compaixão: — não todo mundo nem ninguém mais, apenas tu e os da tua espécie.

Em verdade, ficas envergonhado da vergonha do grande sofredor; quando dizes: 'Da compaixão uma grande nuvem surge, cuidado, ó homens!'

— quando ensinas: 'todos os criadores são duros, todo o grande amor está além da compaixão': ó Zaratustra, quão entendido em previsões do tempo me pareces!

Entretanto tu — alertaste a ti mesmo sobre a *tua* compaixão! Pois muitos vêm te procurar, muitos sofredores, muitos em dúvida, desesperados, que se afogam e congelam —

Eu também o alerto contra mim próprio. Tu decifraste o melhor e o pior enigma, que sou eu mesmo, e o que tenho feito. Conheço o machado que te derrubou.

Mas ele — *tinha que* morrer: ele olhava com olhos que enxergavam *tudo* — via as profundezas e os abismos dos homens, todas as suas ignomínias e feiuras ocultas.

Sua compaixão não tinha qualquer pudor: ele entrava em meus cantos mais sujos. Tal deus curioso, demasiado inoportuno e excessivamente compassivo tinha que morrer.

Ele esteve sempre a *me* observar: desejei vingar-me de tal testemunha — ou não mais viver.

Tal deus que via tudo, *até o homem*: tal deus tinha que morrer. O homem não podia *suportar* que tal testemunha permanecesse viva."

Assim falou o mais feio dos homens. Entretanto, Zaratustra levantou-se e preparou-se para ir embora: pois estava gelado até a medula.

"Criatura inexprimível", disse ele, "tu me alertaste contra o teu caminho. Em agradecimento, recomendo-te o meu. Veja, acolá fica a caverna de Zaratustra.

Minha caverna é grande e profunda e possui muitos cantos; nela, o mais oculto dos homens lá bem pode encontrar o seu esconderijo. E perto dela há centenas de fendas secretas e passagens escorregadias para os animais rastejantes, voadores e saltadores.

Tu exilado que exilaste a ti mesmo, não desejas viver entre os homens e da compaixão dos homens? Pois bem, faze como eu. Assim também irás aprender comigo; só se aprende fazendo.

E fale em primeiro lugar, e antes de tudo, com meus animais! O animal mais orgulhoso e o animal mais sábio — eles podem bem ser os conselheiros para nós dois!" —

Assim falou Zaratustra e seguiu seu caminho, ainda mais pensativo e lento do que antes: porque fazia, a si próprio, muitas perguntas para as quais não tinha o que responder.

"Quão pobre é este homem!", pensou ele em seu coração, "quão feio, quão arquejante, quão cheio de vergonhas ocultas!

Dizem que o homem ama a si próprio: ah, quão grande deve ser esse amor a si próprio! Quanto desprezo existe contra ele!

Esse mesmo homem amou a si próprio assim como se desprezou a si próprio — a mim me parece que ele é um grande amante assim como um grande desprezador.

Ainda não encontrei ninguém que tenha se desprezado tão profundamente como ele: *isto* também é elevação. Ah, será que *ele* era talvez o homem superior cujo grito eu ouvi?

Amo os grandes desprezadores. Entretanto o homem é algo que deve ser superado." —

O mendigo voluntário

Quando Zaratustra deixou o mais feio dos homens, estava tremendo de frio e se sentindo só: pois tanto frio e solidão fora absorvido por seu espírito que seus membros ficaram gelados. Quando, entretanto, ele começou a vagar mais e mais, para cima e para baixo, subiu morro e desceu para o vale, passou pelas pastagens verdejantes e também pelos caminhos pedregosos onde antes um riacho impaciente tinha feito seu leito: então, de repente, sentiu-se aquecido e mais animado.

"O que foi que me aconteceu?", perguntou a si mesmo. "Alguma coisa cálida e viva me reanima, ela deve estar pelas vizinhanças.

Já me sinto menos sozinho, companheiros e irmãos desconhecidos me rodeiam e respiram à minha volta, seu hálito quente tocou a minha alma."

Quando, entretanto, olhou ao seu redor em busca dos confortadores de sua solidão, viu que havia vacas agrupadas numa pequena colina; a sua proximidade e cheiro lhe aqueceram o coração.

Entretanto, as vacas pareciam estar ouvindo atentas a alguém que lhes falava e nem lhe notaram a presença quando ele delas se aproximou. Quando, entretanto, Zaratustra estava bem perto, ouviu com clareza uma voz humana que vinha do meio das vacas; e aparentemente todas elas haviam virado suas cabeças na direção de quem falava.

Então, Zaratustra correu em disparada e afastou os animais para o lado; pois temia encontrar ali alguém com ferimentos que a compaixão das vacas dificilmente seria capaz de aliviar. Mas quanto a isto ele estava enganado: pois eis que lá no chão estava sentado um homem que parecia estar convencendo os animais a não temê-lo, era um homem pacífico, um pregador de sermões da montanha, cujos olhos pregavam a própria bondade. "O que buscas aqui?", gritou Zaratustra, atônito.

"O que busco aqui?", respondeu ele: "o mesmo que tu buscas, intrometido! Ou seja, a felicidade sobre a terra.

Para essa finalidade, entretanto, devo aprender com estas vacas pois deixa que te diga, venho falando com elas desde a metade da manhã e, justamente agora, elas estavam prontas a me responder. Por que foi que as perturbou?

Se não nos modificarmos e virarmos vacas, não entraremos no reino dos céus. Porque há uma coisa que temos que aprender com elas: a ruminação.

Em verdade, se um homem pudesse ter tudo no mundo e não aprendesse uma coisa, a ruminação, que lucro iria ter? Jamais se livraria de sua aflição — sua grande aflição que hoje em dia se chama *nojo*. Quem hoje em dia não tem seu coração, boca e olhos cheios de nojo? Tu também! Tu também! Mas vê essas vacas!"

Assim falou o pregador de sermões da montanha e voltou seu olhar para Zaratustra — pois até aquele momento dedicara-se a olhar com afeto para as vacas — entretanto, sua expressão mudou. "Com quem eu estou falando?", gritou ele, alarmado, e ergueu-se do chão num salto.

"Este é o homem sem nojo, este é Zaratustra em pessoa, que sobrepujou o grande nojo, este é o olho, esta é a boca, este é o coração do próprio Zaratustra."

E, ao dizer essas palavras, com os olhos transbordantes de satisfação, ele beijou as mãos daquele com quem falava, comportando-se como alguém sobre quem caíra inesperadamente dos céus um presente valioso, uma joia. As vacas, entretanto, olhavam admiradas para aquilo tudo.

"Não falas de mim, criatura estranha e amistosa!", falou Zaratustra, controlando seu afeto, "primeiro fala de ti para mim! Não és o mendigo voluntário que jogou fora grandes riquezas —

— que teve vergonha de tuas riquezas e dos ricos, e fugiu de encontro aos pobres para lhes dar tua abundância e teu coração? Mas eles não o receberam."

"Mas eles não me receberam", falou o mendigo voluntário, "tu sabes. Assim, finalmente fui procurar os animais e essas vacas."

"E foi assim que aprendeste", interrompeu Zaratustra, "quão mais difícil é dar com acerto do que receber com acerto, e que presentear bem é uma *arte* e a suprema e mais sutil obra-prima da gentileza."

"Principalmente nos dias de hoje", respondeu o mendigo voluntário: "pois hoje em dia, é preciso dizer, toda a canalha tornou-se rebelde, seletiva e de certa maneira arrogante: quer dizer, — na sua maneira de ser plebe.

Mas chegou a hora, como sabes tu, da grande revolta vagarosa, maldosa e prolongada da plebe e dos escravos, que cada vez mais se avoluma e se avoluma!

Agora toda a benevolência e pequenas dádivas provocam a canalha; e fazem com que os mais ricos fiquem em guarda!

Hoje em dia, o povo quer quebrar os garrafões de quem deixa cair gotas de seu gargalo estreito.

Avidez devassa, inveja biliosa, vingança conturbada, orgulho da plebe: tudo isto atingiu o meu olho. Não é mais verdade que os pobres são abençoados. O reino dos céus, no entanto, é o que está aqui entre as vacas."

"E por que não entre os ricos?", perguntou Zaratustra, tentando-o, enquanto ele afastava as vacas que farejavam com intimidade aquele homem pacífico.

"Por que me tentas?", respondeu o último. "Tu sabes disso ainda melhor do que eu. Por que debandei para o lado dos pobres, Zaratustra? Não terá sido por causa do nojo de nossos ricos?

— nojo dos culpados de riquezas, com olhos frios, pensamentos indecentes que tiram vantagem de todos os tipos de lixo, nojo dessa canalha cujo fedor sobe aos céus,

— nojo dessa população falsificada de ouro, cujos pais foram batedores de carteira, corvos carniceiros, maltrapilhos, com esposas complacentes, sem pudor e desmemoriadas, que pouco falta para serem rameiras. —

Plebe cima, plebe abaixo! O que hoje em dia significa 'pobre' ou 'rico'? Essa distinção que eu desaprendi — então fugi cada vez para mais longe até que vim ter a essas vacas."

Assim falou o homem pacífico que fungava e transpirava enquanto falava: tanto que as vacas se admiraram. Zaratustra, contudo, manteve seu olhar em seu rosto com um sorriso durante todo o tempo em que o homem falou de maneira tão séria, e sacudiu a cabeça em silêncio.

"Estás sendo violento para contigo mesmo, pregador da montanha, quando usa palavras tão severas. Nem tua boca nem teus olhos foram feitos para tamanha severidade.

E ao que parece, nem tampouco teu estômago: toda esta raiva e ódio efervescente lhe causam repugnância. Teu estômago deseja coisas mais delicadas: tu não és açougueiro.

Ao contrário, a mim tu pareces um homem herbívoro e raizeiro que talvez moa milho. Mas, com certeza, és avesso às alegrias da arte carnal e gostas de mel."

"Adivinhaste-me bem", respondeu o mendigo voluntário, com o coração iluminado. "Amo o mel e também moo o milho; pois procuro escolher sempre o que tem um bom sabor e produz um hálito fresco:

— e também aquilo que necessita de muito tempo, um dia de trabalho e trabalho para a boca de mandriões e de gente ociosa.

Nisso, contudo, pode ter certeza de que estas vacas têm grande eficiência: inventaram a ruminação e a preguiça ao sol."

— "Muito bem!", falou Zaratustra: "tu poderás ver também *meus* animais, minha águia e minha serpente — não há nada parecido com eles em toda a terra, hoje em dia.

Veja, acolá é o caminho que leva à minha caverna: sê hóspede dela por esta noite. E fala com meus animais sobre a felicidade dos animais, —

— até que eu próprio volte à minha casa. Porque agora um grito de socorro me chama urgentemente e me leva para longe de ti. Lá em minha caverna poderás encontrar também mel fresco, mel dourado da colmeia, frio como o gelo: come-o!

Mas, entretanto, deixa imediatamente tuas vacas, homem estranho e amistoso! Embora isto seja difícil para ti. Porque elas são suas amigas mais calorosas e preceptoras!" —

"— Exceto um ser que é o mais querido", respondeu o mendigo voluntário. "Tu és bom, melhor do que uma vaca, ó Zaratustra!"

"Fora daqui, fora! Adulador malvado!", gritou Zaratustra com malícia, "por que é que me mimas com tantos elogios e com o mel da adulação?

Fora daqui, afasta-te de mim!", gritou ele outra vez e brandiu seu cajado no mendigo afetuoso, que depressa fugiu dali.

A sombra

Mal o mendigo voluntário desaparecera às pressas, Zaratustra ficou sozinho novamente e ouviu uma nova voz atrás de si que gritou: "Para, Zaratustra! Espera! Sou eu, ó Zaratustra, eu, tua sombra!" Mas Zaratustra não esperou, tomado por um súbito mau humor que o assaltou ao se dar conta da recente aglomeração de pessoas em suas montanhas. "Para onde foi minha solidão?", disse ele.

"Em verdade tudo isto está se tornando demasiado para mim; essas montanhas parecem um enxame de gente, meu reino não é mais *desse* mundo, preciso de novas montanhas.

É a minha sombra que me chama? O que importa a minha sombra! Deixe que corra atrás de mim! Eu — irei fugir dela".

Assim falou Zaratustra ao seu coração, e foi embora correndo. Mas quem estava atrás dele o seguiu: de tal maneira que, em seguida, havia três corredores, um atrás do outro, ou seja, o primeiro deles era o mendigo voluntário, em seguida Zaratustra e, em terceiro e último, a sua sombra. Não tinham corrido tanto, quando Zaratustra percebeu sua loucura e, na mesma hora, com um empurrão, desfez-se de seu mau humor e abominação.

"Ora!", disse ele, "não são as coisas mais engraçadas que acontecem conosco, velhos santos e eremitas?

Em verdade, minha loucura aumentou lá nas montanhas! Agora ouço seis velhas pernas absurdas movendo-se ruidosamente, uma atrás da outra!

Mas Zaratustra precisa realmente ter medo de uma sombra? E, de qualquer modo, acho que ela não tem pernas mais compridas do que as minhas."

Assim falou Zaratustra, rindo com os olhos e vísceras, parou e se virou rapidamente — e eis que ele quase jogou seu sucessor e sombra no chão, tão perto de seus calcanhares ele o seguia, de tão fraco que estava. E quando Zaratustra examinou-o com seus olhos, assustou-se com a súbita aparição de um fantasma, tão pequeno, escuro, oco e desgastado o seu seguidor se mostrava.

"Quem és tu?", perguntou Zaratustra furioso, "o que fazes aqui? E porque te chamas a ti mesmo de minha sombra? Não gosto de ti."

"Perdoe-me", respondeu a sombra, "esta sou eu; e, tudo bem se não te agrado, ó Zaratustra! Louvo-te por teu bom gosto.

Sou uma viandante, que tem caminhado muito atrás de teus calcanhares: sempre no caminho, porém sem objetivo e sem um lar: sou quase como o eterno judeu errante, porém não sou eterno e tampouco judeu.

Como? Devo estar sempre indo? Dando giros ao sabor dos ventos, sem descanso, seguindo sempre em frente? Ó terra, tu te tornaste demasiadamente redonda para mim!

Já estive assentada sobre muitas superfícies e, como poeira cansada, adormeci sobre espelhos e vidraças: tudo me é tomado, nada me é dado, tornei-me magro — sou quase como uma sombra.

Mas, entretanto, voei atrás de ti e há muito o sigo, ó Zaratustra, e, embora tenha me escondido de ti, sou a tua melhor sombra: onde resolveres ficar, lá também eu ficarei.

Contigo viajei pelos mundos mais remotos e frios, como um fantasma que anda por vontade própria sobre a neve e os telhados do inverno.

Contigo esforcei-me pelos lugares mais proibidos, remotos e piores: e se possuo alguma virtude, esta é a de não ter medo de qualquer proibição.

Contigo abandonei tudo o que meu coração admirava. Derrubei marcos de pedras das fronteiras e estátuas, persegui os desejos mais perigosos — em verdade, fui além de todos os crimes.

Contigo desaprendi a acreditar em palavras, valores e grandes nomes. Quando o diabo troca de pele, acaso não troca também de nome? Pois isto também é como uma pele. O próprio diabo talvez seja — uma pele.

'Nada é verdade, tudo é permitido': foi o que eu disse para mim mesmo. Mergulhei na água mais fria, com a cabeça e o coração. Ah, quantas vezes por conta disso fiquei nu, vermelho como um caranguejo!

Ah, onde foram parar a minha bondade, toda a minha vergonha e toda a minha crença nos bons! Ah, para onde foi aquela falsa inocência que uma vez eu possuí, a inocência dos bons e de suas nobres mentiras!

Com muita frequência, realmente, segui junto dos calcanhares da verdade: e ela me deu um chute no rosto. Algumas vezes tive vontade de mentir, e veja! nessas horas somente chegava a — verdade.

Muitas coisas tornaram-se claras para mim: agora não me preocupo mais com isto. Do que amo não existe mais nada vivo — como poderia continuar a amar a mim mesmo?

'Viver de acordo com minha inclinação a viver ou simplesmente não viver': e esta minha inclinação é a mesma dos homens mais santos. Mas, ai de mim! como *eu* poderia ainda ter — alguma inclinação?

Tenho *eu* — ainda um objetivo? Um mastro no qual *minha* vela está colocada?

Um bom vento? Ah, somente aquele que sabe usar o vento em que veleja é que sabe para *onde vai* e qual é o vento que lhe é bom e favorável.

O que me resta? Um coração cansado e atrevido; uma vontade inconstante; asas débeis; uma espinha quebrada.

Esta busca pelo *meu* lar, ó Zaratustra, tu sabes que esta busca tem sido a minha provação e está me consumindo.

'onde fica — o *meu* lar?' Pergunto, procuro e procurei-o sem encontrá-lo. A eterna busca em todos os lugares, a eterna busca em nenhum lugar — ó eterno em vão!"

Assim falou a sombra e a fisionomia de Zaratustra iluminou-se com suas palavras. "És a minha sombra" falou com tristeza, por fim.

"O teu perigo não é pequeno, tu, espírito livre e viandante! Tiveste um dia ruim: cuida-te para que não sejas assombrado por uma noite pior!

Para pessoas desassossegadas como tu até mesmo uma prisão parece uma benção. Já viste como dormem os criminosos presos? Dormem em paz, pois apreciam sua nova segurança.

Tome cuidado para que uma crença estreita por fim não te capture, uma dura e rigorosa ilusão! Porque, daqui por diante tudo que é estreito e firme irá te seduzir e tentar.

Perdeste tua meta: ah, como irás te refazer disso e rir desta perda? Por ter perdido tua meta — perdeste também o teu caminho!

Pobre viajante, viandante, borboleta exausta! Queres ter nesta noite um lugar para descanso e pousada? Sobe então para a minha caverna!

Acolá é o caminho que leva à minha caverna. Agora irei correndo me afastar de ti. É como sentir que uma sombra se estende sobre mim.

Irei correndo sozinho, para que a luz volte a brilhar ao meu redor. Para isso ainda preciso andar com minhas pernas lepidamente durante muito tempo. À noite, entretanto, na minha casa — vai se dançar!" —

Assim falou Zaratustra.

Ao meio-dia

Zaratustra correu e correu e não encontrou ninguém, estava sozinho e encontrou-se consigo mesmo, de novo; e gostou da sensação de ficar assim na sua solidão, apreciando e pensando em coisas boas — durante horas. Entretanto, ao chegar o meio-dia, quando o sol ficou exatamente sobre a cabeça de Zaratustra, ele passou por uma árvore velha e curtida pelo tempo, envolvida pelo amor abundante de uma parreira que a circundava e pelos muitos cachos de uvas amarelas pendentes à disposição de quem as quisesse colher. Ele então sentiu o desejo de saciar um pouco sua sede e de arrancar um cacho de uva; mas quando já estava com o braço estendido para colhê-lo, se sentiu mais inclinado a fazer outra coisa: ou seja, deitar-se debaixo da árvore naquela hora do meio-dia e dormir.

E isso foi o que Zaratustra fez; e tão logo se deitou no chão, na quietude e na privacidade da grama multicolorida esqueceu sua pouca sede e adormeceu. Pois, como diz o provérbio do próprio Zaratustra: "Há sempre uma coisa que é mais necessária do que outra." Apenas seus olhos permaneceram abertos — pois não estavam cansados de ver e admirar a árvore e o amor da parreira. Ao adormecer, entretanto, Zaratustra falou o seguinte para o seu coração:

Silêncio! Silêncio! O mundo não se tornou perfeito agora? O que foi que me aconteceu?

Como uma brisa delicada que dançava invisível sobre a mansidão do mar, leve, leve como uma pluma: assim — o sono dança sobre mim.

Não fecha meus olhos, deixa minha alma desperta. É leve de verdade! Leve como uma pluma.

Induz-me, não sei como: toca-me intimamente com uma mão carinhosa e me contém. Sim, me contém de tal modo que minha alma se alarga:

— quão alongada e cansada se sente a minha alma, minha alma singular! Terá chegado para ela, ao meio-dia, uma noite de sétimo dia? Perambulou ela por tempo demais, ditosamente entre coisas boas e maduras?

Ela se alarga cada vez mais e mais! Ela permanece quieta, minha alma estranha. Muitas coisas boas ela já provou; esta tristeza dourada a oprime e distorce sua boca.

— Como um navio que entrou em sua baía mais calma — e que agora vai ancorar junto à terra, cansado das viagens longas e dos mares incertos. A terra não é mais fiel?

Quando este navio chega à praia e nela se abriga — e então isto é o suficiente para que a aranha teça sua teia do navio até a terra. Não são necessárias cordas mais fortes.

Como um navio cansado na baía mais calma: assim eu também agora repouso junto da terra, confiante, esperando, preso a ela por fios muito tênues.

Ó ventura! Ó ventura! Não gostarias de cantar, ó minha alma? Estás deitada na relva. Mas esta é a hora secreta e solene em que nenhum pastor toca sua flauta.

Cuidado! O meio-dia quente repousa sobre os campos. Não cantes! Silêncio! O mundo é perfeito.

Não cantes, ave dos prados, ó minha alma! Nem ao menos sussurre! Apenas veja — silêncio! O velho meio-dia dorme e mexe a boca: não terá acabado de beber uma gota de felicidade —

— um velho gole de felicidade dourada, de vinho dourado? Alguma coisa desliza sobre ele, é sua felicidade que ri. Assim — ri um deus. Silêncio! —

"Felicidade: quão pouco é preciso para se alcançar a felicidade!" Assim falei uma vez e achei que era sábio.

Mas era uma blasfêmia: *isto* aprendi agora. Os sábios loucos falam melhor.

Precisamente o mínimo, da forma mais leve e imperceptível, o sussurro de um lagarto, uma respiração, um átimo, um piscar de olhos — as *pequenas* coisas é que fazem a *melhor* felicidade. Silêncio!

— O que foi que me aconteceu? Ouve! O tempo voou? Eu não estou caindo? Não caí — ouve! no poço da eternidade?

— O que está acontecendo comigo? Silêncio! Sinto uma pontada — ah — no coração? No coração! Oh, despedaça-te, despedaça-te, coração, depois de tal felicidade, depois de tal pontada!

— Como? O mundo não atingiu a perfeição? Não ficou redondo e maduro? Ó esfera dourada — para onde voou? Deixa-me ir atrás dela! Depressa!

Silêncio! — (neste momento Zaratustra espreguiçou-se e sentiu que dormia).

“Levanta!”, disse para si mesmo, “levanta, dorminhoco! Dorminhoco do meio-dia! Muito bem, de pé, velhas pernas! É tempo e já passou tempo demais e ainda um longo caminho te espera pela frente. —

Dormiste o suficiente. Por quanto tempo? Meia eternidade! Muito bem, de pé agora, meu velho coração! Quanto tempo demorarás depois desse sono — para acordar de vez?”

(Mas ele caiu no sono e sua alma o contestou e se defendeu e voltou a deitar-se). “Deixa-me em paz! Silêncio! O mundo já não ficou perfeito a partir de agora? Perfeito como uma bola dourada!” —

"Levanta-te", falou Zaratustra, "sua pequena ladra, sua preguiçosa! O que! ainda estás a te espreguiçar, bocejando, suspirando e caindo em poços profundos?

Quem és tu, afinal, ó minha alma?" (e neste momento ele se assustou, porque um raio de sol veio do céu e iluminou seu rosto.)

"Ó céu que estás sobre mim", disse ele suspirando e se sentando ereto, "estás me observando? Escutas esta minha alma singular?

Quando é que irás absorver essa gota de orvalho que caiu sobre todas as coisas da terra — quando é que irás beber essa alma singular —

— quando, ó poço da eternidade? alegre e terrível abismo do meio-dia! quando é que irás beber minha alma de volta para ti?"

Assim falou Zaratustra e levantou-se de sua cama ao lado da árvore, como se tivesse sido acometido por uma estranha embriaguez: e veja, o sol continuava parado sobre sua cabeça. Por causa disso, alguém poderia inferir que Zaratustra não conseguira dormir assim tanto tempo.

A saudação

Apenas no final da tarde, depois de procurar e perambular em vão durante muito tempo foi que Zaratustra retornou à sua caverna. Quando estava diante dela, a menos de vinte passos, ocorreu o que ele menos esperava: ouviu mais uma vez o grande *grito de socorro*. E que coisa extraordinária! desta vez o grito veio de dentro de sua própria caverna! Era um grito prolongado e peculiar, e Zaratustra percebeu claramente que era composto de muitas vozes: embora ouvido de longe, ele soasse como um grito saído de uma só garganta.

Logo a seguir, Zaratustra correu em direção à sua caverna, e veja!, um espetáculo o aguardava após tal concerto. Todos aqueles pelos quais passara durante o dia estavam lá dentro juntos: o rei da direita e o rei da esquerda, o velho feiticeiro, o papa, o mendigo voluntário, a sombra, o homem de espírito consciencioso, o adivinho triste, e o asno; o mais feio dos homens, no entanto, colocara uma coroa sobre sua cabeça e enrolara-se em duas faixas cor de púrpura — porque, como todas as pessoas feias, gostava de se disfarçar e de se fazer de gente bonita. Mas no meio, entretanto, dessa companhia melancólica, estava a águia de Zaratustra, agitada sacudindo as penas, pois fora solicitada a responder muitas perguntas para as quais seu orgulho não tinha qualquer resposta; a sábia serpente, no entanto, estava enrolada em seu pescoço.

Zaratustra viu tudo isto com grande espanto; e, em seguida, entretanto, examinou cada um de seus hóspedes com curiosa cortesia, leu suas almas e fez conjecturas mais uma vez. Enquanto isso, seus hóspedes levantaram-se de seus lugares e ficaram esperando respeitosamente que Zaratustra falasse alguma coisa. E Zaratustra falou o seguinte:

"Desesperadas e estranhas criaturas! Então foi o vosso grito de socorro que eu ouvi? Agora também sei aonde encontrar aquele que busquei hoje em vão: o *homem superior* —:

— ele está em minha própria caverna, o homem superior! E por que estou surpreso! Não fui eu mesmo que vos atraí com os sacrifícios do mel e os chamados astutos de minha felicidade?

Mas me parece que estais mal adaptados para fazer companhia, pois quando vos reunis, incomodais mutuamente vossos corações, vós que gritais por ajuda. É preciso, primeiro, que venha mais alguém —

— alguém que vos faça rir novamente, um palhaço bom e divertido, um excêntrico, um velho louco — que tal?

Mas desculpai-me, criaturas desesperadas que vos fale palavras tão impróprias! Mas não adivinhastes ainda *as* maldades de que meu coração é capaz —

— sois vós mesmos que o fazeis, e a visão que tenho de vós, quer desculpar-me por ela! Porque para confortar um homem — qualquer um se acha bastante forte e capaz.

Para mim vós mesmos já haveis dado essa força! — um vistoso presente, meus honrados hóspedes! Muito bem, não se zangai comigo quando eu vos oferecer também alguma coisa que me pertence.

Este é o meu reino e meu domínio: e o que é meu será vosso durante esta noite. Meus animais vos devem servir: que minha caverna seja o lugar de vosso descanso!

Em minha casa e em meu coração ninguém deverá cair em desespero: em meus territórios protejo a todos dos ataques de animais ferozes. E é a primeira coisa que vos ofereço: segurança!

A segunda, entretanto, é meu dedo mínimo. E quando *o tiverdes*, pegai a mão toda também, sim, e junto com ela o coração! Sejam bem-vindos a este lugar, bem-vindos, meus hóspedes!"

Assim falou Zaratustra e riu com amor e alegria. Após esta saudação, seus hóspedes se curvaram outra vez e guardaram um silêncio respeitoso; o rei da direita, no entanto, respondeu a ele em nome de todos.

"Pelo modo com que nos ofereceste tua mão e tua saudação, ó Zaratustra, reconhecemos-te como Zaratustra. Tu te humilhaste diante de nós; quase feriste o nosso respeito por ti —

— mas quem poderia humilhar-se com tanto orgulho quanto tu o fizeste? *Isto* nos enaltece, é como um bálsamo para os nossos olhos e corações.

Apenas para ver isto, subiríamos montanhas mais altas do que esta. Como observadores curiosos, foi como viemos; queríamos ver o que faz brilhar os olhos tristes.

E eis que já desapareceram nossos gritos de socorro. Agora nossos corações e mentes já se abriram e se encantaram. É preciso muito pouco para que nossos corações se tornem alegres.

Não existe na terra nada que enseje mais alegria, ó Zaratustra, do que uma vontade forte e elevada: é o que de mais belo cresce na terra. Uma paisagem inteira se renova com uma árvore como esta.

Ao pinheiro, ó Zaratustra, eu comparo aquele que cresce como tu: alto, silencioso, forte, solitário, com a madeira mais fina e flexível, magnífico —

— contudo, por fim, estendendo seus galhos verdes e fortes por *seus* domínios, fazendo perguntas ousadas aos ventos e tempestades e a qualquer coisa que chegue à sua casa nas alturas —

— respondendo de forma ainda mais forte, um comandante, um vitorioso: oh, quem não subiria montanhas tão altas para contemplar tais árvores?

Em tua árvore, ó Zaratustra, até o pessimista e o mais malogrado se renovam; e sob tua vista até o mais hesitante sente-se seguro e cura seu coração.

E hoje, em verdade, muitos olhos se voltam para tua montanha e para tua árvore; uma grande ansiedade surgiu e muitos aprenderam a perguntar: quem é Zaratustra?

E aquele em cujos ouvidos tu já derramaste alguma vez tua canção e teu mel: todos os homens ocultos, os eremitas e os casais de eremitas, falam simultaneamente aos seus corações:

'Zaratustra ainda está vivo? Não há mais qualquer motivo para viver, tudo é indiferente, tudo é inútil: — então, temos que viver com Zaratustra!'

'Por que é que ele não vem, ele que se anunciou — há tanto tempo?', perguntam muitos. 'Será que foi devorado pela solidão? Ou talvez devamos ir até onde ele está?'

Agora o que ocorre é que a própria solidão se torna fraca e se despedaça como uma sepultura que se fende e que não pode mais guardar seus mortos. Os ressuscitados podem ser vistos por toda a parte.

Sem cessar, sobem cada vez mais as ondas em torno da montanha, ó Zaratustra. E por mais alta que seja a altura da tua montanha, muitos deverão alcançar-te: teu barco não ficará muito tempo em seco.

E que nós, criaturas desesperadas, tenhamos vindo à tua caverna e já não estamos mais em desespero — é um sinal e um presságio de que criaturas melhores estão vindo te encontrar —

— porque até ele está a caminho de ti, a última sobra de Deus entre os homens — o que significa dizer, todos os homens com um grande anseio, um grande nojo e uma grande saciedade —

— todos os que não querem viver a não ser que aprendam outra vez a ter *esperança* — a não ser que aprendam a *grande* esperança contigo, ó Zaratustra!"

Assim falou o rei da direita agarrando a mão de Zaratustra no intento de beijá-la; mas Zaratustra resistiu à sua adoração e deu um passo atrás, assustado, em silêncio e de maneira abrupta, como se fugisse para longe. Após um instante voltou a seus hóspedes, olhou-os com seus olhos claros e questionadores e falou:

"Meus hóspedes, homens superiores, irei vos falar em linguagem clara e claramente. Não é por *vós* que estive esperando aqui nessas montanhas. Não foi por vós que estive esperando aqui nessas montanhas."

("Em alemão claro e inteligível? Deus nos ajude!" disse o rei da esquerda para si mesmo; "é lógico que este sábio do Oriente não tem conhecimento desses do Ocidente!

Mas ele está querendo dizer "num alemão curto e grosso" — muito bem! Hoje em dia este não é o pior dos maus gostos!)

"Em verdade, todos vós podeis ser homens superiores", continuou Zaratustra; "mas para mim — não sois bastante elevados e fortes.

Para mim, quer dizer: para o ser inexorável que habita em mim e que em mim silencia, mas que nem sempre guardará segredo. E se pertenceis a mim, não sois como meu braço direito.

Porque aquele que fica de pé sobre pernas doentes ou fracas, como fazeis, sobretudo, deseja *ser tratado com indulgência* quer tenha consciência disso ou esconda isso de si mesmo.

Entretanto, meus braços e minhas pernas não *os trato com indulgência* assim como não trato *meus guerreiros* indulgentemente: como então poderíeis servir para a *minha* guerra?

Convosco eu poderia estragar toda a minha vitória. E alguns dentre vós cairiam simplesmente ao ouvir o barulho forte do toque de meus tambores.

Além do mais, vós não sois suficientemente belos nem suficientemente bem-nascidos para mim. Preciso de espelhos puros e lisos para as minhas doutrinas: em vossa superfície até minha própria imagem aparece distorcida.

Muitos fardos, muitas lembranças recaem sobre vossos ombros; muitos anões do mal se escondem agachados em vossos cantos. E em vós também há plebe escondida.

Embora sejais elevados e de um tipo superior, muito em vós é torto e deformado. Não há ferreiro no mundo que possa com marteladas colocá-los de uma forma que me pareça perfeita.

Vós sois apenas pontes para que gente superior passe por cima de vós e vos pise! Vós sois os degraus: portanto não vos zangueis com aqueles que subirem sobre vós para chegar à altura que desejam!

Que de vossa semente possa algum dia crescer um filho legítimo e um herdeiro perfeito para mim: mas isto ainda está muito distante. Vós mesmos não sois aqueles a quem pertence a minha herança e o meu nome.

Não é por vós que espero aqui nessas montanhas, não é convosco que eu posso descer pela última vez. Vós vindes a mim apenas como presságio de que os homens elevados estão a caminho até mim —

— não homens de grande anseio, de ódio, de grande nojo, de grande saciedade e que chamais de remanescentes de Deus,

— não! Não! Três vezes não! É por *outros* que espero aqui nestas montanhas e não arredarei meu pé daqui sem eles —

— os homens mais elevados, mais fortes, mais vitoriosos, mais alegres de corpos e almas bem construídos: *leões risonhos* hão de vir!

Ó meus hóspedes, homens estranhos — não ouvistes nada a respeito de meus filhos? E que eles estão a caminho até a mim?

Falai-me de meus jardins, de minhas ilhas bem-aventuradas, de minha nova raça bela, por que não falais dessas coisas?

Peço-vos este presente de hóspedes, que me faleis de meus filhos. Para isso sou rico, por isso sou pobre: Quanto dei! —

— e o que não daria, para possuir uma coisa: *estes* filhos, *estas* plantações vivas, *estas* árvores da vida de minha vontade e de minha mais elevada esperança!"

Assim falou Zaratustra e subitamente interrompeu seu discurso: pois seu desejo apoderou-se dele e fechou os olhos e a boca por causa da agitação de seu coração. E todos os seus hóspedes também permaneceram imóveis, em silêncio e consternados: com exceção do velho adivinho que começou a gesticular e a contrair o semblante.

A ceia

Porque naquele instante, o adivinho interrompeu a saudação de Zaratustra e de seus hóspedes: lançou-se em sua frente como se não tivesse tempo a perder, agarrou a mão de Zaratustra e exclamou: "Mas Zaratustra!

Há sempre uma coisa que é mais necessária do que outra, como tu mesmo dizes: muito bem, uma coisa agora é mais necessária para *mim* do que todas as outras.

É preciso que eu diga uma palavra no momento certo: tu não me convidaste para uma *refeição*? E aqui temos muitos que vieram de muito longe. Não pretendes nos alimentar apenas com discursos, não é verdade?

Além disso, vós todos pensastes demais em congelamento, afogamento, sufocação e outros perigos físicos:

entretanto ninguém pensou sobre o *meu* perigo, ou seja, morrer de fome —"

(Assim falou ao adivinho; mas quando os animais de Zaratustra ouviram suas palavras, fugiram aterrorizados. Porque viram que o que tinham trazido para casa durante o dia não seria suficiente para saciar a fome do adivinho.)

"E da mesma forma morrendo de sede" — prosseguiu o adivinho. "E embora eu tenha ouvido o barulho de água correndo em abundância sem parar, como os seus discursos de sabedoria: eu quero — *vinho*!

Nem todos são bebedores de água de nascença, como Zaratustra. E nem a água tem qualquer utilidade para homens cansados e abatidos: *nós* merecemos vinho — apenas *ele* pode proporcionar vigor imediato e uma suposta saúde!"

Nesse momento em que o adivinho mostrou seu desejo pelo vinho, ocorreu que o rei da esquerda, o silencioso, também se manifestou. "*Nós* providenciamos o vinho", disse ele, "eu e meu irmão, o rei da direita, temos bastante vinho — um burro inteiro carregado dele. Portanto não falta nada senão pão."

"Pão?", replicou Zaratustra aos risos. "Pão é justamente uma coisa que os eremitas não têm. Mas o homem não pode viver apenas de pão, mas sim de carne fresca de cordeiros, da qual tenho dois:

— *esses* podemos abatê-los rapidamente e prepará-los temperados com sálvia que é assim que eu gosto. Também não hão de faltar raízes e frutos, de fino gosto capaz de satisfazer aos gulosos e aos gastrônomos; nem as nozes e outros enigmas difíceis de ser quebrados.

Assim, em pouco tempo, teremos um bom repasto. Mas quem quiser comer conosco deve também ajudar na mão de obra, até mesmo os reis. Pois, para Zaratustra, até um rei pode ser cozinheiro."

Esta proposta agradou ao coração de todos: exceto ao do mendigo voluntário que se opôs à carne, ao vinho e ao tempero.

"Apenas ouvi esse Zaratustra, comilão!", falou brincando: "acaso vai alguém entrar em uma caverna na montanha alta para partilhar de repastos como esse?

Agora que realmente compreendo o que ele já nos ensinou, uma vez, quando nos disse: 'Louvada seja a pobreza modesta!', e porque motivo deseja eliminar os mendigos."

"Mantém teu bom humor", respondeu a ele Zaratustra, "assim como eu, age de acordo com seus hábitos, homem admirável: mói o teu milho, bebe a tua água, louva tua própria comida: se isto te faz feliz!

Sou lei apenas para os que me pertencem, não sou lei para todos. Mas aquele que me pertence deve ter ossos fortes e pés leves —

— alegre na luta e na festa, nem sombrio nem sonhador, sempre disposto para tanto para a tarefa mais difícil tanto quanto para o regozijo, saudável e robusto.

O melhor pertence a mim e aos meus; e se não nos dão o que é melhor, nós o tomamos: a melhor comida, o céu mais puro, os pensamentos mais fortes, as mulheres mais belas!" —

Assim falou Zaratustra; contudo, o rei da direita respondeu: "Estranho! Porventura alguém já ouviu palavras tão sensíveis saídas da boca de um sábio?

Em verdade, a coisa mais estranha que há de se encontrar é um homem sábio que ao mesmo tempo seja tão sensível e inteligente e nada tenha de asno."

Assim falou o rei da direita; o asno, entretanto, acrescentou um malicioso "sim" ao que o outro acabara de falar. Isto, entretanto, foi o início da longa refeição que nos livros de história é chamada de "A Ceia". E durante a refeição não se falou noutra coisa que não fosse o *homem superior*.

Do homem superior

1

Quando fui ter com os homens pela primeira vez, cometi a loucura dos eremitas, a grande loucura: fui para a praça do mercado.

E enquanto falava para todos, não falava para ninguém. À noite, no entanto, equilibristas e cadáveres foram meus companheiros; e eu próprio era quase um cadáver.

Com o nascer do dia, entretanto, veio até a mim uma nova verdade, e aprendi a dizer: "o que me importam a praça do mercado e a plebe, a confusão da plebe e as orelhas compridas da plebe!"

Vós homens superiores, aprendei isto comigo: na praça do mercado, ninguém acredita em homens superiores. E se quiserdes falar lá, muito bem, fazei-o! Mas a plebe, entretanto, pisca e diz: "Somos todos iguais."

"Vós, homens superiores — assim a plebe pisca o olho — não existem homens superiores, somos todos iguais, um homem não é senão um homem perante Deus — somos todos iguais!"

Perante Deus! Mas agora esse Deus morreu. Não deixe que sejamos iguais perante a plebe. Vós, homens superiores, deixai a praça do mercado!

2

Perante Deus! — Mas agora esse Deus morreu! Vós, homens superiores, esse Deus foi o vosso maior perigo.

Apenas depois que ele foi colocado em seu túmulo foi que vós ressuscitastes. Só agora foi que chegou o grande meio-dia, só agora foi que o homem superior pôde tornar-se — o senhor!

Entendestes essas palavras, ó meus irmãos? Estarias assustado: vossos corações estão falhando? Este abismo aqui não se abre diante de vós? O cão do Inferno não late para vós?

Muito bem! Vamos, homens superiores! Somente agora a montanha do futuro humano entra em trabalho de parto. Deus morreu: agora somos *nós* que desejamos — que viva o Super-homem.

3

As pessoas mais cautelosas hoje em dia perguntam: "Como o homem poderá ser preservado?" Zaratustra, entretanto, foi o primeiro a indagar: "Como o homem poderá ser *superado*?

O Super-homem eu o trago no meu coração, *ele* é a primeira e a única coisa para mim — e *não* o homem: nem o mais próximo, nem o mais pobre, nem o que mais sofre, nem o melhor. —

Ó meus irmãos, o que posso amar no homem é que ele é uma transição e um ocaso. E em vós, também, há muito que me desperta amor e esperança.

O que vós desprezastes, homens superiores, é o que me faz esperançoso porque os grandes desprezadores são os grandes veneradores.

Naquilo que vos desespera, há muito que honrar. Porque não aprendestes a resignar-vos, não aprendestes as pequenas prudências.

Hoje em dia, os pequenos tornaram-se senhores: todos eles pregam a submissão e a humildade, a prudência, o esforço e a consideração e o longo *et cetera* das pequenas virtudes.

O que é da natureza feminina, o que está na origem do tipo servil e principalmente na mistura da plebe: é o *que* agora quer se tornar senhor de todos os destinos humanos — Ó nojo! Nojo! Nojo!

Esta pergunta se faz e se faz, sem cessar: "De que maneira o homem poderá conservar-se melhor, durante mais tempo e da forma mais agradável?" Desse modo — eles são os senhores de hoje.

Superai, meus irmãos, esses senhores de hoje — essa gente pequena — *eles* são o maior perigo para o Super-homem!

Superai, ó homens superiores, as pequenas virtudes, as pequenas prudências, a consideração de grãos de areia, a futilidade de formigueiro, o conforto lamentável, a "felicidade do maior número!"

É melhor desesperar-vos à vossa submissão. Na verdade, vos amo por não saberdes como viver hoje em dia, Homens Superiores! Para que *vivais* — da melhor maneira!

4

Tendes coragem, ó meus irmãos? Sois destemidos? Não a coragem na presença de testemunhas, mas a coragem dos eremitas e a coragem das águias que nem mesmo têm um Deus para contemplar?

Não chamo de alma fria, teimoso, cego, ou bêbado, aquele que é destemido. Ele possui um coração que conhece o medo, mas que *vence* o medo; que vê o abismo, mas o vê com *orgulho*.

Aquele que vê o abismo, porém com os olhos da águia — aquele que *agarra* o abismo com as garras de uma águia: *esse* possui coragem. —

5

"O homem é mau"— para meu consolo, todos os homens mais sábios me disseram isto. Ah, se isso fosse verdade ainda hoje! Porque o mal é a melhor força do homem.

O homem deve tornar-se melhor e pior — assim *eu* ensino. O pior é necessário para o melhor do Super-homem.

Deve ter sido bom para aquele pregador de gente pequena que carrega sobre si o sofrer e os pecados do homem. Eu, contudo, alegro-me com o grande pecado que é o meu grande *consolo*. —

Mas essas coisas, entretanto, não são ditas para quem tem orelhas compridas. Nem tampouco cada palavra cabe em toda boca. São coisas sutis, remotas: os cascos dos carneiros não devem agarrá-las!

6

Vós, homens superiores, achais que estou aqui para consertar aquilo que fizestes mal?

Ou que daqui para diante eu prepare camas mais confortáveis para vós, sofredores? Ou que vos mostre novos caminhos novos e mais fáceis, à vós, homens inquietos, perdidos e sem elevação?

Não! Não, três vezes não! Cada vez mais os melhores homens de vossa espécie devem sucumbir — porque a vida deve ser cada vez pior e mais dura para vós. Somente assim —

— somente assim o homem pode atingir *as* alturas em que o raio pode ferir e destroçar: cresce alto até o raio!

Até poucas coisas, longínquas e duradouras vão meu espírito e minha busca: que importam para mim as vossas pequenas misérias passageiras!

Para mim, ainda não sofrestes o bastante! Porque sofrestes de vós mesmos, ainda não sofrestes *do homem*. Estaríeis mentindo se dissésseis o oposto! Nenhum de vós sofrestes daquilo que *eu* sofri. —

7

Não me é bastante que o raio não cause mais danos. Não o quero conduzi-lo para longe: ele deve aprender — a trabalhar para *mim*. —

Há muito tempo que minha sabedoria vem sendo acumulada, como uma nuvem que vai crescendo cada vez mais silenciosa e mais escura. Assim faz toda a sabedoria *que um* dia deve gerar raios.

Para os homens do presente não serei luz nem serei chamado como tal por eles. Quero *a* esses — cegá-los. Raio de minha sabedoria! apague os olhos deles!

8

Não desejais nada além de vossa capacidade: há uma falsidade maligna em torno daqueles que desejam além de suas capacidades.

Sobretudo quando desejam coisas grandes! Porque esses falsos moldeiros e atores sutis despertam a desconfiança pelas coisas grandes:

— até que, por fim, são falsos para si próprios, vesgos, caiados em sua podridão, cobertos por palavras habilidosas, por falsas virtudes, e falsos feitos brilhantes.

Protegei-vos contra isto, homens superiores! Porque nada é mais valioso e raro, para mim, do que a honestidade.

Acaso este presente não pertence à plebe? A plebe, entretanto, não sabe o que é grande e o que é pequeno, o que é direito e honesto: ela é inocentemente desonesta e mente sempre.

9

Tenhais uma desconfiança saudável, homens superiores, de coração forte! E conservai secretos os vossos motivos! Porque este presente pertence à plebe.

Quem poderia refutar com motivos e razões as coisas que a plebe aprendeu a acreditar sem razões?

Na praça do mercado, é possível convencer os outros apenas com gestos. Mas as razões levam desconfiança para a plebe.

E se alguma vez a verdade triunfou por lá, então perguntais vós com desconfiança saudável: "Qual foi o erro poderoso que lutou por ela?"

Protegei-vos também dos instruídos! Eles vos odeiam: porque são improdutivos! Tem os olhos frios e secos, diante dos quais todos os pássaros jazem depenados.

Gabam-se de não contar mentiras: mas sua inabilidade para mentir está longe de ser seu amor pela verdade. Protegei-vos!

Estar livre da febre está longe de significar conhecimento! Não acredito em espíritos congelados. Aquele que não sabe mentir não sabe o que é a verdade.

10

Se desejais atingir as alturas, usai vossas próprias pernas! Não vos deixeis ser *levados* para cima, não vos senteis sobre as costas e as cabeças de pessoas alheias!

Já montaste um cavalo? Cavalgas agora de forma confusa em direção ao teu objetivo? Muito bem, meu amigo! Mas teu pé capenga também está contigo montado nas costas do cavalo!

Quando chegares ao teu objetivo, quando apeares de teu cavalo: precisamente sobre a tua *elevação*, homem superior — irás tropeçar!

11

Ó criadores, ó homens superiores! Somente se concebe o próprio filho.

Não deixeis que nada seja imposto a vós, que nada vos tente convencer! Quem é, afinal, o *vosso* próximo? Se vós fazeis coisas "pelo próximo" — ainda assim não estais criando nada para ele!

Desaprendei, eu vos rogo, esse "por", ó criadores: vossa própria virtude não deseja que tenhais nada a ver com "por", "por conta de" e "porquê". Deveis tapar vossos ouvidos para essas falsas palavras pequenas.

Este "por nosso próximo" é virtude apenas para gente pequena: elas falam coisas tais como "somos todos filhos de Deus" e "uma mão lava a outra" — eles não têm nem o direito nem a força do vosso *egoísmo*!

Em vosso autointeresse estão a prudência e a providência e a precaução da mulher grávida! O que nenhum olho ainda viu foi o que é chamado o fruto — ele protege, preserva e alimenta todo o vosso amor.

Onde o vosso amor inteiro está, está o vosso filho, aí também está também a vossa virtude inteira! Vossa obra, vossa vontade é o *vosso* "próximo": não deixeis que valores falsos vos convençam do contrário!

12

Ó criadores, homens superiores! Quem quer que vá parir está doente; porém quem já deu à luz está sujo.

Perguntem às mulheres: nenhuma dá à luz por prazer. A dor faz as galinhas e os poetas cacarejarem.

Criadores, em vós há muita sujeira. Isto é porque tendes que ser mães.

Um filho novo: oh, quanta sujeira nova entrou no mundo! Afastai-vos! E quem quer que tenha parido deve lavar e limpar sua alma!

13

Não sejais virtuosos além de vossos poderes! E não buscais para vós mesmos nada que seja improvável.

Segui os passos virtuosos que vossos pais já trilharam um dia! Como poderíeis subir às alturas se a vontade de vossos pais não pudesse subir convosco?

Aquele, entretanto, que quer ser o primeiro, deve cuidar para que não se torne o último! E se por lá encontrardes os vícios de vossos pais, não deveis vos fingir de santo!

Aquele cujos pais tiveram inclinação por mulheres, por vinhos fortes e banquetes, o que seria dele se exigisse de si a castidade?

Seria uma loucura! Em verdade, penso que seria demais para tal pessoa ser marido de uma, duas ou três mulheres.

E se ele fundasse mosteiros e escrevesse sobre os portais "Caminho para a Santidade" —, ainda assim eu diria: E daí? Trata-se de mais uma loucura!

Ele fundou para si um refúgio e um reformatório: Que coisa boa! Mas eu não acredito nisso.

O que cresce na solidão é o que cada um traz dentro de si, inclusive o seu animal interior. Assim, a solidão é inadequada para muitos.

Já houve alguma vez na terra algo mais imundo do que os santos do deserto? Em *volta deles* não só o diabo esteve solto — mas os porcos, também.

14

Tímidos, envergonhados e sem jeito, qual um tigre cujo salto deu errado: assim vos vejo retirar-vos furtivamente, homens superiores. Um *lance* que fizestes falhou.

Mas o que isso importa, jogadores de dados! Não aprendestes a jogar e a zombar, como um homem deve jogar e zombar! Não estamos sempre sentados em torno de uma grande mesa para jogar e zombar?

E se grandes coisas tiverem fracassado convosco, significa que vós próprios sejam — fracassados? E se vós mesmos vos tornastes fracassados, significa que o homem é um fracasso? Se o homem se tornou um fracasso, porém: pois que seja! Ide em frente!

15

Quanto mais elevada for a espécie, com menos frequência as coisas dão certo. Vós, homens superiores aqui, não sois todos — fracassados?

Conservai o bom ânimo, que importância tem isso? Quanta coisa ainda é possível! Aprendei a rir de vós mesmos, como um homem deve rir!

E não admira que tenhais falhado e acertado apenas a metade, vós homens alquebrados! Em vós — homens do *futuro*, não há esforço e empenho?

As questões mais profundas e distantes do homem, seu esforço para atingir as estrelas mais longínquas, seu poder prodigioso: tudo isto não se mistura com a espuma em vosso pote?

Não admira que muitos potes tenham se despedaçado! Aprendei a rir de vós mesmos, como um homem deve rir. Vós homens superiores, oh, quantas coisas ainda são possíveis!

Em verdade, quantas já tiveram sucesso! Quão rica é esta terra em coisas pequenas, boas, perfeitas e bem constituídas!

Acercai-vos de coisas pequenas, boas e perfeitas, homens superiores! Coisas cuja maturação dourada cura o coração. A perfeição nos ensina a esperança.

16

Qual tem sido o maior pecado aqui na terra? Não foi a palavra daquele que disse: "Ai daqueles que agora riem!"

Ele próprio não encontrou na terra motivo para o riso? Se for assim, ele procurou mal. Até mesmo uma criança pode encontrar motivos para isso.

Ele — não amou o bastante: de outro modo, teria amado a nós, os risonhos! Entretanto nos odiou e escarneceu; desejou-nos a lamentação e o ranger de dentes.

Devemos então amaldiçoar imediatamente aquele que não ama? Isto — me parece uma coisa de mau gosto. Mas ele fez isso, entretanto, esse homem absoluto. Ele é fruto da plebe.

Ele próprio não amou o bastante: de outro modo não teria se indignado tanto por não ter sido amado. Todo grande amor não *deseja* amor — deseja mais do que isso.

Evitai esses homens absolutos! Eles vêm de um tipo pobre e doentio, um tipo da plebe: olham para a sua vida com uma vontade doentia, tem um mau olhado sobre esta terra.

Evitai esses homens absolutos! Eles têm pés pesados e corações sufocantes — eles não sabem dançar. Como pode a terra ser leve para esses homens?

17

Por caminhos tortos é que todas as coisas boas se aproximam de suas metas. Como gatos arqueiam as costas, elas ronronam no seu íntimo pela aproximação da felicidade — todas as cosas boas, riem.

Seu passo o trai quando o homem caminha ao longo de *seu próprio* caminho: portanto observe o meu caminhar! Aquele, entretanto, que se aproxima de sua meta, dança.

Em verdade, não me tornei uma estátua nem aqui estou retesado, estúpido, petrificado como uma coluna; amo correr depressa.

E embora haja pântanos e densas aflições na terra, aquele que tem pés leves corre até mesmo sobre a lama e dança sobre o gelo liso.

Elevai vossos corações, meus irmãos, alto, mais alto! E não vos esqueçais das pernas. Levantai também vossas pernas, vós, ótimos dançarinos: melhor seria se ficásseis de cabeça para baixo!

18

Esta coroa do risonho, esta coroa de rosas: eu mesmo coloquei-a sobre a minha cabeça, eu próprio coroei o meu riso. Não encontrei hoje nenhum outro mais potente para ocupar o meu lugar.

Zaratustra, o dançarino, Zaratustra, o leve, que sacode suas asas, pronto para voar, que acena para todos os pássaros, ligeiro e ágil, feliz e com o espírito iluminado: —

Zaratustra, o adivinho, Zaratustra o risonho, nem impaciente nem inflexível, aquele que ama os pulos e os saltos; Eu mesmo coloquei esta coroa em mim!

19

Elevai vossos corações, meus irmãos, alto, mais alto! E não vos esqueçais das pernas! Levantai vossas pernas também, vós, ótimos dançarinos: e melhor, ficai de pernas para o ar!

Há animais que também são vagarosos até na felicidade, há os que têm pés tortos de nascença. Movimentam-se de maneira curiosa, como um elefante tentando ficar de cabeça para baixo.

Mas é melhor, entretanto, ser tolo e feliz do que ser tolo e infeliz, melhor dançar de modo desajeitado do que andar capengando. Portanto, eu vos rogo, aprendei com a minha sabedoria: até mesmo a pior das coisas tem dois lados —

— até mesmo a pior das coisas tem pernas boas para dançar: portanto, aprendei, homens superiores, como ficar de pé sobre vossas próprias pernas!

E desaprendei, eu vos rogo, a alardear a aflição e toda a tristeza plebeia! Oh, quão triste me parecem hoje em dia os bufões da plebe! O hoje, entretanto, pertence à plebe.

20

Fazei como o vento que sopra de vossas cavernas nas montanhas: ao som da própria música ele dança e os mares tremem e pulam sob os seus passos.

Para aquele que dá asas aos asnos e ordenha leoas, todo louvor a esse espírito bom e indomado que chegou ao presente e a toda plebe como uma forte tempestade —

— aquele que é avesso a plantas espinhentas e folhas murchas: todo louvor ao espírito bom, indomado e livre da tempestade que dança tanto sobre os pântano e aflições, como também sobre as campinas!

Aquele que odeia os cães vadios da plebe e toda a laia deformada e melancólica: bendito seja esse espírito de todos os espíritos livres da risonha tempestade que sopra poeira nos olhos de todos os pessimistas e melancólicos.

O que há de pior em vós, homens superiores, é que nenhum de vós aprendeu a dançar como um homem deve dançar — a dançar para além de vós mesmos! O que importa se sois fracassados!

Quantas coisas ainda são possíveis! Portanto, *aprendei* a rir para além de vós mesmos. Elevai vossos corações, ótimos dançarinos, para o alto! mais alto! e não esqueçais o bom riso!

Essa coroa do homem risonho, essa coroa-guirlanda de rosas: lancei para vós, meus irmãos, essa coroa! Eu coroei o riso; homens superiores, *aprendei* — a rir!

O canto da melancolia

1

Zaratustra estava de pé perto da entrada de sua caverna enquanto discursava; com suas palavras finais, entretanto, escapuliu de seus convidados e, por instantes, foi para o ar livre.

"Ó aromas puros que me envolvem", exclamou ele, "Ó tranquilidade abençoada que me circunda! Mas onde estão meus animais? Venham cá, venham cá, minha águia e minha serpente!

Digam-me, meus animais: todos esses homens superiores — será que eles talvez não *cheirem* bem? Ó aromas puros que me envolvem! Somente agora sei e percebo como vos amo, meus animais."

E Zaratustra falou outra vez: "Amo-vos, meus animais!" Mas a águia e a serpente se acercaram dele ao ouvirem tais palavras e o olharam. Todos os três ficaram juntos em silêncio e juntos aspiraram e respiraram o bom aroma. Porque o ar aqui fora era melhor do que aquele onde estavam os homens superiores.

2

Assim que Zaratustra saiu de sua caverna, entretanto, o velho feiticeiro levantou-se, olhou astuciosamente à sua volta e disse: "Ele saiu!

E agora, homens superiores — deixai-me tocá-los com estas palavras de louvor e adulação, como ele faz

— pois já me ataca meu espírito maligno de truques e feitiçaria, meu diabo melancólico —

— que é o maior antagonista desse Zaratustra: perdoai-o por isso! Agora ele se queixa que *deseja* conjurá-lo antes de vós e que chegou a *sua* hora; em vão luto com esse espírito maligno.

A todos vós, quaisquer que sejam as honras que confiais a vós mesmos com palavras, quaisquer que sejam as denominações que dais a vós mesmos 'espíritos livres' ou 'verdadeiros', 'penitentes do espírito', 'libertos' ou 'homens de grandes anseios' —

— a todos vós, que assim como eu, sofreis *com o grande nojo*, e para quem o velho Deus morreu e nenhum novo Deus ainda está no berço em cueiros — coloco à disposição o meu espírito maligno e o meu diabo feiticeiro.

Conheço-vos, homens superiores. E o conheço — e conheço também este demônio a quem amo apesar de mim mesmo, esse Zaratustra: muitas vezes ele próprio me parece usar uma bela máscara de santo,

— como um disfarce novo e estranho do qual se compraz meu espírito maligno, o diabo melancólico — frequentemente suponho amar Zaratustra, por causa do meu espírito maligno. —

Mas *esse* espírito da melancolia já me ataca e me pressiona, esse diabo do crepúsculo: e em verdade, homens superiores, ele tem um desejo —

— abri vossos olhos! — ele tem o desejo de vir aqui *nu*, ainda não sei se como homem ou mulher: mas ele está vindo, e está me pressionando, ai de mim! Abri os vossos sentidos!

O dia está findando, agora a noite cai sobre todas as coisas, até sobre as melhores; ouvi agora, e vede, ó homens superiores, que diabo, — seja homem ou mulher, — é este espírito da melancolia do crepúsculo!"

Assim falou o velho feiticeiro, que olhou com astúcia à sua volta e depois pegou sua lira.

3

No ar límpido do anoitecer,
Quando o conforto do rocio
Derrama-se sobre a terra,
Invisível e inaudível: —
Pois o rocio consolador
Como todo o meigo consolo
Veste-se delicadamente em silêncio —
Não te recordas, ó ardente coração,
Do quanto estavas sedento,
Quando, ressecado e fatigado,
Tu te sentias atormentado
De lágrimas celestes e chuvas de orvalho,
Enquanto nos caminhos de ervas amarelecidas
Maliciosos raios de sol poente
Corriam em torno de ti por entre escuras árvores,
E te cegavam incandescentes e maliciosos?

"Pretendente da *verdade*, tu?" — zombavam —
"Não! Só poeta!
Um animal de rapina astuto e rastejante,

Que tem necessidade de mentir,
Que consciente e deliberadamente, mente,
Desejoso de sua presa,
De cores vivas, disfarçado,
Por detrás de uma máscara
Máscara de si mesmo,
Presa de si mesmo —
Isso — é o pretendente da verdade?
Não! Só louco! Só poeta!
Um palrador de discursos coloridos,
Que dá gritos multicores,
Debaixo da máscara de louco
Que vagueia em falsas pontes de palavras
Por ilusórios arco-íris,
Entre um falso firmamento
E uma falsa terra —
Só louco! *Só* poeta!

É isso — o pretendente da verdade?
Não silencioso, rígido, liso, frio,
Transformado em imagem,
Transformado em estátua divina,
Nem colocado diante de um templo,
Um porteiro de deus: Oh, não!
Inimigo de tais estátuas da verdade,
Em mais harmonia com selvas do que com templos,
Saltando por todas as janelas,
Com o atrevimento felino,
Rápido! Para todos os acasos,
Farejando por todos os bosques,

Zeloso e ansioso,
Corres nas matas virgens
Por entre feras peludas e malhadas,
Sadio, pecaminoso e belo,
Corres com lábios frescos e lascivos,
Rapinando, rastejando, mentindo
Divinamente infernal
Num escárnio sedento de sangue —

Ou como a águia que olha longamente,
Para os abismos distantes,
Os *seus* abismos: —
Oh, como descem em círculos,
Como caem, como somem lá dentro,
Cada vez mais fundo nas profundezas! —
Então,
De súbito, se precipita
E num bater de asas a prumo,
Atiram-se sobre *os* cordeiros,
Ansiosas e famintas,
Ávidas de cordeiros,
Com ódio dos que têm alma de cordeiro,
Ferozes com tudo que tem tal aparência:
De pêlo encrespado e olhar de cordeiro,
Com a meiga benevolência dos cordeiros!

Tais são, assim,
Os desejos do poeta,
Como os da águia, como os da pantera,
E os *teus* desejos sob mil máscaras,

Ó louco! Ó poeta!
Tu que olhas um homem
Como Deus e como cordeiro: —
Despedaçar o Deus no homem
Como o cordeiro no homem,
E rir ao despedaçá-los —

Isso, isso é a tua bem-aventurança!
A bem-aventurança da pantera e da águia!
A bem-aventurança de poeta e louco!"

E no ar que anoitece,
Quando a lua crescente,
Verde por entre rubores purpúreos,
Rastejando invejosa, avança —
— inimiga do dia,
A cada passada furtiva
Empalidecem as rosas celestes
Até mergulharem
E afundarem pálidas na noite:

Assim caí, eu mesmo, noutro tempo
Da loucura de minha verdade,
De meus desejos do dia,
Fatigado do dia, doente da luz,
— caí no ocaso da noite, da sombra:
Abrasado de sede
Por *uma* verdade:
Não te recordas, recordas, ó coração ardente,
Do quanto estavas sedento? —
Que esteja eu desterrado

De toda a verdade,
Só louco!
Só poeta!

Da ciência

Assim cantou o feiticeiro; e todos os que estavam presentes caíram como pássaros incautos na rede de sua astúcia e melancólica volúpia. Apenas o homem consciente do espírito não foi capturado: ele rapidamente arrancou a lira das mãos do feiticeiro e gritou: "Ar! Deixem entrar o ar fresco! Deixem entrar Zaratustra! Tu estás tornando a caverna abafada e venenosa, velho feiticeiro do mal!

Tu, sedutor e de sutil falsidade, quer nos atrair a desejos e a ermos desconhecidos. E ai de nós, que temos que ouvir este teu palavrório sobre a *verdade*!

Ai de todos os espíritos livres que não estão protegidos contra *tais* feiticeiros! Tencionas acabar com toda a sua liberdade: tu falas e os atrai de volta a prisões

— velho diabo melancólico, teu lamento soa como um pio de atrair pássaros, tu pareces com aqueles que com o elogio à castidade atraem secretamente para a volúpia!"

Assim falou o homem consciente do espírito; o velho feiticeiro, entretanto, olhou à sua volta, deleitando-se com sua vitória e com isso engolindo o desprazer que lhe causou o homem consciente. "Fique calado!", falou em voz baixa, "as boas canções querem repercutir bem; e depois de cantá-las deve-se ficar em silêncio.

Isto é o que todos eles estão fazendo, estes homens superiores. Mas tu, talvez tenhas entendido muito pouco do meu canto, não? Em ti há um pouco do espírito do feiticeiro."

"Tu me honras", respondeu o homem consciente, "com isto fizeste uma distinção entre nós dois. Muito bem, mas vós outros, o que é que vejo? Estais aí sentados com olhares cobiçosos —

Vós, espíritos livres, para onde voou a vossa liberdade? Vós vos assemelham a pessoas que ficam contemplando moças lascivas que dançam nuas: vossas próprias almas estão dançando!

Em vós, homens superiores, deve haver mais daquilo que o feiticeiro chama de seu espírito maligno de magia e falsidade — com certeza devemos ser diferentes.

Em verdade, juntos falamos e pensamos o suficiente, antes de Zaratustra voltar para a sua caverna, para que eu fique ciente de que *somos* diferentes.

Buscamos coisas diferentes — mesmo aqui em cima, vós e eu. Porque eu busco *mais segurança* e foi por conta disso que vim procurar Zaratustra. Porque ele ainda é a torre e a vontade mais firmes —

— hoje, quando tudo mais está vacilante, quando a terra toda treme. Mas vós, quando vejo os olhares que lançais, a mim me parece que buscais *mais insegurança*,

— mais arrepios, mais perigo, mais terremotos. Quero crer que tendes um desejo, e desculpai a minha presunção, ó homens superiores —

— tendes um desejo para o pior, por uma vida mais perigosa, aquela que me causa muito medo, pela vida dos animais selvagens, pelas florestas, pelas cavernas, montanhas escarpadas e labirintos.

E não os que vos conduzem para *longe* dos perigos são os que vos agradam, mas, sim, aqueles que fazem com que se percam pelos caminhos, os desencaminhadores. Mas se tendes dentro de vós tais desejos, eles todavia, me parecem *impossíveis*.

Pelo medo — este é o sentimento original e fundamental do homem; pelo medo tudo é explicado, o pecado original e a virtude original. Porque o medo também fez crescer a *minha* virtude, que é chamada de ciência.

Pelo medo dos animais selvagens — cultivado no homem há muito tempo, inclusive o animal que ele esconde dentro de si próprio: — Zaratustra o chama de 'o animal interior'.

Esse longo e antigo medo pelo menos se tornou sutil, espiritual e intelectual — hoje em dia me parece que se chama: *ciência*." —

Assim falou o homem consciente; mas Zaratustra que acabara de voltar para a sua caverna e ouvira e entendera suas últimas palavras, atirou sobre o homem consciente um punhado de rosas e riu de suas "verdades". "Como!", exclamou ele "o que acabei de ouvir? Em verdade, penso que és louco, ou então que louco sou eu: e irei virar imediatamente a tua 'verdade' de cabeça para baixo.

Porque o *medo* — é a nossa exceção. Contudo a coragem, a aventura e a alegria pelo incerto, pelo não experimentado — a *coragem* me parece a pré-história do homem.

Ele invejou as virtudes dos animais mais selvagens e mais corajosos, e as roubou deles: foi assim que se tornou — homem.

Essa coragem, finalmente se tornou sutil, espiritual, intelectual, essa coragem humana com asas de águia e sabedoria de serpente: é assim que me parece que hoje em dia se chama —"

"*Zaratustra*!", exclamaram em uníssono aqueles que estavam sentados e explodiram numa sonora gargalhada; e foi como se uma nuvem pesada se levantasse deles. Até mesmo o feiticeiro riu e falou com prudência: "Bem! Meu espírito maligno se foi.

E eu não os tinha alertado quanto a ele, quando disse que ele era um enganador, um espírito dos enganos e das mentiras?

Principalmente quando ele se mostra nu. Mas como posso *eu* evitar suas travessuras! Fui, por acaso, *eu* quem criou ele e o mundo?

Muito bem! Sejamos bons outra vez e bem-humorados! E embora Zaratustra nos olhe com um olhar cruel — vede-o! guarda raiva de mim: —antes que caia a noite ele irá outra vez aprender a me amar e louvar, ele não pode viver muito tempo sem cometer tais loucuras.

Ele — ama seus inimigos: ele entende disso melhor do que qualquer pessoa que eu conheça. Mas se vinga disso — em seus amigos!"

Assim falou o velho feiticeiro, e os homens superiores o aplaudiram: e Zaratustra deu a volta e cumprimentou todos os seus amigos com um misto de malícia e afeto, como alguém que devesse fazer reparos e pedir desculpas a cada um deles por alguma coisa. Ao voltar para a entrada de sua caverna, entretanto, sentiu mais uma vez vontade de respirar o ar puro do exterior e de estar na companhia de seus animais — e estava pronto para sair.

Entre as filhas do deserto

1

"Não te vás!", falou o viandante que chama a si próprio de sombra de Zaratustra, "fica conosco, senão a velha e desagradável aflição pode vir a cair sobre nós de novo.

O velho feiticeiro já nos deu o seu pior para o melhor que temos, e olhe ali! o papa bom e piedoso tem lágrimas nos olhos e voltou a embarcar no mar da melancolia.

Os reis ainda conseguem manter um ar afável diante e nós: pois *eles* aprenderam isto melhor do que qualquer um de nós! Mas se não tivessem ninguém com eles, aposto que também embarcariam nesse jogo perverso —

— o jogo perverso das nuvens errantes, do desânimo melancólico, dos céus encobertos, dos sóis roubados, dos ventos gritantes do outono,

— o jogo perverso do amargor de nossos uivos e gritos de socorro: fica conosco, ó Zaratustra! Aqui há muita miséria oculta que deseja se expressar e muitas noites, muitas nuvens, muito ar viciado!

Tu precisas nos nutrir de um alimento que nos fortaleça com as poderosas palavras de tuas máximas: não deixes que sejamos outra vez atacados por espíritos efeminados e delicados para que nos sirvam de sobremesa!

Sozinho, tu fazes com que o ar à nossa volta se torne vigoroso e limpo! Jamais encontrei um ar como este da tua caverna em nenhum lugar da terra!

Já vi muitas outras terras e meu nariz aprendeu a testar e apreciar muitos tipos de ar: mas é contigo que minhas narinas experimentam seu maior prazer!

Exceto, exceto — oh, perdoe uma velha lembrança! Perdoe uma canção que uma vez compus depois do jantar entre as filhas do deserto —

— pois entre elas havia o mesmo ar bom, limpo e oriental: lá eu estava muito afastado da velha Europa nublada, úmida e melancólica!

Naqueles dias amei aquelas moças orientais e outros reinos azuis do céu sobre os quais não pairam nuvens ou pensamentos.

Não irias acreditar quão belas elas ficavam lá, sentadas, mesmo quando não dançavam, profundas e sem pensamentos, como pequenos segredos, como charadas enfeitadas de fitas, como nozes de sobremesa

Em verdade, uma mistura multicolorida e estranha, mas sem nuvens: charadas que podem ser decifradas: para agradar a essas moças inventei um salmo como sobremesa."

Assim falou o viandante que se chamava a si mesmo de sombra de Zaratustra; e antes que alguém pudesse responder, ele pegou a lira do feiticeiro, cruzou as pernas e olhou à sua volta de forma calma e prudente; — com suas narinas, entretanto, aspirou vagarosamente o ar como se estivesse experimentando o ar de uma terra estranha. Em seguida, começou a cantar com uma espécie de rugido.

2

Os Desertos crescem: ai daquele que abriga desertos em si!

— Ha! Solene!
De fato solene!
Um começo respeitável!
Solene à moda africana!
Digno de um leão,
Ou talvez de um virtuoso uivo de macaco —
— mas que para vós não é nada
Graciosas donzelas tão amadas,
Donzelas do deserto,
E a cujos pés a mim é dada,
A primeira permissão,
Para um europeu sentar
sob palmeiras,
Selah.

Verdadeira maravilha!
Aqui estar agora sentado,
Ao lado do deserto, e
Nada longe do deserto,
Eu estou sendo tragado
Por este pequeno oásis: —
— que agora abriu num bocejo
Sua boca mais doce,
A mais perfumada de todas as bocas:
E eu lhe caí dentro então,
Diretamente — entre vós,
Arrebatadoras donzelas!
Selah.

Bendita, bendita baleia,
Só fez as coisas tão agradáveis
Para o seu hóspede!
— entendeis minha alusão erudita?
Bendito o seu ventre
Foi um tão grato ventre-oásis
Como este o é: coisa que eu duvido,
— porque venho da Europa,
Que é mais incrédula
Do que qualquer velha esposa.
Que Deus a melhore!
Amém!

Agora estou aqui
Neste pequeno oásis,
Como uma tâmara,

Madura, doce, escorrendo ouro,
Ansiosa pela boca redonda de donzela,
E mais ainda por dentes
Frios e alvos de donzelas:
Para morder e cortar
Os corações de tâmaras ardentes de desejo. *Selah.*

Como as também aqui chamadas
Frutas do sul semelhantes,
Deito-me aqui,
Cercado por pequenos insetos alados
Que farejam e brincam à roda de mim,
E por desejos e fantasias
Ainda menores,
Mais loucos e pecaminosos,
Cercado por vós,
Mudas gatas-donzelas
Cheio de receios —
Dudu e Zuleica,
— *Esfingeando* para condensar
Muitos significados numa só palavra:
— que Deus me perdoe
Este pecado linguístico!
Sentado aspiro o melhor ar,
Verdadeiro ar do Paraíso,
Claro, rarefeito, raiado de ouro,
Um ar tão bom como jamais
Caiu da lua —
Seria por acaso,
Ou terá sido por malícia,

Como contam os antigos poetas?
Eu, porém, cético, o coloco
Em dúvida: pois venho da Europa,
Que é mais incrédula
Do que qualquer velha esposa.
Que Deus a melhore!
Amém.

Sorvendo o ar mais belo,
Com as narinas abertas como cálices,
Sem futuro, sem recordação,
Estou eu aqui convosco,
Arrebatadoras donzelas,
E contemplo a palmeira,
Tal qual uma dançarina,
Que se curva e move a cintura,
— se a olhamos demais, o mesmo faremos!
Tal qual a dançarina que, ao que parece,
Já faz tempo, perigosamente,
Está apoiada numa perna só.
— esqueceu-se na dança, ao que parece,
Da outra perna?
Eu pelo menos, debalde, procuro
A desaparecida joia gêmea!
Quero dizer, a outra perna —
Nas sagradas imediações
De seu mais lindo e gracioso
Saiote que se agita, balança e ondula.
Sim, se me acreditarem,
Beldades amigas:

Ela a perdeu!
Ela se foi!
Foi-se para sempre!
A outra perna!
Que pena sinto pela outra bela perna!
Onde estará agora, esquecida e triste?
A perna solitária?
Talvez com medo diante de um
Leão feroz e monstruoso
De juba loura?
Ou talvez até
Mordida, e feita em pedaços —
Que lástima! Horror! Horror! Feita em pedaços!
Selah.

Oh, não mais choreis,
Corações ternos!
Não mais choreis,
Corações de tâmaras! Seios de leite!
Corações de madeira doce
De sândalo!
Não mais choreis,
Ó pálida Dudu!
Sê homem Zuleica! Coragem! Coragem!
— Ou quem sabe nesse ponto
Alguma coisa fortificante, fortificante para o coração,
Seria mais apropriada aqui?
Algum texto inspirador?
Alguma exortação solene? —

Ha! Ascende, dignidade!
Dignidade virtuosa!
Dignidade europeia!
Sopra, sopra outra vez,
O meu fole da virtude!
Ha! Urra outra vez
Urra moralmente!
Urra como um leão virtuoso
Diante das filhas do deserto!
— Porque o uivo virtuoso,
Arrebatadoras donzelas,
É mais do que tudo
O fervor europeu,
O voraz apetite europeu!
E aqui estou eu agora,
Como europeu,
Pois não posso ser de outro modo, que Deus me ajude!
Amém!

Os Desertos crescem: ai daquele que abriga desertos em si!

O despertar

1

Depois do canto do viandante e da sombra, de súbito a caverna tornou-se cheia de barulhos e risos: e como todos os hóspedes falavam ao mesmo tempo, nem mesmo o asno se mantinha em silêncio em face de tamanha algazarra, Zaratustra foi tomado por certa aversão e desdém por seus visitantes: embora, ao mesmo tempo, se alegrasse com o divertimento deles. Pois que isto lhe pareceu um sinal de cura. Por isso, esgueirou-se para fora, ao ar livre e falou para seus animais.

"Para onde terá ido a aflição que sentiam?", disse, ao mesmo tempo que se sentia aliviado de seu pequeno mal-estar, — "parece que em meu lar eles desaprenderam como gritar por socorro!

— embora, infelizmente, ainda não desaprenderam a falar alto." E Zaratustra tampou os ouvidos porque neste momento, o "sim" do asno misturou-se de maneira estranha com o vozerio jubiloso daqueles homens superiores.

"Eles estão se divertindo", continuou ele, "e, quem sabe? talvez até à custa de seu anfitrião. E se aprenderam a rir comigo, esse riso ainda não é o *meu* riso.

Mas o que importa? Eles são idosos: se recuperam à maneira deles, riem à maneira deles; meus ouvidos já sofreram coisas piores e não ficaram rabugentos.

O dia de hoje é um dia de vitória: *espírito da gravidade*, meu velho arqui-inimigo hesita e foge! Como este dia que começou tão mal e tão solene está por terminar tão bem!

E *está* por terminar. A noite logo chega: o crepúsculo está vindo do mar em nossa direção; montado em seu corcel! Como se balança, este bem-aventurado, que alegre retorna em sua sela cor de púrpura!

O céu sobre ele o contempla, enquanto o mundo mergulha em suas profundezas: ó singulares homens que viestes até mim, vale a pena viver junto de mim!"

Assim falou Zaratustra. Então vindo da caverna ouviram-se outra vez os gritos e risadas dos homens superiores e ele continuou:

"Eles já mordem o anzol, minha isca é eficiente, fugindo deles também está seu inimigo, o espírito da eravidade. Eles já começam a aprender a rir de si mesmos: será que ouvi bem?

Minha comida forte, meu discurso suculento e vigoroso é eficiente: e verdadeiramente não os alimentei com legumes que os fizessem ficar inchados! Mas, sim, com comida de guerreiros, comida de conquistadores: e neles despertei novos desejos.

Novas esperanças há em seus braços e pernas, seus corações se expandem. Descobrem novas palavras, em breve seus espíritos irão respirar malícia.

Com certeza, esta comida não é apropriada para crianças e menos ainda para mulheres jovens ou velhas. Para essas há outros métodos de convencer suas entranhas; não sou seu professor nem tampouco seu médico.

O *nojo* desses homens superiores está indo embora: que bom! Esta é a minha vitória. Em meu reino eles se tornaram cada vez mais seguros de si e toda a vergonha estúpida é jogada fora, eles retiram o peso de cima de si.

Seus corações estão leves, os bons tempos voltam para que descansem e ruminem — eles se tornam *gratos*.

Tomo *isto* como o melhor sinal: eles se tornam gratos. Em pouco tempo estarão inventando festas e erguendo monumentos em memória de suas velhas alegrias.

Eles são *convalescentes*!" Assim falou Zaratustra, com alegria, ao seu coração e olhou para fora; seus animais, entretanto, se acercaram dele para honrar sua felicidade e seu silêncio.

2

De súbito, entretanto, Zaratustra assustou-se com o que seus ouvidos escutaram: pois que na caverna que estivera cheia de barulho e risada, de pronto, caiu num silêncio mortal; seu nariz, entretanto, sentiu um cheiro suave e doce como a fumaça aromática de um incenso, como se pinhões estivessem sendo queimados.

"O que aconteceu? O que é e eles estão fazendo?", perguntou a si mesmo e dirigiu-se furtivamente à entrada para que pudesse observar seus convidados sem que eles o vissem. Mas, maravilha das maravilhas! O que foi então que viram seus próprios olhos?

"Eles todos voltaram a ser piedosos e estão rezando, enlouqueceram!", disse ele que ficou perplexo diante dessa cena. De fato, todos aqueles homens superiores, os dois reis, o papa aposentado, o feiticeiro do mal, o mendigo voluntário, o viandante e a sombra, o velho feiticeiro, o homem consciente do espírito e o mais feio dos homens — todos eles estavam ajoelhados como crianças e mulheres crédulas adorando o asno. Naquele mesmo momento, o mais feio dos homens começou a murmurar e bufar como se tentasse exprimir alguma coisa inconfessável; mas quando, entretanto, chegou ao ponto de encontrar palavras, eis que o que se ouviu foi a mais piedosa ladainha em louvor do adorado e perfumado asno. A ladainha era assim:

Amém! E a glória e o louvor e a honra e a sabedoria e as graças e as forças estejam para sempre com o nosso Deus de eternidade para eternidade!

— O asno, entretanto, zurrou: Si-im.

Ele carrega os nossos fardos, e tomou para si a aparência de um escravo, ele é paciente de coração e jamais diz Não; e aquele que ama ao seu deus, o castiga.

— O asno, entretanto, zurrou: Si-im.

Ele não fala, a não ser para dizer Sim para o mundo que criou: desse modo ele glorifica seu mundo. É sua sutileza que não o deixa falar e assim raramente erra.

— O asno, entretanto, zurrou: Si-im.

Ele anda despercebido pelo mundo. O cinza é a cor favorita com a qual ele envolve sua virtude. Se ele tem um espírito, o esconde; mas todas as pessoas acreditam em suas orelhas compridas.

— O asno, entretanto, zurrou: Si-im.

Que sabedoria oculta é esta, de ter orelhas longas e falar sempre Sim e nunca Não! Ele não criou o mundo à sua imagem e semelhança, ou seja, tão estúpido quanto possível?

— O asno, entretanto, zurrou: Si-im.

Andas por caminhos retos e caminhos tortos; e pouco te importa se aquilo que nós homens pensamos é reto ou torto. Acima do bem e do mal está o teu reino. És tão inocente a ponto de não saber o que é a inocência.

— O asno, entretanto, zurrou: Si-im.

Vê como não rejeitas ninguém, nem mendigos nem reis. Pediste que viessem a ti as criancinhas, e quando os rapazes com más intenção te chamam, dizes simplesmente Si-im.

— O asno, entretanto, zurrou: Si-im.

Gostas de mulas e figos frescos e comes qualquer coisa. O cardo faz comichar teu coração, se estiveres com fome. É nisto que reside a sabedoria de um deus.

— O asno, entretanto, zurrou: Si-im.

A festa do asno

1

A essa altura da ladainha, entretanto, Zaratustra não conseguiu mais conter-se; ele mesmo deu um grito: Si-im, mais alto ainda do que o asno e, num pulo, se atirou no meio de seus hóspedes enlouquecidos. "Mas o que estais fazendo, minhas crianças grandes?" exclamou, obrigando os rezadores ajoelhados a levantar do chão. "Ai de vós se vos visse alguém mais além de Zaratustra.

Com vossa nova fé, todos vos julgarão blasfemadores ou as mulheres velhas mais loucas que existem!

E tu, velho papa, como te reconciliarás com Deus, ao adorar um asno dessa maneira?" —

"Ó Zaratustra", respondeu o papa, "perdoa-me, mas em questões divinas sou mais esclarecido do que tu. E está certo que seja assim. Antes adorar a Deus com essa forma do que sem forma alguma! Pensa sobre estas palavras, meu eminente amigo: irás ver logo que nelas há sabedoria.

Aquele que disse 'Deus é um espírito' — deu o maior passo e o maior pulo em direção à descrença jamais dado na Terra: tal ditado não é fácil de ser corrigido na Terra!

Meu velho coração pula e se alegra por que sobrou algo na Terra para ser adorado. Perdoa, ó Zaratustra, a um velho e piedoso coração de um papa!" —

— "E tu", falou Zaratustra para o viandante e a sombra, "dizes e pensas ser um espírito livre? E praticas aqui tais idolatrias sacerdotais?

Em verdade te comportas aqui de maneira pior do que quando estivestes com tuas maliciosas donzelas morenas, mau novo convertido!

"É lamentável", responderam o viandante e a sombra, "tu estás certo. Mas, agora, o que posso fazer para ajudar!

Ó Zaratustra, podes dizer o que quiseres, mas o velho Deus está vivo de novo.

O mais feio dos homens é o culpado de tudo isso: foi ele que o ressuscitou. E se ele diz que outrora o matou: no caso de deuses, a *morte* não passa de um preconceito".

— "E tu", falou Zaratustra, "tu, velho feiticeiro, o que estás fazendo? Quem irá acreditar em ti daqui para diante nesses tempos de liberdade, se *tu* acreditas nestas divinas asneiras?

Foi uma estupidez o que fizeste; como pudeste, homem astuto, fazer semelhante estupidez?"

"Ó Zaratustra", respondeu o feiticeiro astuto, "tens razão, foi uma estupidez, e foi repugnante tê-la feito."

— "E até mesmo tu", falou Zaratustra para o homem consciente do espírito, "pensa um pouco e coloca o dedo no nariz! Porque aqui não há nada que vá contra a tua consciência? Teu espírito não é demasiado puro para essa reza e para as exalações desses beatos?"

"Há algo nisso", respondeu o homem consciente com o dedo no nariz, "há algo neste espetáculo que faz bem à minha consciência.

Talvez eu não mereça acreditar em Deus: mas com certeza é deste modo que Deus me parece a crença que mais vale a pena.

Deus deve ser eterno de acordo com o testemunho dos mais piedosos: aquele que dispõe de todo o tempo não tem pressa. Tão devagar e tão estúpido quanto possível: todavia, *desse modo* pode-se ir muito longe.

E aquele que tenha muito espírito pode muito bem ficar cego de paixão pela estupidez e pela loucura. Pensa nisso, ó Zaratustra!

Tu mesmo — em verdade, tu mesmo poderia tornar-te um asno através da superabundância e sabedoria.

Não é verdade que o filósofo perfeito gosta de andar pelos caminhos mais tortos? É o que mostra a evidência, ó Zaratustra — a *tua* evidência!"

— "E por fim tu também", falou Zaratustra e virou-se para o mais feio dos homens que ainda engatinhava no chão, levantando o braço em direção ao asno (pois estava lhe ofertando vinho). "Fala, criatura inexprimível, o que estiveste fazendo?

Pareces mudado, teus olhos estão brilhando, o manto do sublime cobre a tua feiura: *o que* foi que fizeste?

É verdade o que dizem, que tu o ressuscitaste outra vez? E por quê? Ele não tinha sido morto e afastado por bons motivos?

Tu mesmo pareces ter ressuscitado: o que foi que fizeste? Por que foi que *te* converteste? Por que *tu* foste convertido? Fala, criatura inexprimível!"

"Ó Zaratustra", respondeu o mais feio dos homens, "tu és um embusteiro.

Se ele ainda vive ou foi ressuscitado ou está realmente morto, — pergunto a ti quem de nós dois sabe melhor?

Pelo menos uma coisa eu sei — e aprendi contigo, ó Zaratustra: Aquele que deseja matar de modo mais definitivo, esse *ri*.

'Mata-se não por raiva, mas sim pelo riso' — foi o que disseste uma vez. Ó Zaratustra, tu, ser nebuloso, tu, destruidor sem cólera, tu, santo perigoso, tu és um pilantra"!

2

Zaratustra, entretanto, atordoado por tantas pilantragens, retornou de um salto para a entrada de sua caverna e, voltando-se para todos os seus hóspedes, gritou em voz forte:

"Todos vós, palhaços e bufões! Por que dissimulais e se escondeis de mim?

Como foi que o coração de todos vós ficou agitado de prazer e maldade porque vós, por fim, vos tornastes crianças pequenas outra vez — ou seja, piedosos — porque, por fim, vos comportastes como se comportam as crianças, ou seja, rezaram de mãos postas e falaram 'Meu bom Deus!'

Abandonai agora este jardim de infância, a minha caverna, na qual hoje aconteceram todos os tipos de criancices. Esfriai aqui do lado de fora essa insubordinação e o tumulto de vossos corações!

Somente para esclarecer: a menos que vos torneis crianças não será possível entrar *neste* reino do céu." (E Zaratustra apontou para o alto com suas mãos.)

"Mas com certeza não somos todos que queremos entrar no reino do céu: tornamo-nos homens — *e portanto, queremos o reino da Terra*."

3

E Zaratustra começou a falar mais uma vez: "Ó meus novos amigos", disse ele "homens estranhos, homens superiores, como agora me agradais —

Desde que voltastes a ser alegres! Em verdade, todos vós desabrochastes: e para tais flores como vós, penso eu, são necessárias *novas comemorações*.

— uma pequena e vistosa frivolidade, um ofício divino e festa para o asno, alguma loucura do velho e alegre Zaratustra, algum fanfarrão que devolva o brilho às vossas almas.

Não vos esqueçais desta noite e desta comemoração para o asno, homens superiores! *O que* inventastes em minha casa, eu interpreto como sendo um bom presságio — apenas os convalescentes inventam coisas como essas!

E vós podereis voltar a fazer tal comemoração para o asno outra vez, assim sendo fazei-a por amor a vós mesmos, e fazei-a também por amor a mim! Em *minha* intenção!"

Assim falou Zaratustra.

O CANTO ÉBRIO

1

Nesse meio tempo, entretanto, um depois do outro, todos acabaram saindo para o ar livre e para a noite acolhedora e fresca; mas o próprio Zaratustra conduziu pela mão o mais feio dos homens para mostrar-lhe seu mundo noturno e a grande lua cheia e as cascatas prateadas perto de sua caverna. Lá, finalmente, se postaram de pé, um ao lado do outro, o grupo de velhos companheiros, mas com os corações confortados e animados, assombrados consigo mesmos por estarem se sentindo bem na Terra; mas o mistério da noite, entretanto, aproximou-se cada vez mais de seus corações.

E de novo Zaratustra voltou a pensar consigo mesmo: "Oh, como agora me deixam satisfeito, esses homens superiores!" — mas não verbalizou tais palavras, pois respeitou a felicidade e o silêncio deles. —

Entretanto, aconteceu a coisa mais espantosa daquele longo dia espantoso: o mais feio dos homens recomeçou outra vez e pela última vez a gaguejar e bufar quando chegou a ponto de se exprimir por palavras, eis que saltou fora de sua boca uma pergunta boa, profunda e clara que comoveu o coração de todos os que ouviam.

"Meus amigos, todos os que aqui estão", falou o mais feio dos homens, "o que é que achais? Por causa do dia de hoje — eu estou contente, pela primeira vez, por ter vivido minha vida inteira.

E não é o bastante que eu dê este testemunho. Vale a pena viver na Terra: um dia, numa festa. Zaratustra ensinou-me a amar a Terra.

'Isso era? — a vida?', direi para a morte. 'Pois muito bem! Quero-a de novo outra vez!' —

Meus amigos, o que vos achais? Não quereis, como eu, dizer para a morte: 'Isso era a vida?' Pois muito bem, graças a Zaratustra! Quero-a de novo outra vez!" —

Assim falou o mais feio dos homens; isso foi pouco antes da meia-noite. E o que foi que pensais então que aconteceu? Assim que os homens superiores ouviram a pergunta que ele fizera, subitamente tomaram consciência de suas transformações e convalescência e quem fora a causa disso: em seguida correram em direção a Zaratustra agradecendo, adorando, acariciando e beijando suas mãos, cada um em sua maneira peculiar: de tal modo que alguns riram, e outros choraram. O velho adivinho, entretanto, dançou de alegria; e se como acreditam alguns narradores ainda estava embriagado pelo doce vinho, é certo que estava ainda mais embriagado pela doce vida e por ter renunciado a todo o cansaço. Há aqueles que atestam que até mesmo o asno dançou naquele momento: pois não havia sido em vão que o mais feio dos homens lhe dera o vinho para beber. Talvez tenha sido esse o motivo, ou pode ter sido por outra razão; e, se em verdade, o asno não dançou naquela noite, é certo que ocorreram maravilhas maiores e mais raras do que poderia ter sido a dança de um asno. Em resumo, como disse Zaratustra: "O que isso importa?"

2

Quando, entretanto, ocorreu esse episódio com o mais feio dos homens, Zaratustra ficou lá como se estivesse também embriagado: seus olhos se cerraram, sua língua gaguejava, seus pés bambearam. E quem poderia adivinhar quais os pensamentos que passavam pela alma de Zaratustra? Aparentemente, entretanto, parecia que sua alma fugira dali e voara para distâncias remotas, como se estivesse pairando sobre "altas montanhas e desfiladeiro", como está escrito, entre dois mares.

— "vagando como uma nuvem pesada entre o passado e o futuro". Gradualmente, entretanto, enquanto os homens superiores o tinham em seus braços, ele voltou a si e resistiu com suas mãos para refrear a multidão dos que o adoravam ansiosos; mas ainda assim nada falou. Na mesma hora, porém, virou a cabeça, pois pareceu ouvir alguma coisa: em seguida colocou um dos dedos sobre seus lábios e falou: "*Vinde!*"

De pronto tudo em volta se tornou mistério e silêncio; entretanto, das profundezas surgiu, vagaroso, o som de um sino. Zaratustra o ouviu, assim como os homens superiores; e então, pela segunda vez, levou um dedo aos lábios e disse: "*Vinde! Vinde! A meia-noite está chegando!*", e sua voz tinha mudado. Mas não, ele não havia saído de onde estava: então aumentou o silêncio e o mistério, e todos ouviram, até mesmo o asno e os animais de estimação de Zaratustra, a águia e a serpente, assim como a caverna de Zaratustra, a lua e a própria noite. Zaratustra, porém, levou pela terceira vez a mão aos lábios e falou:

Vinde! Vinde! Vinde! Andemos agora! Chegou a hora: andemos pela noite!

3

Homens superiores, a meia-noite se aproxima: por isso falarei algo em vossos ouvidos tal qual o velho sino falou no meu ouvido —

— tão misterioso, assustador e cordial o sino da meia-noite me contou que experimentou mais coisas do que um homem;

— que contou as batidas dolorosas dos corações de vossos pais — ah! ah! como suspira! como ri em sonhos! a velha e cada vez mais profunda meia-noite!

Silêncio! Silêncio! Para que se possa ouvir muitas coisas que não se ouvem durante o dia; mas agora, nesse ar fresco, quando todo o tumulto de seus corações foi aquietado, —

— agora ele fala, agora se ouve, agora rasteja para dentro das almas noturnas insones: ah! ah! como suspira! como ri em sonhos!

— não ouvis, quão misteriosa, assustadora e cordial fala convosco, a velha e cada vez mais profunda meia-noite?

Ó Homem! Presta atenção!

4

Ai de mim! Para onde voou o tempo? Não terei mergulhado em poços profundos? O mundo dorme —

Ah! Ah! O cão uiva, a lua brilha. Melhor seria morrer, melhor seria morrer, ao invés de vos dizer o que meu coração da meia-noite pensa agora.

Agora já morri. Está tudo acabado. Aranha, por que é que não teces tua teia à minha volta? Queres sangue? Ah! Ah! Cai o rocio, é chegada a hora —

— a hora que me resfria e me congela, que pergunta, pergunta e pergunta: Quem é que tem suficiente coragem para isto?

— quem irá dominar o mundo? Quem irá dizer: *assim* devem ser as corredeiras dos rios grandes e pequenos!"

— a hora se aproxima: ó homem, tu, homem superior, presta atenção! este discurso é para ouvidos delicados, para os teus ouvidos — *o que é que diz a voz da meia-noite?*

5

Sou levado para longe, minha alma dança. A tarefa do dia! A tarefa do dia! Quem será o senhor do mundo?

A lua está fria, o vento é silencioso. Ah! Ah! Já voaste assim tão alto? Tens que dançar: mas uma perna não é uma asa.

Agora todo o prazer acabou, ó bons dançarinos: do vinho só sobrou a borra, cada taça agora é frágil, os túmulos murmuram.

Não voastes alto o bastante: agora os túmulos murmuram: "Libertai os mortos! Por que é que a noite é tão longa? A lua não nos fez embriagados?"

Libertai os mortos, homens superiores, ressuscitai os defuntos! Ah, por que os vermes continuam a abrir buracos? Se aproxima, se aproxima a hora, —

— o sino soa grave, ainda bate surdo o coração, o caruncho, o verme do coração continua a escavar. Ah! Ah! *O mundo é profundo!*

6

Doce lira! Doce lira! Adoro tua tonalidade, teu som embriagador me encanta! — há quanto tempo e de que distância chega até mim o teu som, dos distantes lagos do amor!

Sino antigo, doce lira! Todas as dores rasgaram teu coração, a dor de um pai, a dor dos nossos pais, a dor de nossos antepassados; teu discurso amadureceu —

— amadureceu como as tardes douradas de outono, como meu coração de eremita — agora dizes: até o mundo amadureceu, as uvas ficaram amareladas,

— e agora querem morrer, morrer de felicidade. Vós, homens superiores não sentis o cheiro? O ar exala um misterioso perfume,

— um perfume de eternidade, um perfume de rosada bem-aventurança, um perfume de vinho dourado de antiga felicidade,

— de uma meia-noite embriagada pela felicidade mortal que canta: o mundo é profundo*: mais profundo do que o dia pode entender!*

7

Deixa-me! Deixa-me! Sou puro demais para ti. Não me toques! Meu mundo não acabou de atingir a perfeição?

Minha pele é pura demais para as tuas mãos. Deixa-me só, estúpido, tolo, dia sufocante! A meia--noite não é mais clara?

Os mais puros serão os senhores do mundo; os menos conhecidos, os mais fortes, as almas da meia-noite, que são mais claras e profundas do que qualquer dia.

Ó dia, procuras por mim? Apalpas a minha felicidade? Achas que sou rico, solitário, um poço de tesouros, um depósito de ouro?

Ó mundo, desejas *a mim*? Eu sou mundano para ti? Sou espiritual para ti? Eu sou divino para ti? Mas dia e mundo, sois demasiado grosseiros —

— tendes mãos mais hábeis, procurai por uma felicidade mais profunda, uma infelicidade mais profunda, procurai algum deus, não procurai por mim:

— minha infelicidade, minha felicidade é profunda, dia estranho, mas não sou Deus, nem inferno divino: *é profunda a sua desventura.*

8

A desventura de Deus é mais profunda, mundo estranho! Procurai a desventura de Deus e não a minha! O que sou eu? Sou uma doce lira embriagada —

— uma lira da meia-noite, um sino que coaxa e que ninguém entende, mas que *tem* que falar diante de surdos, ó homens superiores! Porque não me compreendeis!

Já se foi! Já se foi! Ó juventude! Ó meio-dia! Agora chega a noite e a meia-noite — o cão uiva, o vento:

— o vento não é um cão? Ele gane, late, uiva. Ah! Ah! como suspira! como ri, como bufa e arqueja à meia-noite!

Como agora fala soberba, esta poesia embriagada! Terá ela talvez bebido, a própria embriaguez? quem sabe se tornou clarividente em sua vigília? quem sabe se tornou ruminante?

— rumina sobre sua desgraça em sonhos, a velha e profunda meia-noite, e mais ainda sobre sua alegria. No entanto, para a alegria, a desgraça é profunda: *a alegria é muito mais profunda do que a agonia do coração pode ser.*

9

Videira! Por que me louvas? Já não te cortei! Sou cruel e tu sangras: — que significa o teu louvor à minha crueldade embriagada?

"Seja o que foi que se tornou perfeito, tudo está maduro — tudo quer morrer!", dizes tu. Abençoada, abençoada seja a faca do vindimador! Mas tudo o que ainda está maduro quer viver: que pena!

A desgraça diz: "Desaparece! Vai embora!" Mas tudo o que sofre quer viver, para que cresça e amadureça animada e ansiosa,

— ansiosa pelas coisas mais longínquas, mais brilhantes e mais elevadas. "Desejo herdeiros", fala tudo o que sofre, "desejo filhos, não desejo a *mim mesmo*". —

A alegria, entretanto, não deseja herdeiros, não deseja filhos, — a alegria deseja a si própria, deseja a eternidade, deseja o retorno, deseja que tudo permaneça eternamente da mesma maneira.

A desgraça diz: "Despedaçai, sangrai coração! Andai pernas! Voai asas! Para o alto! Para o alto, sofrimento!" Muito bem! Vamos! meu velho coração. — *A dor diz: "Vai embora!"*

10

O que vos parece, homens superiores? Serei eu um adivinho? Um sonhador? Um bêbado? Um intérprete de sonhos? Um sino da meia-noite?

Uma gota do orvalho da noite? Um odor e perfume da eternidade? Não ouvistes o som? Não sentistes o cheiro? Meu mundo acaba de tornar-se perfeito, a meia-noite é também meio-dia —

A dor é também alegria, uma maldição é também uma bênção, a noite é também um sol — ide daqui, ou ireis aprender: um sábio é também um tolo.

Dizeis sempre Sim a uma única alegria? Ó meus amigos, então dissestes Sim também a toda a desgraça. Todas as coisas estão interligadas, todas as coisas estão enamoradas —

— se alguma vez quisestes que uma vez se tornasse duas e alguma vez tivésseis dito: "Tu me agradas, felicidade, instante, momento!", e quisestes que *tudo* voltasse de novo!

— quisestes tudo de novo, tudo eterno, tudo interligado, enlaçado e enamorado, Oh, então *amastes* o mundo —

— ó vós, homens eternos, amastes eternamente e para todo o sempre: e ainda falai à desgraça: "Vai, mas volta!" *Porque toda a alegria deseja — a eternidade!*

11

Toda a alegria deseja a eternidade de todas as coisas, deseja mel, deseja abrigo, deseja meia-noite bêbada, deseja túmulos, deseja o consolo das lágrimas à beira dos túmulos, deseja crepúsculos dourados —

— o que é que a alegria não deseja! Ela é mais sedenta, mais calorosa, mais faminta, mais terrível, mais misteriosa do que toda a desgraça, ela deseja a *si mesma*; morde a si mesma, em seu interior luta a vontade do anel — deseja amor, deseja ódio, é superabundante, dadivosa, esbanjadora, suplica que alguém a tome, agradece àquele que a toma, seria odiada de bom grado —

— tão rica é a alegria que tem sede de desgraça, de inferno, de ódio, de vergonha, de ficar aleijada, do *mundo* — porque conhece, Oh, como conhece, o mundo!

A alegria anseia por vós, homens superiores, a alegria obstinada, bem-aventurada! pela vossa desgraça, vós que sois fracassados! Toda eterna alegria anseia pelos fracassados.

Porque toda alegria deseja a si mesma, e deseja também o desgosto! Ó felicidade! Ó dor! Ó coração, despedaça-te! Homens superiores, aprendei isso, aprendei que a alegria deseja a eternidade.

— a alegria deseja a eternidade de *todas* as coisas, *quer a eternidade cada vez mais profunda!*

12

Aprendestes agora a minha canção? Adivinhastes o que ele quis dizer? Muito bem! Vinde! Homens superiores, cantai minha cantiga de roda!

Cantai vós mesmos a canção cujo nome é "Uma vez mais", cujo significado é "Para toda a Eternidade"! — cantai, homens superiores a cantiga de roda de Zaratustra!

Ó Homem! Presta atenção!
O que, de fato, diz a voz da profunda meia-noite?
"Dormi o meu sono —
Fui acordada de um sonho profundo e imploro: —
O mundo é profundo!
Mais fundo do que o dia pode registrar,
Profunda é a desgraça —
A alegria — mais profunda do que a agonia do coração,
A desgraça diz: "Desaparece! Vai!
Mas toda a alegria deseja a eternidade —,
— quer a profunda, a profunda eternidade!"

O sinal

Na manhã seguinte a essa noite, entretanto, Zaratustra pulou da cama, e depois de cingir os quadris com um cinto, saiu de sua caverna, brilhante e forte, como um sol matinal elevando-se por detrás das montanhas escuras.

"Ó grande astro", disse ele como já havia dito uma vez antes, ó olho profundo de felicidade, o que seria de toda a tua felicidade se não tivesse *aqueles* para quem brilhar!

E se eles permanecessem em seus aposentos enquanto tu já estavas acordado, dando e distribuindo presentes: como poderia tua orgulhosa modéstia censurar isto!

Muito bem! eles ainda estão dormindo, esses homens superiores, enquanto *eu* estou acordado: eles não são meus companheiros legítimos! Não é por eles que espero aqui em minhas montanhas.

Quero começar o meu trabalho, o meu dia: eles não entendem o que dizem os sinais da minha manhã, os meus passos — não são um chamado para que acordem.

Eles ainda estão dormindo em minha caverna, seu sonho ainda continua a beber das minhas canções embriagadas. O ouvido que *me* ouve, — o ouvido *obediente*, ainda é carente em seus órgãos."

— Assim Zaratustra falou essas palavras ao seu coração quando o sol se levantou: em seguida olhou para cima com um olhar inquiridor, pois ouviu acima de si o grito agudo de sua águia. "Muito bem!", exclamou, "assim é que é agradável e prazeroso para mim. Meus animais estão acordados porque eu estou acordado.

Minha águia está acordada e, como eu, vem honrar o sol. Com suas garras ela agarra a nova luz. Vós sois meus fidedignos animais: eu vos amo.

Mas continuam a me faltar meus fidedignos homens!" —

— Assim falou Zaratustra: então, entretanto, aconteceu que ele se viu envolvido por uma quantidade inumerável e esvoaçante de pássaros que o rodeavam

— o barulho de tantas asas, entretanto, e o bando sobre sua cabeça era tão grande que ele fechou os olhos. Em verdade, era como se uma nuvem tivesse caído sobre ele, uma nuvem de flechas lançadas sobre um novo inimigo. Mas nesse caso era uma nuvem de amor, sobre um novo amigo.

"O que é que está acontecendo comigo?", pensou Zaratustra em seu coração espantado e se abaixou devagar junto à pedra grande que ficava ao lado da entrada de sua caverna. Mas, ao agitar os braços à sua volta, acima e abaixo de si, para espantar os pássaros gentis, eis que algo ainda mais estranho ocorreu: ao agitar os braços dessa maneira ele sem querer afastou uma grossa mecha de pelos; ao mesmo tempo, ouviu um rugido à sua frente, — um longo e brando rugido de um leão.

"*Chegou o sinal*", falou Zaratustra, e seu coração transformou-se. Em verdade, quando ficou mais claro à sua frente, havia a seus pés um poderoso animal amarelado com a cabeça gentilmente encostada em seu joelho — que em nome de seu amor seria incapaz de abandoná-lo, como um cão que acabara de encontrar outra vez o seu dono. Os pombos, entretanto, não estavam menos amorosos do que o leão, e cada vez que um deles passava pela frente do seu focinho, o leão sacudia a cabeça e ria admirado.

Enquanto isto acontecia, Zaratustra não falou senão uma coisa: "*Meus filhos estão aqui perto, meus filhos*", e ficou em silêncio. Seu coração, no entanto, estava aliviado e de seus olhos caiam lágrimas em suas mãos. Ele não prestava mais atenção a nada e ficou ali sentado, imóvel, sem espantar mais os animais. Então os pombos voavam de um lado para o outro e pousavam sobre os seus ombros, acariciavam seus cabelos brancos com alegria e sem se cansar de demonstrar ternura. O poderoso leão, entretanto, lambia sem parar as lágrimas que molhavam as mãos de Zaratustra, rugindo e ronronando timidamente enquanto isso. Assim faziam aqueles animais. —

Tudo isto durou muito tempo, ou pouco tempo: porque, para falar a verdade, não há *um* tempo na Terra para coisas como essas. Entretanto, enquanto isso, os homens superiores tinham acordado na caverna de Zaratustra e começaram a formar um cortejo de tal forma que pudesse chegar até Zaratustra e saudá-lo pelo dia que amanhecera; pois descobriram ao acordar que ele não estava mais entre eles. Mas quando o cortejo avançou até a entrada da caverna, o som de seus passos os precederam e o leão levantou-se com violência, afastou-se subitamente de Zaratustra e deu um pulo em direção à caverna, rugindo ferozmente; os homens superiores, entretanto, ao ouvirem o seu urro, gritaram a uma só voz e voltaram correndo e desapareceram num instante.

Mas Zaratustra, entretanto, desconcertado e aturdido, levantou-se de onde estava, olhou à sua volta, ficou por ali assombrado, perguntou ao seu coração e se deu conta de que estava sozinho. "O que foi que ouvi?", falou por fim devagar, "o que foi que aconteceu comigo?"

No mesmo instante, veio até ele a conexão com o dia anterior e, de pronto, compreendeu tudo o que acontecera entre ontem e hoje. "Com efeito, esta aqui é a pedra", disse ele e tocou sua barba, "foi *nela* que me sentei ontem pela manhã; e foi aqui que o adivinho me encontrou, e foi aqui que ouvi o primeiro grito que neste instante ouço outra vez, o grande grito de socorro.

Ó homens superiores, era a vossa desventura que o velho adivinho profetizava para mim ontem pela manhã" —

— ele me tentava seduzir e me arrastar para vossa desventura: "Ó Zaratustra", falou-me ele, "vim aqui para seduzir-te e arrastar-te para o teu pecado derradeiro."

"Para o meu pecado derradeiro?", exclamou Zaratustra e riu zangado ao ouvir aquelas palavras. "*O que* é que me foi reservado como meu pecado derradeiro?"

— E mais uma vez Zaratustra ficou ensimesmado e voltou a sentar-se sobre a grande pedra e meditou. De súbito deu um salto —

"*Compaixão! Compaixão pelo homem superior*!", gritou, e seu semblante converteu-se em bronze. "Muito bem! *Isso* — já teve o seu tempo!

Meu sofrimento e minha compaixão — que importam! Eu me esforço pela *felicidade*? Eu me esforço pelo meu *trabalho*!

Muito bem! O leão veio, meus filhos estão aqui perto, Zaratustra amadureceu, chegou a minha hora: —

Esta é a *minha* manhã, o dia do *meu* começo, levanta-te agora, *levanta-te*, agora, *ó grande meio-dia*!" —

Assim falou Zaratustra e abandonou sua caverna, ardente e forte, como o sol da manhã que saía por detrás das montanhas escuras.

Sobre os tradutores

Anna Duarte

Anna Duarte é graduada em Letras pela Universidade Federal Fluminense (UFF), em Niterói, em 1968; estudou na International House, em Chicago, Illinois, em 1970; desenvolveu trabalhos no Centro Cultural Brasil-Estados Unidos, em Niterói, (CCBEU), em 1965; na Alliance Française do Rio de Janeiro, em 1960; é autora de livros publicados pela Editora do Conhecimento, de Limeira, e de poesias publicadas pela Editora Tribu, em São Paulo.

Carlos Duarte

Carlos Duarte é graduado em Desenho Industrial e Comunicação Visual pela Escola Superior de Desenho Industrial (ESDI) da Universidade do Estado do Rio de Janeiro (UERJ), em 1969; pós-graduado em Visual Design pelo Institute of Design, do Illinois Institute of Technology (IIT) de Chicago, Illinois, em 1971; fez extensão em Marketing pelo Instituto de Administração e Gerência (IAG), na PUC-Rio, em 1988; desenvolveu trabalhos na Sociedade Brasileira de Cultura Inglesa (SBCIRJ), em Niterói, em 1958; no Centro Cultural Brasil-Estados Unidos, em Niterói, em 1960; é Professor aposentado do Instituto de Arte e Comunicação Social (IACS) da Universidade Federal Fluminense (UFF).

Ambos já realizaram diversos trabalhos de tradução para o grupo editorial Record.